Gilles

LA PIERRE DE LUMIÈRE

NÉFER LE SILENCIEUX

Christian Jacq

LA PIERRE DE LUMIÈRE

NÉFER LE SILENCIEUX

ÉDITIONS FRANCE LOISIRS

Édition du Club France Loisirs, Paris,
avec l'autorisation de XO Éditions

Éditions France Loisirs,
123, boulevard de Grenelle, Paris
www.franceloisirs.com

ISBN : 2-7441-4037-6

Que ce roman soit dédié à tous les artisans
de la Place de Vérité qui furent dépositaires
des secrets de la « Demeure de l'Or »
et réussirent à les transmettre dans leurs œuvres.

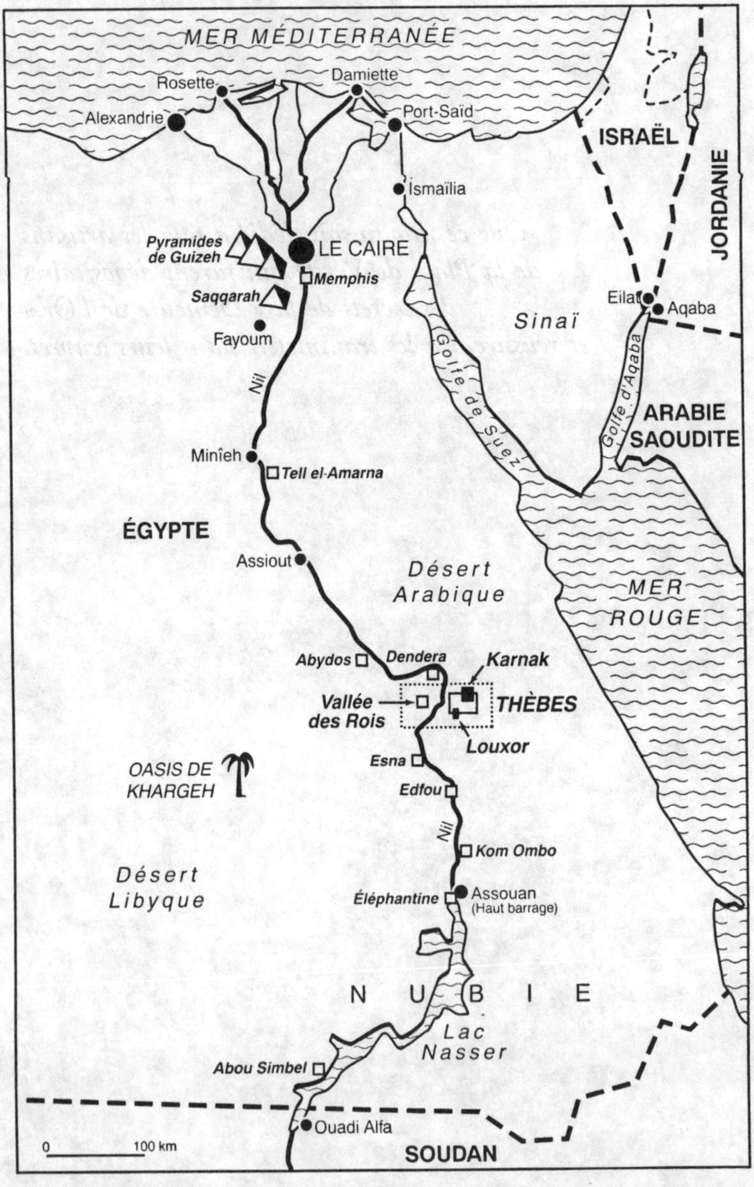
MER MÉDITERRANÉE
Rosette
Damiette
Alexandrie
Port-Saïd
Ismaïlia
ISRAËL
JORDANIE
Pyramides de Guizeh
LE CAIRE
Memphis
Saqqarah
Fayoum
Eilat
Aqaba
Sinaï
Golfe de Suez
Golfe d'Aqaba
Nil
ARABIE SAOUDITE
Minîeh
Tell el-Amarna
ÉGYPTE
Assiout
Désert Arabique
MER ROUGE
Abydos
Dendera
Karnak
Vallée des Rois
THÈBES
Louxor
Esna
OASIS DE KHARGEH
Edfou
Nil
Kom Ombo
Désert Libyque
Éléphantine
Assouan
(Haut barrage)
N U B I E
Lac Nasser
Abou Simbel
Ouadi Alfa
0
100 km
SOUDAN

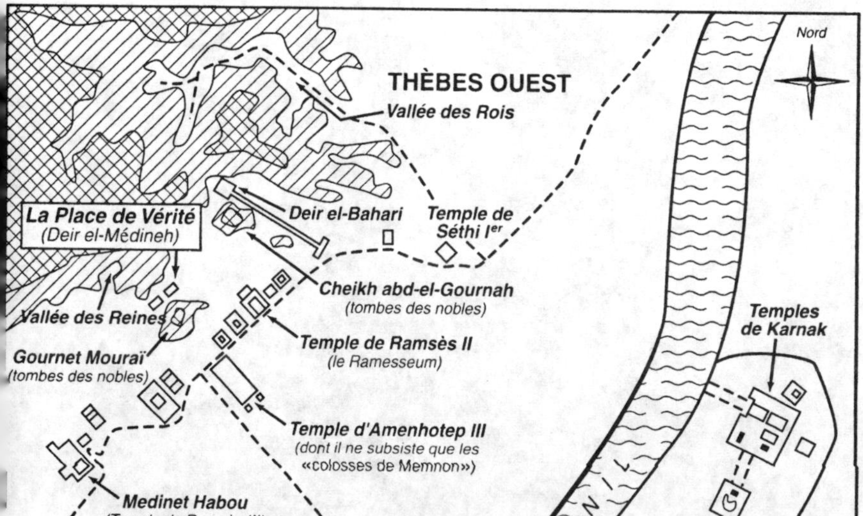

Nord
THÈBES OUEST
Vallée des Rois
La Place de Vérité
(Deir el-Médineh)
Deir el-Bahari
Temple de Séthi Ier
Cheikh abd-el-Gournah
(tombes des nobles)
Vallée des Reines
Gournet Mouraï
(tombes des nobles)
Temple de Ramsès II
(le Ramesseum)
Temple d'Amenhotep III
(dont il ne subsiste que les «colosses de Memnon»)
Medinet Habou
(Temple de Ramsès III)
NIL
Temples de Karnak
VILLE DE LOUXOR
Temple de Louxor
THÈBES EST
0
1 km

AVANT-PROPOS

Le monde entier admire les chefs-d'œuvre de l'art égyptien, qu'il s'agisse des pyramides, des temples, des tombes, des sculptures ou des peintures. Mais qui a créé ces merveilles dont la puissance spirituelle et magique nous touche au cœur ?

En aucun cas des hordes d'esclaves ou des manœuvres exploités, mais des confréries dont les membres, en nombre restreint, étaient à la fois prêtres et artisans. Ne séparant pas l'esprit de la main, ils formaient une véritable élite dépendant directement de Pharaon.

Par chance, nous possédons une documentation abondante sur l'une de ces confréries qui, pendant cinq siècles environ, de 1550 à 1070 avant Jésus-Christ, vécut dans un village de Haute-Égypte interdit aux profanes.

Ce dernier portait un nom extraordinaire : la Place de Vérité, en égyptien *set Maât*, c'est-à-dire le lieu où la déesse Maât se révélait dans la rectitude, la justesse et l'harmonie de l'œuvre que des générations de « Serviteurs de la Place de Vérité » accomplissaient.

Implanté dans le désert, non loin des cultures, le village était clos de hauts murs, possédait son propre tribunal, son propre temple et sa propre nécropole ; les artisans y vivaient en famille et bénéficiaient d'un statut particulier, dû à l'importance de leur mission première : créer les demeures d'éternité des pharaons dans la Vallée des Rois.

On peut, encore aujourd'hui, découvrir les vestiges de la Place de Vérité en visitant le site de Deir el-Médineh, sur la rive ouest de Thèbes ; les parties basses des maisons sont intactes, et l'on parcourt les ruelles qu'ont empruntées les maîtres d'œuvre, les peintres, les sculpteurs et les prêtresses de la déesse Hathor. Des sanctuaires, des locaux de confrérie, des tombes admirablement décorées marquaient le caractère sacré du lieu, également pourvu de réserves d'eau, de greniers, d'ateliers et même d'une école.

J'ai tenté de faire revivre ces êtres d'exception, leurs aventures, leur vie quotidienne, leur quête de la beauté et de la spiritualité, dans un monde qui se montra parfois hostile et envieux. Sauvegarder l'existence même de la Place de Vérité ne fut pas toujours aisé, et les embûches les plus variées ne manquèrent pas, notamment lors de la période troublée pendant laquelle se déroule ce récit.

PROLOGUE

Vers minuit, neuf artisans guidés par leur chef d'équipe sortirent de la Place de Vérité et commencèrent à grimper un sentier étroit qu'éclairait la pleine lune.

Au sommet d'une colline dominant la Place de Vérité, le village des bâtisseurs de Pharaon avait été installé dans le désert et clos de murs afin de préserver leurs secrets. Caché derrière un bloc de calcaire, Méhy contint un cri de joie.

Depuis plusieurs mois, le lieutenant de charrerie tentait de glaner des informations sur cette confrérie chargée de creuser et de décorer les tombes de la Vallée des Rois et des Reines.

Mais personne ne savait rien, à l'exception de Ramsès le Grand, protecteur de la Place de Vérité où maîtres d'œuvre, tailleurs de pierre, sculpteurs et peintres étaient initiés à leurs fonctions essentielles pour la survie de l'État. Le village des artisans avait son propre gouvernement, sa propre justice et dépendait directement du roi et de son Premier ministre, le vizir.

Méhy n'aurait dû se préoccuper que de sa carrière militaire qui s'annonçait brillante ; mais comment oublier qu'il avait demandé son admission dans la confrérie et que sa candidature avait été rejetée ? On ne bafouait pas ainsi un noble de sa qualité. Dépité, Méhy s'était orienté vers l'arme d'élite, la charrerie, où son talent avait fait merveille. Aussi ne tarderait-il pas à s'arroger une place importante dans la hiérarchie.

La haine était née en son cœur, une haine chaque jour grandissante à l'encontre de cette maudite confrérie qui l'avait humilié et dont la seule existence l'empêchait de connaître un bonheur parfait.

Aussi l'officier avait-il pris une décision : ou bien il découvrirait tous les secrets de la Place de Vérité et il les utiliserait à son avantage, ou bien il détruirait cet îlot apparemment inaccessible et si fier de ses privilèges.

Pour y parvenir, Méhy ne devait commettre aucun faux pas et n'éveiller aucun soupçon. Ces derniers jours, pourtant, il avait douté. « Les Serviteurs de la Place de Vérité », selon l'appellation officielle, n'étaient-ils pas seulement de méprisables vantards dont les prétendus pouvoirs n'étaient que mirages et illusions ? Et la Vallée des Rois, si bien gardée, préservait-elle autre chose que des cadavres de monarques figés dans l'immobilité de la mort ?

À force de se cacher dans les collines dominant le village interdit, Méhy avait espéré surprendre les rites dont personne ne parlait ; la déception avait été à la mesure des efforts consentis.

Mais cette nuit, enfin, l'événement tant attendu !

Les dix hommes, l'un derrière l'autre, montèrent sur la crête de la colline de l'ouest et marchèrent lentement le long de la falaise jusqu'au col où avaient été bâties des huttes de pierres où ils s'installaient à certaines périodes de l'année. De là, il ne leur restait plus qu'à emprunter un chemin qui descendait vers la Vallée des Rois.

Au comble de l'excitation, le lieutenant de charrerie prit soin de ne pas faire rouler de pierraille qui trahirait ainsi sa présence. Connaissant l'emplacement des postes d'observation occupés par des policiers chargés d'assurer la sécurité de la vallée interdite, Méhy risquait pourtant sa vie. Armés d'un arc, les cerbères avaient ordre de tirer à vue et sans sommation.

À l'entrée de ce lieu sacré entre tous où, depuis le début du Nouvel Empire, reposaient les momies des pharaons, les gardes s'écartèrent pour laisser passer les dix Serviteurs de la Place de Vérité.

Le cœur battant, Méhy gravit une pente raide d'où il pouvait voir sans être vu. Allongé sur une roche plate, il ne perdit pas une miette de l'incroyable spectacle.

Le chef d'équipe se détacha du groupe et posa sur le sol, devant l'entrée de la tombe de Ramsès le Grand, le fardeau qu'il avait porté depuis la sortie du village, puis ôta le voile blanc qui le recouvrait.

Une pierre.

Une simple pierre taillée en forme de cube. En jaillit une lumière si puissante qu'elle illumina le portail monumental de la demeure d'éternité du pharaon régnant. Le soleil brilla dans la nuit, les ténèbres furent abolies.

Les dix artisans se recueillirent longuement devant la pierre, puis le chef d'équipe la souleva pendant que deux de ses subordonnés manœuvraient la porte de la tombe. Il y pénétra le premier, suivi des autres artisans, et le cortège s'enfonça dans les profondeurs, éclairé par la pierre.

Méhy demeura tétanisé plusieurs minutes. Non, il n'avait pas rêvé ! La confrérie possédait bien des trésors fabuleux, elle connaissait le secret de la lumière, il avait vu la pierre d'où elle provenait, une pierre qui n'était ni illusion ni légende ! Des êtres humains, et non des dieux, avaient été capables de la façonner et savaient l'utiliser... Et qu'en était-il des monceaux d'or qu'ils produisaient dans leurs laboratoires, selon des rumeurs persistantes ?

Des horizons insoupçonnés s'ouvraient devant le lieutenant de charrerie. À présent, il savait que l'origine de la prodigieuse fortune de Ramsès le Grand se trouvait ici, dans la Place de Vérité. Voilà pourquoi la confrérie vivait à l'écart du monde, cachée derrière les murs de son village.

— Que fais-tu ici, l'ami ?

Méhy se retourna sans hâte et découvrit un policier nubien armé d'un gourdin et d'un poignard.

— Je... je me suis perdu.

— Cette zone est interdite, déclara le policier noir. Quel est ton nom ?

— J'appartiens à la garde personnelle du roi et je suis en mission spéciale, affirma Méhy avec aplomb.

— On ne m'a pas prévenu.

— C'est normal... Personne ne devait être informé.

— Pour quelle raison ?

— Parce que je dois vérifier que les consignes de sécurité sont appliquées avec la rigueur nécessaire et qu'aucun intrus ne peut s'introduire dans la Vallée des Rois. Félicitations, policier. Tu viens de me prouver que le dispositif mis en place est efficace.

Le Nubien était perplexe.

— Le chef aurait quand même dû me prévenir.

— Ne comprends-tu pas que c'était impossible ?

— Allons ensemble voir le chef. Je n'ai pas le droit de te laisser partir comme ça.

— Tu fais parfaitement ton travail.

Sous la lumière de la pleine lune, le sourire conciliant de Méhy rassura le Nubien qui glissa le bâton dans sa ceinture.

Aussi vif qu'une vipère des sables, le lieutenant de charrerie fonça, la tête en avant, et il percuta le policier en pleine poitrine.

Le malheureux bascula en arrière et dévala la pente jusqu'à une plate-forme surplombant la Vallée.

Au risque de se rompre le cou, Méhy le rejoignit et constata que, malgré une plaie profonde à la tempe, le policier vivait encore. Sans prêter attention au regard suppliant de sa victime, il l'acheva avec une pierre pointue en lui défonçant le crâne.

Le cœur froid, l'assassin patienta un long moment. Quand il fut certain de ne pas avoir été repéré, Méhy remonta au sommet de la colline en prenant soin d'assurer ses prises. Redoublant de précaution, il s'éloigna du site interdit.

Grâce à cette nuit merveilleuse, il n'avait plus qu'une idée en tête : percer le mystère de la Place de Vérité.

Seul, comment y parvenir ? Puisqu'il ne pouvait pas entrer dans le village, il lui faudrait trouver le moyen d'obtenir des informations sérieuses.

Alors le meurtrier entrevit un splendide avenir : les secrets et les richesses de la confrérie lui appartiendraient, à lui, et à lui seul !

1

Labourer aussitôt après l'inondation, semer, moissonner et récolter, remplir les greniers, redouter sauterelles, rongeurs et hippopotames dévastant les cultures, irriguer, entretenir les outils, tresser des cordes pendant la nuit au lieu de dormir, surveiller les troupeaux et les attelages, se soucier sans cesse de son terrain et n'avoir d'autre horizon que la qualité du blé et la bonne santé des vaches... Ardent ne supportait plus cette existence monotone.

Assis à l'ombre d'un sycomore, à la limite des cultures et du désert, le jeune homme ne parvenait pas à s'assoupir et à goûter un repos bien mérité avant de se rendre sur le pâturage familial pour soigner les bœufs. À seize ans, Ardent, qui mesurait un mètre quatre-vingt-dix et avait la stature d'un colosse, ne voulait pas subir l'existence d'un paysan comme son père, son grand-père et son arrière-grand-père.

Comme chaque jour, il venait jusqu'à cet endroit tranquille et, à l'aide d'un petit morceau de bois qu'il avait taillé, il dessinait des animaux dans le sable. Dessiner... Voilà ce qu'il aurait aimé faire pendant des heures, puis mettre de la couleur et recréer un âne, un chien et mille autres créatures !

Ardent savait observer. Sa vision entrait en son cœur, puis ce dernier donnait des ordres à sa main qui agissait pourtant en toute liberté pour tracer les contours d'une image plus vivante que la réalité. Il aurait fallu au jeune garçon du papyrus, des stylets, des pigments... Mais son père était agriculteur, et il lui avait ri au nez quand l'adolescent avait formulé ses exigences.

Il y avait un endroit, un seul, où Ardent pourrait obtenir tout ce qu'il désirait : la Place de Vérité. On ne savait rien de ce qui se passait à l'intérieur de l'enceinte du village, sinon que là étaient rassemblés les plus grands peintres et dessinateurs du royaume, ceux qui étaient autorisés à décorer la tombe de Pharaon.

Aucune chance pour un fils de paysan d'entrer dans cette confrérie fabuleuse. Pourtant, le jeune homme ne pouvait s'empêcher de songer aux bonheurs de ceux qui avaient la liberté de se consacrer totalement à leur vocation, en oubliant les mesquineries du quotidien.

— Alors, Ardent, on prend du bon temps ?

Celui qui venait de s'exprimer sur un ton ironique se nommait Rustaud, et il était âgé d'une vingtaine d'années. Grand, musclé, il n'était vêtu que d'un pagne court en joncs tressés. À ses côtés, son petit frère, Gros Jarret, au sourire stupide. À quinze ans, il pesait dix kilos de plus que son aîné, à cause du nombre de gâteaux qu'il ingurgitait chaque jour.

— Laissez-moi tranquille, vous deux.

— Cet endroit ne t'appartient pas... On a le droit d'y venir.

— Je n'ai pas envie de vous voir.

— Nous, si. Et il va falloir que tu t'expliques.

— À propos de quoi ?

— Comme si tu ne le savais pas... Où te trouvais-tu, la nuit dernière ?

— Tu te prends pour un policier ?

— Nati... Ce nom te dit quelque chose ?

Ardent sortit.

— Un excellent souvenir.

Rustaud fit un pas en direction d'Ardent.

— Espèce d'ordure ! Cette fille doit se marier avec moi... Et toi, la nuit dernière, tu as osé...

— C'est elle qui est venue me chercher.

— Tu mens !

Ardent se leva.

— Je ne supporte pas qu'on me traite de menteur.

— À cause de toi, je n'épouserai pas une vierge.

— Et alors ? Si elle a un peu d'intelligence, Nati ne se mariera pas avec toi.

Rustaud et Gros Jarret exhibèrent un fouet de cuir. L'arme était sommaire mais redoutable.

— Restons-en là, proposa Ardent. Nati et moi avons passé un bon moment ensemble, c'est vrai, mais c'est la nature qui veut ça. Pour vous être agréable, j'accepte de ne pas la revoir. Et pour être franc, elle ne me manquera pas.

— On va te défigurer, annonça Rustaud. Avec ta nouvelle gueule, tu ne séduiras plus aucune fille.

— Ça ne m'ennuierait pas de corriger deux imbéciles, mais il fait chaud, et j'aimerais mieux terminer ma sieste.

Gros Jarret se jeta sur Ardent, le bras droit levé. Soudain, sa cible s'effaça devant lui. Il fut soulevé, projeté en l'air et retomba la tête la première contre le tronc du sycomore. Assommé, il ne bougea plus.

Un instant stupéfait, Rustaud réagit. Battant l'air de son fouet, il crut parvenir à lacérer le visage d'Ardent, mais son bras fut bloqué par celui du jeune colosse. Un craquement sinistre mit fin à la courte lutte. L'épaule déboîtée, Rustaud lâcha le fouet de cuir et s'enfuit en hurlant.

Pas une goutte de sueur n'avait perlé au front d'Ardent.

Habitué à se battre depuis l'âge de cinq ans, il avait subi de sévères corrections avant d'apprendre les coups gagnants. Sûr de sa force, il n'aimait pas provoquer mais ne reculait jamais. La vie ne faisait aucun cadeau, lui non plus.

À l'idée de passer l'après-midi au pâturage et de rentrer sagement chez lui en rapportant du lait et du bois mort, Ardent eut un haut-le-cœur.

Demain s'annonçait pire qu'aujourd'hui, encore plus terne, encore plus ennuyeux, et le jeune homme continuerait à perdre son âme, comme si son sang s'écoulait lentement. Que lui importait le petit domaine agricole de sa famille ? Son père rêvait de blés mûrs et de vaches laitières, les voisins enviaient sa réussite, les filles voyaient déjà Ardent comme un héritier comblé qui, grâce à sa force physique, doublerait la production et deviendrait riche. Elles rêvaient d'épouser un paysan fortuné auquel de nombreux rejetons assureraient une vieillesse heureuse.

Des milliers d'êtres se satisfaisaient de ce destin-là, mais pas Ardent. Au contraire, il lui apparaissait plus étouffant que les murs d'une prison. Oubliant les bovidés qui se débrouilleraient sans lui, le jeune homme chemina dans le désert, sans quitter des yeux la cime de la montagne. Elle dominait la rive occidentale de Thèbes, la richissime cité du dieu Amon où avait été bâtie la ville sainte de Karnak, peuplée de nombreux sanctuaires.

Sur la rive ouest, les Vallées des Rois, des Reines et des nobles qui avaient accueilli les demeures d'éternité de ces illustres personnages, et aussi les temples des millions d'années des pharaons, dont le Ramesseum, celui de Ramsès le Grand. Les artisans de la Place de Vérité avaient créé ces merveilles... Ne disait-on pas qu'ils travaillaient main dans la main avec les dieux et sous leur protection ?

Au cœur secret de Karnak comme dans le plus modeste des oratoires, les divinités parlaient, mais qui comprenait vraiment leur message ? Ardent, lui, déchiffrait le monde en dessinant dans le sable, mais il lui manquait trop de connaissances pour progresser.

Cette injustice, il ne l'acceptait pas. Pourquoi la déesse cachée dans la cime d'Occident parlait-elle aux artisans de la Place de Vérité et pourquoi demeurait-elle muette quand il l'implorait de répondre à son appel ? La montagne écrasée de soleil l'abandonnait à sa solitude, et ce n'étaient pas ses jeunes maîtresses, avides de plaisir, qui pouvaient comprendre ses aspirations.

Pour se venger, il en grava les contours dans le sable avec toute la précision dont il était capable, puis l'effaça d'un pied rageur, comme s'il anéantissait à la fois cette déesse muette et son insatisfaction.

Mais la cime d'Occident demeura intacte, grandiose et impénétrable. Et malgré sa puissance physique, Ardent se sentit dérisoire. Non, cela ne pouvait plus durer ainsi.

Cette fois, son père l'écouterait.

2

Venu de sa lointaine Nubie, Sobek était entré dans la police à l'âge de dix-sept ans. Grand, athlétique, excellent manieur de gourdin, le Noir à la belle prestance avait été bien noté par ses supérieurs. Un stage dans la police du désert lui avait permis de mettre en évidence ses qualités, puisqu'il n'avait pas arrêté moins de vingt bédouins pilleurs, dont trois particulièrement dangereux, spécialisés dans l'attaque des caravanes.

La promotion de Sobek avait été rapide : à vingt-trois ans, il venait d'être nommé chef des forces de sécurité chargées d'assurer la protection de la Place de Vérité. En fait, le poste n'était guère convoité, en raison des responsabilités pesant sur son titulaire qui n'avait pas droit à l'erreur. Nul profane ne devait pénétrer dans la Vallée des Rois, nul curieux troubler la sérénité du village des artisans : à Sobek d'éviter tout incident, sous peine d'être immédiatement sanctionné par le vizir.

Le Nubien occupait un petit bureau dans l'un des fortins qui interdisaient l'accès à la Place de Vérité. Bien qu'il sût lire et écrire, il n'avait aucun goût pour la paperasse et le classement des rapports qu'il abandonnait à ses subordonnés. Une table basse et trois tabourets formaient l'essentiel du mobilier fourni par l'administration, laquelle garantissait le blanchiment du local et son entretien.

Sobek passait le plus clair de son temps sur le terrain, à parcourir les collines dominant les sites interdits, même aux heures où le soleil frappait fort. Il connaissait chaque sentier, chaque crête, chaque pente, et ne cessait de les explorer. Quiconque était surpris en situation irrégulière était arrêté et interrogé sans ménagement, puis transféré sur la rive ouest où le tribunal du vizir prononçait une condamnation sévère.

À partir de sept heures, le Nubien recevait les guetteurs en poste pendant la nuit. À la question : « Rien à signaler ? », ils répondaient « Rien, chef », et allaient se coucher. Mais, ce matin-là, le premier guetteur ne dissimulait pas son embarras.

— Il y a un ennui, chef.

— Explique-toi.

— Un de nos hommes est mort, cette nuit.

— Une agression ? s'inquiéta Sobek.

— Sûrement pas... Sinon, on aurait repéré le coupable. Vous voulez voir le cadavre ?

Sobek sortit du bureau pour examiner la dépouille du malheureux.

— Crâne défoncé, blessure à la tempe, constata-t-il.

— Après une chute pareille, rien d'étonnant, estima le guetteur. C'était sa première nuit de garde, et il connaissait mal le coin. Il a glissé sur la caillasse et dévalé la pente. Ce n'est pas la première fois que ça arrive et ce ne sera pas la dernière.

Sobek interrogea les autres guetteurs : aucun n'avait remarqué la présence d'un intrus. À l'évidence, il s'agissait d'un horrible accident.

— Que fais-tu ici, Ardent ? Tu devrais être au pâturage !

— C'est terminé, père.

— Que veux-tu dire ?

— Je ne serai pas ton successeur.

Assis sur une natte, le fermier posa devant lui les fibres de papyrus avec lesquelles il fabriquait une corde. Incrédule, il leva les yeux vers son fils.

— Es-tu devenu fou ?

— Être paysan m'ennuie.

— Tu l'as déjà dit cent fois... On ne peut pas passer son temps à s'amuser ! Moi, je n'ai pas eu des idées bizarres comme toi et je me suis contenté de travailler dur pour nourrir ma famille. J'ai rendu ta mère heureuse, j'ai élevé quatre enfants, tes trois sœurs et toi, et je suis devenu propriétaire de cette ferme et d'un grand terrain... N'est-ce pas une belle réussite ? À ma mort, tu ne seras pas dans le besoin et tu me remercieras le reste de ta vie. Sais-tu que l'année est excellente et le ciel favorable ? La récolte sera abondante, mais nous ne paierons pas beaucoup d'impôts, puisque le fisc m'a accordé des facilités. Tu n'as tout de même pas l'intention de détruire tout cela ?

— Je veux bâtir ma vie.

— Oublie les grandes phrases. Crois-tu que les vaches s'en nourrissent ?

— Elles brouteront sans moi, et tu n'auras aucune peine à me trouver un remplaçant.

L'angoisse fit vaciller la voix du fermier.

— Qu'est-ce qui t'arrive, Ardent ?

— Je veux dessiner et peindre.

— Mais tu es un paysan, fils de paysan ! Pourquoi chercher l'impossible ?

— Parce que c'est mon destin.

— Prends garde, mon fils : un mauvais feu brûle en toi. Si tu ne l'éteins pas, il te consumera.

Ardent eut un triste sourire.

— Tu te trompes, père.

Le fermier saisit un oignon qu'il croqua.

— Que désires-tu vraiment ?

— Entrer dans la confrérie de la Place de Vérité.

— Tu es devenu fou, Ardent !

— M'en crois-tu incapable ?

— Incapable, incapable, je n'en sais rien, moi ! Mais c'est tout de même de la folie... Et tu n'as aucune idée de l'existence épouvantable de ces artisans ! Ils sont soumis au secret, privés de liberté, obligés d'obéir à des supérieurs impitoyables... Les tailleurs de pierre ont les bras brisés par la fatigue, les cuisses et le dos douloureux, ils meurent d'épuisement ! Et que dire des sculpteurs ? Manier le ciseau est bien plus éreintant que de piocher le sol avec la houe.

La nuit, ils travaillent encore à la lueur des lampes et ils n'ont jamais de journée de repos !

— Tu parais bien renseigné sur la Place de Vérité.

— C'est ce qu'on en dit... pourquoi ne pas le croire ?

— Parce que la rumeur est toujours mensongère.

— Ce n'est pas à mon fils de me donner une leçon de morale ! Écoute mes conseils, et tu t'en porteras bien. Avec ton caractère impossible, comment te plierais-tu à un règlement ? Dès la première seconde, tu te révolterais ! Sois paysan, comme moi, comme tes ancêtres, et tu finiras par être heureux. Avec l'âge, tu t'apaiseras et tu riras de ta révolte d'adolescent.

— Tu ne peux me comprendre, père. Inutile de poursuivre cette conversation.

Le fermier jeta au loin son oignon.

— Maintenant, ça suffit. Tu es mon fils, tu me dois obéissance.

— Adieu.

Ardent tourna le dos à son père qui s'empara d'un manche d'outil en bois et le frappa entre les épaules.

Le jeune homme se retourna lentement.

Ce que le fermier vit dans les yeux du jeune colosse le terrorisa, et il recula jusqu'au mur.

Une petite femme ridée jaillit de la resserre où elle s'était cachée et s'agrippa au bras droit de son fils.

— N'agresse pas ton père, je t'en supplie !

Ardent l'embrassa sur le front.

— Toi non plus, mère, tu ne me comprends pas, mais je ne t'en veux pas. Rassure-toi, je m'en vais et je ne reviendrai pas.

— Si tu sors de cette maison, le prévint son père, je te déshérite !

— C'est ton droit.

— Tu finiras dans la misère !

— Que m'importe !

Quand il franchit le seuil de la demeure familiale, Ardent sut qu'il n'y reviendrait jamais.

En s'engageant dans le chemin qui longeait un champ de blé, le jeune homme respira à fond. Un monde nouveau s'ouvrait devant lui.

3

Ardent sortit de la zone cultivée pour se diriger vers la Place de Vérité. Ni les morsures du soleil ni l'aridité du désert ne l'effrayaient. Et le jeune homme voulait en avoir le cœur net : frapper à la porte du village la ferait peut-être s'ouvrir.

En cette fin d'après-midi, personne sur la piste damée par les sabots des ânes qui, chaque jour, apportaient à la confrérie eau, nourriture et tout ce dont elle avait besoin pour travailler « loin des yeux et des oreilles ».

Ardent aimait le désert. Il goûtait sa puissance implacable, sentait son âme vibrer à l'unisson de la sienne et y marchait des jours entiers sans fatigue, savourant le contact de ses pieds nus avec le sable brûlant.

Mais, cette fois, le jeune homme n'alla pas bien loin. Le premier des cinq fortins qui assuraient la protection de la Place de Vérité lui barrait la route. Comme Ardent avait repéré des guetteurs qui ne le quittaient pas des yeux, il alla droit sur l'obstacle. Autant affronter les gardes et savoir ce qu'il pouvait espérer.

Deux archers sortirent du fortin. Ardent continua à

avancer, les bras le long du corps pour bien montrer qu'il n'était pas armé.

— Halte !

Le jeune homme s'immobilisa.

Le plus âgé des deux archers, un Nubien, vint vers lui. L'autre se plaça de côté, tendit son arc et le visa.

— Qui es-tu ?

— Je m'appelle Ardent et je désire frapper à la porte de la confrérie de la Place de Vérité.

— Tu as un laissez-passer ?

— Non.

— Qui te recommande ?

— Personne.

— Tu te moques de moi, mon garçon ?

— Je sais dessiner et je veux travailler dans la Place de Vérité.

— Cette zone est interdite, tu devrais le savoir.

— Je veux rencontrer un maître artisan et lui prouver mes qualités.

— Moi, j'ai des ordres. Si tu ne décampes pas sur-le-champ, je t'arrête pour outrage à la force publique.

— Je n'ai aucune mauvaise intention... Permettez-moi de tenter ma chance !

— Décampe !

Ardent jeta un œil aux collines environnantes.

— N'espère pas te faufiler par là, avertit l'archer nubien. Tu serais abattu.

Ardent aurait pu assommer le policier d'un coup de poing, se jeter à terre pour éviter la flèche de son collègue, puis tenter de forcer le passage. Mais combien d'archers lui faudrait-il écarter pour atteindre la porte du village ?

Dépité, il rebroussa chemin.

Dès qu'il fut hors de vue des guetteurs, il s'assit sur une

roche, décidé à observer ce qui se passait sur ce sentier. Ainsi, il trouverait sans doute une idée pour réussir.

La mère d'Ardent pleurait depuis des heures, sans que ses filles parvinssent à la consoler. Le père avait été obligé d'embaucher trois paysans pour remplacer le jeune colosse. Furieux, ne décolérant pas contre ce fils indigne, il s'était rendu chez l'écrivain public pour lui dicter une lettre à l'intention du bureau du vizir. Annonçant sa décision en termes implacables et définitifs, le fermier décrétait, comme la loi le lui permettait, qu'il déshéritait Ardent et que la totalité de ses biens reviendrait à son épouse qui en userait à sa convenance. Si elle mourait avant lui, les trois filles en hériteraient à parts égales.

Mais ce dispositif testamentaire ne suffisait pas au fermier, bafoué et humilié. Puisque Ardent était devenu fou, il fallait le ramener à la raison. Il n'existait pas de meilleur moyen que la coercition exercée par une autorité indiscutable.

C'est pourquoi le père du rebelle s'était rendu chez le responsable de la corvée, un scribe tatillon, mal embouché et de plus en plus aigri. Titulaire d'un poste difficile et peu gratifiant, il intriguait en vain afin d'obtenir une promotion et de travailler en ville, sur la rive est. Ici, il était chargé, pendant les mois qui précédaient l'inondation, d'engager du personnel pour curer les canaux et réparer les digues, tout en le payant le moins possible. Comme les volontaires se faisaient rares, il fallait bien décréter la corvée obligatoire et convaincre les patrons de domaines de lui céder un certain nombre d'ouvriers agricoles dont l'absence momentanée s'accompagnait d'une diminution d'impôts. Les discussions étaient longues, pénibles et fatigantes.

Ainsi, quand le scribe vit entrer dans son bureau le père

d'Ardent, il s'attendit à une kyrielle de jérémiades et de réclamations qu'il repousserait en bloc, comme d'habitude.

— Je ne viens pas t'ennuyer, affirma le fermier, mais te demander ton aide.

— Pas question, rétorqua le fonctionnaire. La loi est la loi, et je ne peux pas t'accorder de privilège, bien que nous nous connaissions depuis de longues années. Si un seul propriétaire terrien commence à nier le caractère indispensable de la corvée, les bienfaits de la crue seront perdus et l'Égypte ruinée !

— Je ne conteste rien, je souhaite te parler de mon fils.

— Ton fils ? Mais il est exempté de la corvée !

— Il vient de quitter la ferme.

— Pour aller où ?

— Je n'en sais rien... Il se prend pour un dessinateur. Ce pauvre Ardent a perdu la raison.

— Tu ne veux quand même pas dire qu'il ne s'occupe plus de la ferme et des pâturages ?

— Malheureusement si.

— C'est insensé !

— Sa mère et moi sommes effondrés, mais nous n'avons pas pu l'empêcher de partir.

— Quelques coups de bâton et l'affaire aurait dû être réglée !

Le fermier baissa la tête.

— J'ai essayé, mais Ardent est une sorte de colosse... Et ce garnement est devenu violent ! J'ai bien cru qu'il allait me frapper.

— Un fils frapper son père ! s'exclama le scribe. Il faut le traîner devant un tribunal et le faire condamner.

— J'ai une autre idée.

— Je t'écoute.

— Puisqu'il n'est plus vraiment mon fils et puisqu'il a

quitté ma maison, pourquoi continuer à l'exempter de la corvée ?

— Je vais le convoquer, compte sur moi.

— On pourrait faire mieux encore.

— Je ne comprends pas.

Le fermier parla à voix basse.

— Ce bandit a besoin d'une bonne leçon, ne crois-tu pas ? Si on le corrige avec sévérité, cet avertissement lui évitera de commettre de grosses bêtises. Si nous n'intervenons pas, toi et moi pourrions être considérés comme responsables.

Le scribe ne prit pas l'argument à la légère.

— Que proposes-tu ?

— Suppose que tu aies convoqué Ardent à la corvée et qu'il ait refusé de s'y rendre... Il serait alors considéré comme un déserteur. Tu pourrais l'emprisonner avec quelques rudes gaillards qui lui administreraient une correction salutaire.

— Ça pourrait se faire... Mais que m'offres-tu en échange ?

— Une vache laitière.

Le scribe en saliva d'aise. Une petite fortune en échange d'une tâche aisée.

— Accord conclu.

— J'ajouterai quelques sacs de grains, bien entendu. N'abîme pas trop Ardent... Il faut qu'il revienne à la ferme.

4

Une truffe humide se posa sur le front d'Ardent qui ouvrit aussitôt les yeux.

Une chienne au pelage ocre flairait l'intrus sans agressivité, alors que le soleil n'était pas encore levé et qu'un vent frais balayait la rive occidentale de Thèbes et la piste menant à la Place de Vérité.

Le jeune homme la caressa jusqu'au moment où, alertée par des bruits de sabots, elle s'éloigna. Menés par un grison au pas régulier, une centaine d'ânes chargés de nourriture cheminaient en direction du village des artisans. Connaissant parfaitement l'itinéraire, le chef des quadrupèdes menait bon train.

Ardent les regarda passer, admiratif. Comme lui, ils savaient où ils allaient, mais eux, ils franchiraient l'obstacle des fortins.

À peu de distance derrière les ânes, une cinquantaine de porteurs d'eau. Dans la main droite, un bâton pour rythmer la marche et écarter les serpents ; sur l'épaule gauche, un long et solide rondin à l'extrémité duquel était accrochée une grosse outre contenant plusieurs litres d'eau.

La chienne au pelage ocre avait rejoint son maître, un homme âgé qui peinait déjà. Le jeune homme vint à sa hauteur.

— Je peux vous aider ?

— C'est mon travail, garçon... Plus pour très longtemps, mais ça me suffit pour vivre avant de retourner chez moi, dans le Delta. Si tu m'aides, je ne pourrai pas te payer.

— Aucune importance.

Sur l'épaule d'Ardent, le fardeau parut léger comme une plume de l'oie sacrée du dieu Amon.

— C'est tous les jours comme ça ?

— Oui, garçon. Les artisans de la Place de Vérité ne doivent manquer de rien et surtout pas d'eau ! Après la première livraison du matin, la plus importante, il y en a plusieurs autres, tout au long de la journée. Si les besoins augmentent, pour une raison ou pour une autre, on augmente aussi le nombre de porteurs. Nous ne sommes pas les seuls auxiliaires à travailler pour la Place de Vérité ; il y a également des blanchisseurs, des boulangers, des brasseurs, des bouchers, des chaudronniers, des coupeurs de bois, des tisserands, des tanneurs et d'autres encore ! Pharaon exige que les artisans jouissent du bien-être le plus parfait possible.

— Tu es déjà entré dans le village ?

— Non. Comme porteur d'eau agréé, je peux aller verser le contenu de mon outre dans le grand cratère, devant l'entrée nord ; il y en a un second près du mur sud. Les habitants de la Place de Vérité viennent y remplir leurs cruches.

— Qui peut franchir l'enceinte ?

— Uniquement les membres de la confrérie. Les auxiliaires demeurent à l'extérieur. Mais pourquoi poses-tu toutes ces questions ?

— Parce que je veux entrer dans la confrérie pour y devenir dessinateur.

— Ce n'est pas en portant de l'eau que tu y parviendras !

— Je dois frapper à la porte principale, rencontrer un artisan, lui expliquer que...

— Ne compte pas là-dessus ! Ces gens-là ne sont ni bavards ni accueillants, et un comportement comme le tien ne leur plairait sûrement pas. Au mieux, tu récolterais quelques mois de prison. Et n'oublie pas que les gardes connaissent chaque porteur d'eau...

— As-tu déjà conversé avec un adepte ?

— Un mot par-ci par-là, sur le temps ou la famille.

— Ils ne t'ont pas parlé de leur travail ?

— Ces gens-là sont tenus au secret, garçon, et aucun d'eux ne trahit son serment. Qui aurait la langue trop bien pendue serait immédiatement exclu.

— Il y a tout de même de nouvelles recrues !

— C'est plutôt rare. Tu devrais m'écouter et oublier tes rêves... Il y a beaucoup mieux à faire que de t'enfermer dans la Place de Vérité pour y travailler jour et nuit à la gloire de Pharaon. Si tu réfléchis bien, ce n'est pas une existence très enviable. Avec ton physique, tu dois plaire aux filles. Amuse-toi quelques années, marie-toi jeune, fais de beaux enfants et trouve un bon métier, moins pénible que porteur d'eau.

— N'y a-t-il pas des femmes, dans le village ?

— Il y en a, et elles ont des enfants, mais elles sont soumises à la règle de la Place de Vérité, comme les hommes. Le plus étonnant, c'est qu'elles ne bavardent pas davantage.

— Tu les as vues ?

— Quelques-unes.

— Sont-elles jolies ?

— Il y a de tout... Mais pourquoi t'obstiner ?

— Donc, elles ont le droit de sortir du village ?

— Tous ses habitants ont ce droit-là. Ils circulent librement entre la Place de Vérité et le premier fortin. On prétend même qu'ils se rendent parfois sur la rive est, mais ce n'est pas mon affaire.

— Alors, je pourrai rencontrer un artisan !

— D'abord, il faudrait que tu saches s'il appartient bel et bien à la confrérie, car les vantards ne manquent pas. Ensuite, il n'acceptera jamais de te parler.

— Combien y a-t-il de fortins ?

— Cinq. On les appelle aussi « les cinq murs », à savoir autant de postes de garde d'où les guetteurs observent quiconque s'approche du village. Le dispositif est efficace, crois-moi, et même les collines sont étroitement surveillées, surtout depuis la nomination du nouveau chef de la sécurité, Sobek. C'est un Nubien plutôt vindicatif et décidé à prouver sa valeur. La plupart des hommes placés sous ses ordres appartiennent à sa tribu et lui obéissent au doigt et à l'œil. Autrement dit, inutile de tenter de les corrompre. Ils ont tellement peur de lui qu'ils dénonceraient immédiatement le corrupteur.

Ardent avait pris sa décision : il devait passer coûte que coûte le premier fortin et parler à quelqu'un de l'intérieur.

— Si tu affirmes que tu es malade et que je suis l'un de tes cousins venu pour t'aider à porter l'eau, les gardes seront-ils compréhensifs ?

— On peut essayer, mais ça ne te mènera pas loin.

Lorsqu'il aperçut les gardes du premier fortin, Ardent sut que le sort jouait en sa faveur : la relève venait d'être effectuée, ce n'étaient plus les mêmes archers, et il ne risquait pas d'être reconnu.

— Tu n'as pas l'air bien, dit le policier noir au porteur d'eau qui s'appuyait lourdement sur le bras du jeune colosse.

— Je n'ai plus aucune énergie... C'est pourquoi j'ai fait appel à ce garçon qui a accepté de m'aider.

— Il est de ta famille ?

— C'est l'un de mes cousins.

— Tu réponds de lui ?

— Je vais bientôt cesser mon travail, et il se propose de me remplacer.

— Allez jusqu'au deuxième poste de contrôle.

Une première victoire ! Ardent avait eu raison de persévérer. Si la chance continuait à le servir, il allait voir le village de près et rencontrer un artisan qui comprendrait sa vocation.

Le deuxième contrôle fut plus tatillon que le premier et le troisième davantage encore, mais les policiers constatèrent que le porteur d'eau ne simulait pas une défaillance. Comme la livraison devait être assurée et qu'aucun fonctionnaire de police n'accepterait d'abandonner son poste pour s'acquitter de cette tâche pénible, on laissa passer les deux hommes.

Le quatrième contrôle fut une formalité, mais devant le cinquième et dernier fortin régnait une intense animation. Des hommes de peine appartenant à l'équipe auxiliaire déchargeaient les ânes et triaient paniers et jarres remplis de légumes, de poissons séchés, de viande, de fruits, d'huile et d'onguents.

On s'apostrophait, on se reprochait d'aller trop lentement, on riait, on plaisantait... Un policier fit signe aux porteurs d'eau d'avancer pour déverser le contenu de leurs outres dans une énorme jarre qui força l'admiration d'Ardent. Quel potier avait été assez habile pour créer un récipient aussi gigantesque ?

Pour le jeune homme, ce fut le premier miracle visible de la Place de Vérité.

5

Un homme trapu interpella Ardent.

— Tu m'as l'air étonné, mon garçon.

— Qui a fabriqué cette jarre géante ?

— Un potier de la Place de Vérité.

— Comment a-t-il procédé ?

— Tu es bien curieux.

Le visage d'Ardent s'illumina. Sans nul doute, il était face à l'un des artisans du village !

— Non, ce n'est pas de la curiosité ! Je veux devenir dessinateur et entrer dans la confrérie.

— Ah bon... Viens m'expliquer ça.

Le trapu entraîna Ardent au-delà du cinquième et dernier bastion, du côté d'une rangée d'ateliers où travaillaient des cordonniers, des tisserands et des chaudronniers. Il l'invita à s'asseoir sur un bloc, au pied d'une colline pierreuse.

— Que sais-tu de la Place de Vérité, mon garçon ?

— Rien, ou si peu... Mais j'ai la certitude que c'est là que je dois vivre.

— Pour quelle raison ?

— Ma seule passion, c'est le dessin. Tu veux que je te montre ?

— Tu saurais reproduire mon visage dans le sable ?

Sans quitter son modèle des yeux, Ardent utilisa un silex pointu pour tracer très vite des formes précises.

— Voilà... Qu'en penses-tu ?

— Tu as l'air doué. Où as-tu appris ?

— Nulle part ! Je suis fils de fermier et j'ai toujours passé des heures à dessiner ce que j'observais. Mais il me manque des secrets qui s'enseignent ici, j'en suis sûr. Et je veux peindre, animer mes dessins par la couleur !

— Tu ne manques ni d'ambition ni de talent... Mais ça ne suffira peut-être pas pour entrer dans la Place de Vérité.

— Que faut-il d'autre ?

— Je vais te conduire auprès de quelqu'un qui devrait résoudre tous tes problèmes.

Ardent n'en croyait pas ses oreilles. Comme il avait eu raison d'oser ! En quelques heures, il venait de passer d'un monde à l'autre, et il allait réaliser son rêve.

En longeant les ateliers extérieurs au village dont les hauts murs semblaient infranchissables, le jeune homme s'aperçut qu'il s'agissait de constructions en bois très légères aussi faciles à monter qu'à démonter.

Le trapu surprit son intérêt.

— Certains auxiliaires ne sont pas là tous les jours... Ils ne viennent qu'en cas de nécessité.

— Tu es l'un d'entre eux ?

— Je suis blanchisseur. Une sale besogne, tu peux m'en croire ! Je dois même m'occuper du linge souillé des femmes. Qu'elles vivent dans ce village ou dans un autre, ça ne change rien.

Le trapu se dirigeait droit vers le cinquième fortin.

Ardent s'immobilisa.

— Mais... Où m'emmènes-tu ?

— Tu ne pensais quand même pas que tu allais pénétrer dans la Place de Vérité sans subir un interrogatoire serré ? Suis-moi, tu ne seras pas déçu.

Le jeune homme franchit le seuil du poste de garde sous l'œil narquois d'un archer nubien, emprunta un couloir obscur et déboucha dans un bureau où trônait un grand Noir aussi athlétique que lui.

— Bonjour, Sobek, dit le blanchisseur. Je vous amène un espion qui a réussi à franchir les cinq murs en aidant un porteur d'eau. J'espère que la récompense sera à la mesure du service rendu.

Ardent fit volte-face et tenta de s'enfuir.

Deux archers nubiens empoignèrent le jeune homme qui donna un coup de coude dans le visage du premier et percuta les testicules du second avec son genou. Ardent aurait pu disparaître, mais il préféra soulever le blanchisseur en le prenant par les aisselles.

— Tu m'as trahi et tu vas le regretter !

— Ne me tue pas, je n'ai fait que respecter les consignes !

Ardent sentit la pointe de la lame d'un poignard s'enfoncer dans ses reins.

— Ça suffit, ordonna Sobek. Lâche-le et tiens-toi tranquille, sinon tu perdras la vie.

Le jeune homme comprit que le Nubien ne plaisantait pas et il posa sur le sol le blanchisseur qui détala sans demander son reste.

— Passez-lui les menottes en bois, exigea le chef de la police locale.

Menotté, les jambes garrottées, Ardent fut jeté dans un angle du bureau. Sa tête heurta violemment le mur, mais il n'émit aucune plainte.

— Tu es un coriace, toi, remarqua Sobek. Qui t'a envoyé ici ?

— Personne. Je veux devenir dessinateur et entrer dans la confrérie.

— Amusant... Tu n'as rien trouvé de mieux ?

— C'est la vérité !

— Ah, la vérité ! Tant de gens croient la posséder... Ici, dans ce bureau, beaucoup ont changé d'avis et ont admis qu'ils mentaient. Une attitude raisonnable, à mon avis... Tu ne crois pas ?

— Je ne mens pas.

— Tu t'es montré plutôt habile, j'en conviens, et mes hommes lamentables. Ils seront sanctionnés et toi, tu vas me dire qui te paye, d'où tu viens et pourquoi tu es ici.

— Je suis le fils d'un fermier et je désire parler à un artisan de la Place de Vérité.

— Pour lui dire quoi ?

— Mon désir de devenir dessinateur.

— Tu es un têtu, toi... Ça ne me déplaît pas, mais tu ne devrais pas trop abuser de ma patience.

— Je ne peux rien vous dire d'autre, puisque c'est la vérité !

Sobek se tâta le menton.

— Il faut me comprendre, mon garçon : mon rôle consiste à assurer la sécurité absolue de la Place de Vérité par tous les moyens, et l'on considère, en haut lieu, que je suis compétent et sérieux. Or je tiens beaucoup à ma réputation.

— Pourquoi m'empêchez-vous de parler à un artisan ? demanda Ardent.

— Parce que je ne crois pas à ton histoire, mon garçon. Elle est touchante, d'accord, mais complètement invraisemblable. Je n'ai jamais vu de candidat se présenter ainsi à la porte du village pour réclamer son admission.

— Je n'ai aucune relation, aucun protecteur, personne ne me recommande, et je me moque de tout ça parce que je ne connais que mon désir ! Permettez-moi de rencontrer un dessinateur, et je le convaincrai.

Un instant, Sobek parut ébranlé.

— Tu ne manques pas de culot, mais avec moi, ça ne sert à rien. Il y a pas mal de curieux qui aimeraient bien connaître les secrets des artisans de la Place de Vérité et sont prêts à payer le prix pour y parvenir. Et toi, tu es l'émissaire d'un de ces curieux-là... Un curieux dont tu vas me donner le nom.

Ulcéré, Ardent tenta de se relever, mais ses entraves étaient solides.

— Vous vous trompez, je vous jure que vous vous trompez !

— Pour le moment, je ne te demande même pas ton nom car je suis sûr que tu mentirais. Tu es vraiment un coriace, et la mission que l'on t'a confiée doit être de première importance. Jusqu'à présent, je n'avais pêché que du menu fretin... Avec toi, c'est du sérieux. Si tu parlais tout de suite, tu t'éviterais bien des désagréments.

— Dessiner, peindre, rencontrer des maîtres... Je n'ai pas d'autre intention.

— Félicitations, l'ami, tu n'as pas l'air d'avoir peur. D'ordinaire, on ne me résiste pas aussi longtemps. Mais tu finiras quand même par parler, même si ta peau est plus dure que le cuir. Je pourrais m'occuper de toi tout de suite, mais je crois préférable de t'adoucir un peu pour me faciliter la tâche. Après quinze jours de cachot, tu devrais être beaucoup moins têtu et beaucoup plus bavard.

6

Silencieux revenait d'un long voyage en Nubie au cours duquel il avait visité les mines d'or, les carrières et les nombreux sanctuaires édifiés par Ramsès le Grand, dont les deux temples d'Abou Simbel qui célébraient la lumière divine, la déesse des étoiles et son amour éternel pour la grande épouse royale Néfertari, trop tôt disparue. Silencieux avait séjourné dans les oasis et passé des semaines, seul, dans le désert, sans redouter la compagnie des bêtes sauvages.

Héritier d'une dynastie familiale de la Place de Vérité, Silencieux, dont le destin de sculpteur semblait tout tracé, façonnerait des statues de divinités, de notables et d'artisans de sa confrérie afin de poursuivre la tradition fidèlement transmise depuis le temps des pyramides. Avec l'âge, on lui donnerait de plus en plus de responsabilités et, à son tour, il communiquerait son savoir à son successeur.

Mais restait une condition qui n'avait pas encore été remplie : entendre l'appel. Il ne suffisait pas d'avoir un père artisan, ni d'être un bon technicien pour voir s'ouvrir la porte de la confrérie ; chacun de ses membres avait pour titre « celui qui a entendu l'appel [1] », et chacun savait de quoi il s'agissait sans jamais la formuler.

Le jeune homme n'ignorait pas que seule la rectitude lui permettrait d'être aimé du métier, et il était incapable de mentir : cet indispensable appel, il ne l'avait pas entendu. Lui, dont la parole était si rare qu'on l'avait surnommé « Silencieux », souffrait de ce mutisme qu'aucun écho n'avait brisé.

Son père et les hauts responsables de la confrérie avaient admis que l'attitude de Silencieux était la seule acceptable : explorer le monde extérieur et, si les dieux le favorisaient, y entendre enfin l'appel.

Mais le jeune homme ne supportait pas de vivre loin de la Place de Vérité, de cet endroit unique où il était né, avait grandi et avait été élevé avec une rigueur qu'il ne

1. En égyptien : *sedjem âsh*.

regrettait pas. Y retourner étant impossible, il éprouvait la douloureuse sensation de se perdre chaque jour davantage et de n'être qu'une ombre solitaire.

Silencieux avait espéré que ce voyage et les puissants paysages de Nubie créeraient les conditions nécessaires pour faire retentir la voix mystérieuse ; mais rien ne s'était produit, et il ne lui restait plus qu'à errer, en allant de petit métier en petit métier.

En Nubie, il avait essayé d'oublier la Place de Vérité et les maîtres qu'il vénérait ; mais ses efforts étaient restés vains. Aussi était-il revenu à Thèbes pour se faire engager dans une équipe d'ouvriers qui construisaient des maisons non loin du temple de Karnak.

Le propriétaire de l'entreprise de bâtiment avait dépassé la cinquantaine et il boitait, à la suite d'une chute du haut d'un toit. Veuf et père d'une fille unique, il n'appréciait pas les bavards et les prétentieux. Aussi le comportement de Silencieux le satisfaisait-il au-delà de ses espérances. Sans ostentation, le jeune homme montrait l'exemple à ses camarades qui, pourtant, le regardaient d'un œil mauvais : trop consciencieux, trop travailleur, trop renfermé. Par sa simple présence et sans le vouloir, il mettait leurs défauts en lumière.

Grâce à son nouvel ouvrier, le patron avait terminé une maison de deux étages un bon mois avant la date prévue. Très satisfait, l'acheteur ne tarissait plus d'éloges sur l'entrepreneur et lui avait procuré deux nouveaux chantiers.

Ses collègues étaient rentrés chez eux, Silencieux nettoyait les outils comme le lui avait appris un sculpteur de la Place de Vérité.

— Je viens de recevoir une jarre de bière fraîche, lui dit son patron. Tu en boiras bien une coupe avec moi ?

— Je ne voudrais pas vous importuner.

— Je t'invite.

Le patron et son employé s'assirent sur des nattes, dans la cahute qui servait d'abri aux ouvriers pour faire la sieste. La bière était excellente.

— Tu ne ressembles pas aux autres, Silencieux. D'où es-tu originaire ?

— De la région.

— Tu as de la famille ?

— Un peu.

— Et tu n'as pas envie d'en parler... Comme tu voudras. Quel âge as-tu ?

— Vingt-six ans.

— Il est grand temps de te fixer, ne crois-tu pas ? Je sais juger les hommes : tu travailles de manière remarquable et tu ne cesseras de te perfectionner. En toi, il y a une qualité rare : l'amour du métier. Elle te fait oublier tout le reste, et ce n'est pas tellement raisonnable... Il faut songer à ton avenir. Je commence à vieillir, mes articulations me font souffrir, et je traîne de plus en plus la jambe. Avant de t'embaucher, j'avais pris la décision d'engager un contremaître qui me remplacerait peu à peu sur les chantiers, mais il n'y a rien de plus difficile que de trouver quelqu'un de confiance. Veux-tu être celui-là ?

— Non, patron. Je ne suis pas né pour diriger.

— Tu te trompes, Silencieux. Tu feras un bon contremaître, j'en suis persuadé. Mais je t'ai bousculé... Réfléchis au moins à ma proposition.

Silencieux hocha la tête.

— J'ai un petit service à te demander. Ma fille s'occupe d'un jardin, à une heure de marche d'ici, en bordure du Nil, et elle a besoin de poteries pour protéger les jeunes pousses. Peux-tu les charger sur le dos d'un âne et les lui apporter ?

— Bien entendu.

— Ça te vaudra une prime.

— Je dois y aller tout de suite ?

— Si ça ne t'ennuie pas... Ma fille s'appelle Claire[1].

Le patron décrivit l'itinéraire en détail, Silencieux ne pourrait pas se tromper.

L'âne s'ébranla, avançant de son pas tranquille et sûr. Silencieux vérifia que le poids ne fût pas excessif et marcha à ses côtés. Il emprunta d'abord des ruelles puis un chemin de terre qui longeait de petites maisons blanches séparées par des potagers.

Le doux vent du nord venait de se lever, préludant à une soirée paisible où les familles se réuniraient pour évoquer les menus événements de la journée ou pour écouter un conteur qui les ferait rire et rêver.

Silencieux réfléchissait à la proposition de son patron, sachant déjà qu'il ne l'accepterait pas. Il n'y avait qu'un seul endroit où il eût aimé se fixer, mais c'était impossible sans avoir entendu l'appel. Dans quelques semaines, il partirait pour le Nord et poursuivrait son existence de nomade.

Parfois, il avait envie de se mentir, de courir jusqu'au village et d'affirmer qu'il avait enfin reçu l'appel qui lui ouvrirait les portes de la confrérie. Mais la Place de Vérité ne portait pas ce nom-là par hasard... Maât y régnait, sa règle était la nourriture quotidienne des cœurs et des esprits, et les tricheurs finissaient toujours par être démasqués. « Tu dois haïr le mensonge en toutes circonstances, car il détruit la parole, lui avait-on enseigné. Il est ce que déteste Dieu. Quand le mensonge prend la route, il s'égare, ne peut traverser en bac et ne fait pas bon voyage.

1. Traduction du nom égyptien *Oubekhet.*

Celui qui navigue avec le mensonge n'accostera pas, et son bateau ne rejoindra pas son port d'attache. »

Non, Silencieux ne transigerait pas. Même s'il ne pouvait accéder à la Place de Vérité, il respecterait au moins l'engagement reçu. Une maigre consolation, certes, mais qui lui permettrait peut-être de survivre.

Un fort courant animait le Nil, aussi bleu que le ciel. Ne prétendait-on pas que ceux qui s'y noyaient voyaient leurs fautes effacées par le tribunal d'Osiris et ressuscitaient dans les paradis de l'autre monde ?

Dévaler la berge, plonger, se refuser à nager et remercier la mort de venir vite pour oublier une existence dépourvue d'espérance... C'était le seul appel que Silencieux entendait. Mais un détail l'empêcha de s'offrir au Nil : on lui avait confié une tâche, et il devait se montrer digne de cette confiance. Sa mission remplie, il se libérerait enfin de ses chaînes grâce à la générosité du fleuve qui emporterait son âme vers l'au-delà.

L'âne quitta le sentier principal, passa à gauche d'un puits et se dirigea droit vers un jardin clos de murets. Ce ne devait pas être la première fois que le quadrupède se rendait là, et il avait gardé le parcours en mémoire.

Un grenadier, un caroubier et un arbre que Silencieux ne connaissait pas répandaient une ombre bienfaisante sur le jardin où s'épanouissaient des centaurées, des narcisses et des soucis. Mais la beauté des fleurs n'était rien en comparaison de celle de la jeune femme vêtue d'une robe blanche immaculée. Agenouillée, elle faisait des plantations.

Tirant sur le blond, ses cheveux étaient libres et tombaient en volutes sur ses épaules. Son profil avait la perfection du visage de la déesse Hathor, telle que Silencieux l'avait vue sculptée par un artisan de la Place de Vérité, et son corps était aussi souple qu'une palme ondulant dans le vent.

L'âne mâcha quelques chardons, Silencieux crut s'évanouir quand la jeune femme se retourna et le contempla de ses yeux bleus comme un ciel d'été.

7

— Je reconnais l'âne, dit-elle en souriant, mais vous, je vous vois pour la première fois.

— Je... je vous apporte des poteries de la part de votre père.

Silencieux était un homme élancé et bien charpenté, mais de taille moyenne. Sa chevelure châtain laissait dégagé un front large et ses yeux gris-vert animaient un visage à la fois ouvert et grave.

— Merci de votre obligeance, mais... vous semblez soucieux.

Le jeune homme se précipita vers l'âne qui continuait à festoyer et, fébrile, sortit les poteries des couffins.

Jamais il n'oserait la regarder une nouvelle fois. Quelle magie pouvait rendre une femme aussi belle ? Ses traits si purs, sa peau à peine hâlée, ses membres fins et souples, la lumière qui émanait de son être faisaient d'elle une apparition, un rêve trop envoûtant pour durer. S'il la touchait, elle s'évanouirait.

— Tout est intact ? demanda-t-elle.

Comme la voix était magique, elle aussi ! Fruitée, douce, mélodieuse mais non dépourvue de fermeté, limpide et vive comme l'eau d'une source.

— Je crois...

— Voulez-vous que je vous aide ?

— Non, non... Je vous apporte les poteries.

Alors que Silencieux franchissait le seuil du jardin, un chien noir aboya, se dressa sur ses pattes arrière et posa ses pattes avant sur les épaules du nouveau venu, puis lui lécha consciencieusement les yeux et les oreilles.

Les bras encombrés, le jeune homme se laissa faire.

— Noiraud vous a adopté, commenta Claire, ravie. Pourtant, il est plutôt méfiant et n'accorde de tels privilèges qu'à des amis de longue date.

— Je suis flatté.

— Quel est votre nom ?

— Silencieux.

— C'est étrange...

— Une anecdote sans intérêt.

— Racontez-la-moi quand même.

— J'ai peur qu'elle ne vous ennuie.

— Venez vous asseoir au fond du jardin.

Noiraud acceptant de remettre les pattes à terre, Silencieux put donner satisfaction à la jeune femme. La tête allongée et puissante, le pelage court et soyeux, la queue longue et touffue, les yeux noisette très vifs, le chien accompagna son hôte.

— Avec lui, dit Claire, je n'ai rien à craindre. Il est aussi rapide que courageux.

Silencieux posa les poteries sur l'herbe et s'assit à côté d'un massif de fleurs dont la couleur ressemblait à celle de l'or.

— Je n'en avais jamais vu de semblables, avoua-t-il.

— Ce sont des chrysanthèmes, et ils ne se plaisent qu'ici. Outre leur élégance, ces fleurs superbes sont aussi très utiles ; grâce aux substances qu'elles contiennent, on soigne les inflammations, les problèmes circulatoires et les douleurs lombaires.

— Êtes-vous médecin ?

— Non, mais j'ai eu la chance d'être soignée par Néféret, une femme médecin extraordinaire. À la suite du décès de ma mère, elle s'est occupée de moi, malgré ses lourdes responsabilités. Avant de se retirer à Karnak, avec son mari Pazair, l'ancien vizir, elle m'a transmis une grande partie de sa science. Aujourd'hui, je l'utilise pour soulager des souffrances, dans mon entourage. C'est ici, dans ce jardin, que j'aime méditer et parler avec les arbres. Vous me jugerez peut-être insensée, mais je crois que les plantes ont un langage. Il faut se montrer humble en face d'elles pour pouvoir l'entendre.

— Les sorciers de Nubie pensent comme vous.

— Vous avez séjourné là-bas ?

— Quelques mois. Comment se nomme cet arbre à l'écorce brun grisâtre et aux feuilles ovales, vertes et blanches ?

— Le styrax. Il donne un fruit charnu et surtout un baume précieux qui s'écoule sous la forme d'une gomme jaunâtre quand on incise le tronc de l'arbre.

— Je lui préfère le caroubier, avec son feuillage dense et ses fruits au goût de miel. N'incarne-t-il pas la douceur de la vie, lui qui supporte si bien la sécheresse et les vents chauds ?

Noiraud s'était couché sur les pieds du jeune homme qui ne pouvait pas bouger sans le déranger.

— Vous ne m'avez pas encore expliqué pourquoi vous portez le nom de « Silencieux ».

— Si je le respectais, je ne devrais rien vous dire.

— Est-ce un si grand secret ? demanda Claire en enfonçant dans la terre meuble une poterie à l'envers pour protéger sa plantation.

Sous la poussée des racines, le récipient éclaterait, et les morceaux de poterie se mélangeraient à la terre.

Jamais le jeune homme n'avait eu envie de se confier, mais comment résister à Claire ?

— J'ai été élevé dans le village des artisans, la Place de Vérité, où mon père était sculpteur. À ma naissance, ma mère et lui m'ont donné un nom secret qui me sera révélé lorsque je deviendrai sculpteur à mon tour. Jusqu'à ce moment-là, je dois rester silencieux, observer, écouter et entendre.

— Quand ce grand moment surviendra-t-il ?

— Jamais.

— Mais... pourquoi ?

— Parce que je ne serai pas sculpteur : le destin en a décidé autrement.

— Alors... que comptez-vous faire ?

— Je l'ignore.

Claire façonna une bordure de terre humide autour du caroubier pour mieux retenir l'eau du prochain arrosage.

— Vous comptez travailler longtemps dans l'entreprise de mon père ?

— Il m'a demandé de devenir son contremaître.

— Lui avez-vous parlé de la Place de Vérité ?

— Non... Vous êtes la seule au courant de mon passé. À présent, il est mort et bien mort. Je ne connais aucun des secrets des artisans et je ne suis qu'un ouvrier comme les autres.

— Vous en souffrez, n'est-ce pas ?

— Ne croyez pas que je sois ambitieux. Je voulais simplement... Mais c'est sans importance. Se révolter contre la vie est inutile, il faut savoir accepter ce qu'elle donne.

— N'êtes-vous pas trop jeune pour parler ainsi ?

— Je... je redoute de vous importuner.

— Et ce poste de contremaître ?

— Votre père s'est montré très généreux, mais je suis incapable d'exercer de telles responsabilités et je serais désolé de le décevoir.

— Je suis persuadée que vous vous sous-estimez. Pourquoi ne pas essayer ? En attendant, prêtez-moi main-forte.

La jeune femme regarda son chien : aussitôt, il ouvrit les yeux et se mit sur ses pattes. Noiraud percevait la moindre des intentions de Claire qui, la plupart du temps, n'avait même pas besoin de lui parler.

Libéré, Silencieux se releva à son tour pour participer aux travaux de jardinage en imitant les gestes de Claire. Voilà longtemps qu'il n'avait pas goûté une telle paix, loin de toute angoisse. Regarder la jeune femme le rendait si heureux qu'il en oubliait ses doutes et ses souffrances.

Après avoir obtenu une belle quantité de caresses sur le sommet du crâne et dans le cou, Noiraud était retourné se coucher à l'ombre.

— Chaque nuit, dit Claire, les ténèbres tentent de dévorer la lumière. Parce qu'elle combat avec vaillance, elle parvient à les repousser. Qui contemple le lever du soleil, du côté de la montagne d'Orient, distingue un acacia de turquoise qui marque le triomphe de la lumière ressuscitée. Cet arbre, il s'offre à tous. Pour en percevoir la beauté, il suffit de savoir le regarder. C'est cette pensée qui m'a guidée quand j'ai traversé de dures épreuves. La beauté de la vie ne dépend pas de nous, mais elle réside aussi dans notre capacité à la saisir.

Silencieux admirait la manière dont Claire opérait, sans nulle précipitation mais avec des gestes efficaces, précis et gracieux.

Hélas ! les plantations allaient prendre fin, et il lui faudrait reprendre le chemin de la ville.

— Allons nous laver les mains dans le petit canal, proposa-t-elle.

Les arpenteurs de l'État, les spécialistes de l'irrigation et les hommes de la corvée avaient bien travaillé ; cultures et jardins étaient quadrillés par des veines et des artères où circulait l'eau de la vie.

Agenouillé à côté de Claire, Silencieux respira son parfum où se mariaient jasmin et lotus. Et comme il ne pouvait pas se mentir à lui-même, il sut qu'il venait de tomber éperdument amoureux.

8

Sobek détestait les réceptions, mais il était obligé de se rendre à la fête annuelle de la police de la rive ouest de Thèbes, au cours de laquelle étaient annoncés les promotions, les changements d'affectation et les départs à la retraite. Pour l'occasion, on tuait quelques cochons et l'on buvait du vin rouge offert par le vizir.

Le Nubien, dont la stature ne passait pas inaperçue, fut l'objet de toutes les attentions. Pour être policier, on n'en est pas moins curieux, et nombre de ses collègues lui demandèrent s'il avait découvert quelques-uns des secrets de la Place de Vérité. Fatalement, on ironisa sur ses liaisons présumées avec les femmes du village qui ne pouvaient que succomber au charme du superbe Noir.

Sobek but, mangea et laissa dire.

— Il paraît que ton nouveau poste te plaît, lui susurra le scribe de la corvée, un aigri que Sobek détestait.

— Je ne me plains pas.

— On murmure qu'il y a eu un mort, parmi tes hommes...

— Un novice qui a fait une chute dans les collines, la nuit. L'enquête est close.

— Pauvre bougre... Il ne profitera pas des plaisirs de Thèbes. Chacun ses ennuis... Moi, je n'arrive pas à mettre la main sur un fils de fermier qui tente d'échapper à la corvée.

— Le cas ne doit pas être rare.

— Tu te trompes, Sobek. C'est un devoir accepté par tous, et les pénalités sont lourdes pour les délinquants. En plus, vu la carrure du bonhomme qui n'a pourtant que seize ans, l'interpellation risque d'être mouvementée.

Le scribe de la corvée se lança dans une description qui correspondait parfaitement à celle de l'espion incarcéré par Sobek.

— Ce garçon a-t-il commis d'autres délits ? demanda le Nubien.

— Ardent s'est brouillé avec son père qui veut lui donner une bonne leçon afin qu'il retourne à la ferme. L'ennui, c'est qu'il y a délit de fuite... Le tribunal prononcera probablement une peine sévère.

— Ses frères ne t'ont donné aucun renseignement utile ?

— Ardent n'a que des sœurs.

— Curieux... En tant qu'unique garçon de la famille, ne devrait-il pas être exempté de la corvée ?

— Tu as raison, j'ai dû tripatouiller un peu la procédure pour donner satisfaction à son père, un vieil ami. On a tous fait ça un jour ou l'autre.

Quelques jours de cachot n'avaient pas entamé la fierté d'Ardent qui se tint bien droit devant Sobek.

— Alors, mon garçon, tu es décidé à me dire la vérité ?

— Elle n'a pas changé.

— Dans le genre obstiné, tu es une sorte de chef-d'œuvre ! Normalement, j'aurais dû t'interroger à ma manière, mais tu as de la chance, beaucoup de chance.

— Vous me croyez, enfin ?

— J'ai appris la vérité à ton sujet : tu t'appelles Ardent et tu es un fugitif qui tente d'échapper à la corvée.

— Mais... c'est impossible ! Mon père est fermier et je suis son seul fils !

— Je sais ça aussi. Tu as des ennuis, mon garçon, de graves ennuis. Mais il se trouve que le scribe de la corvée n'est pas un ami et que ton cas ne relève pas de ma compétence. Je n'ai qu'un seul conseil à te donner : quitte la région au plus vite et fais-toi oublier.

Sur le chantier, c'était l'heure de la sieste, après le repas. Comme d'habitude, Silencieux s'était isolé, abandonnant la cahute à ses quatre compagnons de travail, un Syrien et trois Égyptiens.

— Vous connaissez la dernière ? demanda le Syrien.

— On va être augmentés ? suggéra le plus âgé des Égyptiens, un quinquagénaire au ventre dilaté par l'excès de bière forte.

— Le nouveau a livré des poteries à la fille du patron.

— Tu plaisantes ! C'est toujours le patron en personne qui s'occupe de ça. Personne n'a le droit d'approcher de sa fille, une vraie beauté. À vingt-trois ans, elle n'est toujours pas mariée. On dit qu'elle est un peu magicienne et qu'elle connaît le secret des plantes.

— Je ne plaisante pas, c'est bien le nouveau qui a livré les poteries.

— Alors, ça veut dire que le patron l'apprécie beaucoup.

— Ce type n'ouvre pas la bouche, il travaille plus vite et mieux que nous, et il subjugue le patron... Il va le nommer contremaître, je vous le dis !

L'Égyptien bedonnant fit la moue.

— C'est moi qui devais obtenir ce poste, à l'ancienneté.

— Tu as enfin compris ! Cet intrigant va te le chaparder sous le nez et c'est lui qui nous donnera des ordres.

— On va être obligés de suivre son rythme... Il nous épuisera, c'est sûr ! On ne peut pas le laisser faire. Que proposes-tu, le Syrien ?

— Débarrassons-nous de lui.

— De quelle manière ?

— On va lui parler un langage qu'il comprendra, demain, quand il sortira du marché avec ses achats.

Silencieux terminait de mouler une centaine de grosses briques qu'il placerait au-dessus du lit de pierres formant le socle d'une maison destinée à la famille d'un militaire. Pour un fils de sculpteur de la Place de Vérité, c'était l'enfance de l'art. Pendant son adolescence, Silencieux s'était amusé à façonner des briques de toutes dimensions, et il avait même fini par fabriquer lui-même des moules.

— Ta technique est exceptionnelle, estima le patron.

— J'ai le coup de main et je prends mon temps.

— Tu en sais beaucoup plus que tu n'en montres, n'est-ce pas ?

— Ne croyez pas cela.

— Peu m'importe... As-tu réfléchi à ma proposition ?

— Laissez-moi un peu de temps.

— D'accord, mon garçon. J'espère qu'un autre entrepreneur ne cherche pas à te débaucher...

— Rassurez-vous.

— J'ai confiance en toi.

Silencieux avait compris la stratégie de son patron : il lui avait fait rencontrer sa fille pour qu'il soit séduit, la demande en mariage, accepte le poste de contremaître et fonde un foyer. Ainsi, il serait contraint de reprendre l'entreprise familiale.

Le patron était un brave homme, il pensait agir au mieux des intérêts de sa fille. Silencieux n'éprouvait aucun ressentiment contre lui. La manœuvre aurait pu se terminer par un fiasco, mais le jeune homme était tombé amoureux fou de Claire. Même si l'avenir que lui traçait son futur beau-père ressemblait à une prison dans laquelle il ne voulait pas entrer, il n'envisageait plus sa vie sans la jeune femme.

C'était grâce à elle, à son visage et à sa lumière, qu'il ne s'était pas jeté dans le Nil pour mettre fin à son errance. Mais rien ne prouvait qu'elle partageait ses sentiments, et il ne l'obligerait pas à l'épouser pour donner satisfaction à son père.

Comment avouer à une femme un amour si intense qu'elle en serait effrayée ? Silencieux avait imaginé mille et une façons de l'aborder, mais elles lui avaient paru plus ridicules les unes que les autres. Il lui fallait se rendre à l'évidence : mieux valait enfouir sa passion au plus profond de lui-même et partir vers le Nord, comme il l'avait prévu, en rêvant d'un bonheur impossible.

Dans la chambrette où le logeait son patron, Silencieux ne trouvait pas le sommeil. Il pensait avoir pris la bonne décision, mais elle ne lui procurait pas le moindre apaisement. Le village, les routes sans fin, les yeux bleus de Claire, le fleuve... Tout se mélangeait dans sa tête, comme s'il était ivre.

Vivre pour elle, devenir son serviteur, demeurer sans cesse à ses côtés sans lui demander davantage... C'était peut-être la solution. Mais elle se lasserait et finirait par se marier. La douleur de la séparation serait encore plus déchirante.

Silencieux n'avait pas le choix.

Demain matin, il terminerait le travail en cours, irait au marché acheter des provisions et quitterait Thèbes pour toujours.

9

Ardent avait emprunté le bac, jugeant préférable de s'éloigner quelque temps de la rive ouest, mais sans perdre de vue son objectif : persuader un artisan de la Place de Vérité de le parrainer. Après une semaine passée sur la rive est, le jeune homme traverserait le Nil à la nage et tenterait de s'approcher du village en passant par les collines les plus élevées.

Le bac aborda au marché qui se tenait sur le bord du fleuve, où l'on pouvait acheter de la viande, du vin, de l'huile, des légumes, des pains, des gâteaux, des fruits, des épices, du poisson, des vêtements et des sandales. La plupart des vendeuses étaient des femmes, expertes dans l'art de manier la balance. Confortablement installées sur des pliants, elles marchandaient avec âpreté et buvaient à la paille de la bière douce lorsqu'elles avaient la gorge trop sèche.

En voyant tant de denrées, Ardent eut une brusque sensation de faim. Ce n'était pas l'ordinaire du cachot qui avait comblé son appétit, et il avait envie de croquer des oignons frais, un morceau de bœuf séché et un gâteau moelleux. Mais contre quoi les échanger ? Le jeune homme ne possédait rien pour faire du troc.

Il ne lui restait plus qu'à dérober un pain long sans être repéré par la boulangère et en déjouant la surveillance du babouin policier qui se précipitait sur les voleurs et leur mordait les mollets pour les empêcher de s'enfuir.

Une veuve tentait de troquer une pièce d'étoffe contre un sac de blé, mais le vendeur considérait comme trop médiocre la qualité du tissu ; un palabre débutait, et il n'était pas près de se terminer. Une jolie brune qui tenait son enfant serré contre sa poitrine désirait une petite cruche en échange de poisson frais, un vendeur de poireaux vantait ses magnifiques légumes.

Ardent se glissa dans la foule pour aborder les échoppes par l'arrière et profiter d'un moment d'inattention d'une marchande de gâteaux ; mais il y avait un second babouin policier, assis sur son derrière, et dont le regard suivait les badauds.

« Tu es content, parfumeur, moi aussi ! » s'exclama l'intendant d'un noble qui venait d'acquérir un vase conique rempli de myrrhe. Ardent s'éloigna du singe à l'impressionnante mâchoire, trop attentif pour être abusé. L'estomac dans les talons, il sortit du marché à la suite d'un jeune homme plus âgé et moins athlétique que lui. Portant un sac rempli de légumes et de fruits, il emprunta une ruelle couverte de palmes.

Intrigué par la manœuvre précipitée de trois hommes qui avaient emboîté le pas de l'acheteur, Ardent les suivit.

À l'extrémité de la ruelle, les trois comparses se ruèrent ensemble sur leur proie. Le Syrien frappa Silencieux dans les reins, les deux autres lui bloquèrent les bras et l'obligèrent à s'allonger face contre terre.

Le Syrien posa le pied sur la nuque de sa victime.

— On va te donner une bonne leçon, mon gars, puis tu quitteras la ville. On n'a pas besoin de toi, ici.

Silencieux tenta de se tourner sur le côté, mais un coup de pied dans le flanc lui arracha un cri de douleur.

— Si tu te défends, on tapera plus fort.

— Vous ne voulez pas essayer avec moi, bande de lâches ? demanda Ardent.

Il bondit sur le Syrien, l'attrapa par le cou et le projeta contre un mur. Ses alliés tentèrent de repousser le jeune athlète, mais il percuta le premier tête en avant, para l'attaque du second et lui enfonça son coude dans le ventre.

Silencieux essaya de se relever, mais il vit trente-six chandelles [1] et retomba sur les genoux pendant qu'Ardent assommait le Syrien de ses deux poings réunis. Ses complices détalèrent, mais ils furent interceptés par des policiers et un babouin qui montrait des dents acérées.

— Que personne ne bouge ! ordonna l'un d'eux. Vous êtes tous en état d'arrestation.

Quand Silencieux se réveilla, le soleil était levé depuis longtemps. Couché sur le ventre, les bras pendant de part et d'autre d'un lit étroit, il ressentit une délicieuse sensation de chaleur au niveau des reins.

Une main très douce passait un baume sur les chairs endolories. Soudain, le jeune homme prit conscience qu'il était nu et que Claire le massait.

1. À savoir les lumières des trente-six décans ; cette ancienne expression populaire est d'origine égyptienne.

— Restez immobile, exigea-t-elle. Pour être efficace, ce baume doit bien pénétrer dans les contusions.

— Où suis-je ?

— Chez mon père. Vous avez été agressé par trois ouvriers qui vous ont rossé et vous vous êtes évanoui. Ces bandits ont été arrêtés, et l'on vous a amené ici. Vous avez dormi plus de vingt heures, car je vous ai fait boire des potions calmantes. Quant au baume, il est composé de jusquiame, de ciguë et de myrrhe ; grâce à lui, vos blessures guériront rapidement.

— Quelqu'un est venu à mon secours...

— Un jeune garçon qui a été arrêté, lui aussi.

— C'est injuste ! Il a risqué sa vie pour moi, il a...

— D'après la police, il est en situation irrégulière.

— Il faut que je me lève et que j'aille témoigner en sa faveur.

— L'affaire sera jugée dès demain au tribunal du vizir. Mon père a porté plainte, et elle a été aussitôt reçue, en raison de la gravité de l'affaire. L'urgence consiste à vous remettre sur pied, donc à vous laisser soigner. Soyez aimable de vous mettre sur le dos.

— Mais je...

— Nous n'avons plus l'âge des fausses pudeurs.

Silencieux ferma les yeux. Claire lui enduisit de baume le front, l'épaule gauche et le genou droit.

— Mes agresseurs voulaient que je quitte la ville.

— Ne vous souciez plus : ils seront condamnés à une lourde peine, et mon père engagera d'autres ouvriers. Plus que jamais, il souhaite que vous acceptiez le poste de contremaître.

— Je crains de ne pas être trop populaire...

— Mon père est émerveillé par vos compétences. Il

ignore que vous avez été éduqué dans la Place de Vérité, et je n'ai pas trahi votre secret.

— Merci, Claire.

— Je vous demande une faveur... Quand vous aurez pris votre décision, j'aimerais être la première à la connaître.

Elle recouvrit le blessé d'un drap de lin qui fleurait bon l'air parfumé de la campagne thébaine.

Silencieux se redressa.

— Claire, j'aimerais vous dire...

Les yeux bleus et lumineux le regardèrent avec une douceur infinie, mais il n'osa ni prendre la main de la jeune femme ni exprimer ses sentiments.

— J'ai toujours travaillé sous les ordres de quelqu'un de plus qualifié que moi et je suis certain de ne pas être capable de réguler les tâches d'autrui... Il faut me comprendre.

— Cela signifie-t-il que vous refusez ?

— Je ne dois penser qu'à aider le garçon qui est venu à mon secours. Sans lui, je serais peut-être mort.

— Vous avez raison, concéda-t-elle d'une voix teintée de tristesse. C'est lui qui doit occuper le centre de vos pensées.

— Claire...

— Excusez-moi, j'ai beaucoup de travail.

Légère, inaccessible, elle sortit de la chambre.

Silencieux aurait voulu la retenir, lui expliquer qu'il était stupide, incapable de lui ouvrir son cœur. La porte qui venait de se refermer ne s'ouvrirait sans doute plus jamais. Il aurait dû prendre Claire dans ses bras et la couvrir de baisers, mais elle l'impressionnait trop.

Le baume était efficace ; peu à peu, les douleurs s'estompaient. Mais il regrettait que les agresseurs n'aient pas mené à bien leur sinistre besogne. À quoi servait-il de vivre, puisqu'il n'avait pas entendu l'appel et qu'il n'épouserait pas la femme aimée ?

Dès que son sauveteur serait innocenté, Silencieux disparaîtrait.

10

Le juge désigné par le vizir pour l'audience du jour était un homme d'âge mûr à la solide expérience. Vêtu d'une ample tunique que maintenaient deux larges brides nouées derrière le cou, il portait un collier d'or auquel était accrochée une figurine représentant la déesse Maât.

Maât, une femme assise tenant la clé de vie. Sur sa tête, la rectrice, la plume permettant aux oiseaux d'orienter leur vol sans erreur. À la fois vérité, justice et rectitude, c'était elle la véritable patronne du tribunal.

Aux pieds du juge, une étoffe rouge sur laquelle avaient été disposés quarante bâtons de commandement, symbole d'un authentique État de Droit.

— Sous la protection de Maât et au nom de Pharaon, déclara le juge, cette audience est ouverte. Que la vérité soit le souffle de vie dans les narines des hommes et qu'elle chasse le mal de leur corps. Je jugerai l'humble de même manière que le puissant, je protégerai le faible du fort et j'écarterai de chacun la fureur de l'être mauvais. Que soient introduits les protagonistes de la rixe qui s'est déroulée dans la ruelle du marché.

Le Syrien et ses deux acolytes ne nièrent pas les faits et implorèrent la clémence du tribunal. Composé de quatre scribes, d'une femme d'affaires, d'une tisserande, d'un officier de réserve et d'un interprète, le jury condamna le trio à cinq ans de travaux d'utilité publique. En cas de récidive, la peine serait triplée.

Quand Ardent comparut devant le magistrat, il ne baissa pas la tête. Ni l'ambiance austère du tribunal ni le visage fermé des jurés ne semblèrent l'impressionner.

— Ton nom est Ardent et tu prétends avoir secouru la victime.

— C'est la vérité.

Les policiers confirmèrent les déclarations d'Ardent, puis Silencieux fit sa déposition.

— J'ai été frappé dans le dos, les agresseurs m'ont obligé à m'allonger face contre terre. Je n'ai pu opposer qu'une faible résistance et j'aurais peut-être été tué si ce garçon n'avait pas volé à mon secours. À un contre trois, il lui a fallu un courage exceptionnel.

— Le tribunal l'admet volontiers, reconnut le juge, mais le scribe de la corvée, ici présent, a porté plainte contre Ardent pour délit de fuite.

Au premier rang, le fonctionnaire eut un sourire satisfait.

— La bravoure d'Ardent devrait lui valoir l'indulgence du jury, plaida Silencieux. Ne peut-on lui pardonner cette erreur de jeunesse ?

— La loi est la loi, et la corvée une tâche essentielle pour le bien-être collectif.

Sobek le Nubien s'avança.

— En tant que chef de la police du secteur de la Place de Vérité, je partage l'avis de Silencieux.

Le magistrat fronça les sourcils.

— Qu'est-ce qui justifie cette intervention ?

— Le respect de la loi de Maât à laquelle nous tenons

tous. Étant le seul fils d'un fermier, Ardent est légalement exempt de la corvée.

— Le rapport du scribe ne précise pas ce point capital, observa le juge.

— Ce texte est donc mensonger et son auteur doit être sévèrement châtié.

Le scribe de la corvée ne souriait plus.

Ardent considérait le Nubien avec étonnement. Jamais il n'aurait cru qu'un policier lui viendrait en aide.

— Qu'on arrête ce fonctionnaire indélicat, ordonna le juge, et qu'on libère Ardent sur-le-champ.

Silencieux entendit à peine la décision car, depuis un long moment, ses yeux étaient rivés sur la figurine de Maât qui ornait la poitrine du juge.

La Place de Vérité, la place de Maât, le lieu privilégié entre tous où s'exprimait la justesse, où son secret était enseigné par le geste des artisans initiés dans la Demeure de l'Or... Voilà ce que Silencieux n'avait pas perçu jusqu'à ce jour.

En fixant la déesse, son cœur s'ouvrit.

La figurine grandit, devint immense, emplit la salle du tribunal et en perça le plafond pour atteindre le ciel. Maât était plus vaste que l'humanité, elle s'étendait aussi loin que l'univers et vivait de la lumière.

Silencieux revit les maisons du village, les ateliers et le temple. Et il entendit l'appel, la voix de Maât qui lui demandait de revenir vers la Place de Vérité et d'y accomplir l'œuvre à laquelle il était destiné.

— Je ne vais pas me répéter, dit le juge, irrité. Je vous demande si vous êtes satisfait, Silencieux. Est-ce que vous avez entendu ?

— Oui, oh oui, j'ai entendu !

Silencieux sortit lentement du tribunal, le regard orienté vers la cime d'Occident, protectrice de la Place de Vérité.

— J'aimerais te parler, lui dit Ardent, mais tu as l'air vraiment bizarre.

Encore hanté par l'appel qui l'avait envahi, Silencieux mit quelques secondes à reconnaître son sauveur.

— Pardonne-moi, je voulais te remercier. Si je suis en vie, c'est grâce à toi.

— Bah ! Ça m'a amusé d'intervenir.

— Tu aimes te battre, Ardent ?

— À la campagne, il faut savoir se défendre. Parfois, le ton monte vite, et l'on se querelle volontiers pour un rien.

— Où habites-tu ?

— Sur la rive ouest, mais j'ai définitivement quitté la ferme familiale. Je meurs de soif, pas toi ?

— T'offrir de la bière fraîche est le moins que je puisse faire.

Silencieux se procura une jarre, et les deux amis s'assirent sur la berge, à l'ombre d'un palmier.

— Pourquoi as-tu quitté ta famille ?

— Parce que je ne veux pas devenir fermier et succéder à mon père.

— Comment envisages-tu ton avenir ?

— Je n'ai qu'une passion : le dessin. Et il n'existe qu'un seul endroit où je pourrai prouver mes dons et apprendre ce qui me manque : la Place de Vérité. J'ai tenté de m'en approcher, avec l'espoir d'y pénétrer, mais cela paraît impossible. Pourtant, je ne renoncerai pas à mon projet... Il est ma seule raison de vivre !

— Tu es très jeune, Ardent, et tu pourrais changer d'avis.

— Ça n'arrivera pas, sois-en certain ! Depuis mon

enfance, j'observe la nature, les animaux, les paysans, les scribes... Et je les dessine. Tu veux que je te montre ?

— Volontiers.

Cassant l'extrémité d'une palme desséchée, Ardent traça dans la terre, avec une remarquable précision, le visage du juge, son collier et la figurine représentant la déesse Maât.

Pour la première fois, il fut inquiet. Lui qui avait toujours été persuadé de son talent et se moquait de la critique d'autrui attendait avec angoisse le jugement de son aîné, si calme et si pondéré.

Silencieux prit son temps.

— C'est plutôt réussi, estima-t-il. Tu possèdes le sens inné des proportions et ta main est très sûre.

— Alors... tu penses que je suis vraiment doué ?

— Je le pense.

— Fabuleux ! Je suis un homme libre et je sais dessiner !

— Il te reste quand même beaucoup à apprendre.

— Je n'ai besoin de personne ! clama Ardent. Jusqu'à présent, je me suis débrouillé seul et je continuerai !

— En ce cas, pourquoi veux-tu être admis dans la confrérie des Serviteurs de la Place de Vérité ?

La contradiction frappa de plein fouet l'artiste en herbe.

— Parce que... parce qu'elle me permettra de dessiner et de peindre la journée durant sans m'occuper de rien d'autre.

— Crois-tu qu'elle a besoin de toi ?

— Je lui prouverai que je suis le meilleur !

— La vanité n'est probablement pas le meilleur moyen de forcer la porte.

— Ce n'est pas de la vanité, mais un désir plus brûlant que le feu ! Je sais que je dois aller là-bas et j'irai, quels que soient les obstacles.

— La fougue ne sera peut-être pas suffisante.

Ardent leva les yeux au ciel.

— Ce n'est pas seulement de la fougue, mais une sorte d'appel que j'ai entendu, un appel si puissant, si impérieux que je n'ai de cesse d'y répondre. La Place de Vérité est ma véritable patrie, c'est là où je dois vivre et nulle part ailleurs... Mais tu ne peux pas comprendre.

— Je crois que si.

Ardent ouvrit de grands yeux étonnés.

— Tu dis ça par sympathie, mais tu es trop maître de toi-même et de tes émotions pour partager ma passion.

— La Place de Vérité, révéla Silencieux, c'est mon village.

11

Ardent prit Silencieux par les épaules avec une telle impétuosité que ce dernier crut être broyé.

— Ce n'est pas vrai, ce n'est pas possible... Tu te moques de moi !

— Quand tu me connaîtras mieux, tu sauras que ce n'est pas dans mon caractère.

— Mais alors... Tu sais comment pénétrer dans la Place de Vérité !

— C'est encore beaucoup plus difficile que tu ne l'imagines. Pour embaucher un nouvel artisan, il faut l'accord de tous les membres de la confrérie, du pharaon et du vizir. Et il est préférable d'appartenir à une lignée de sculpteurs ou de dessinateurs.

— On ne recrute personne d'extérieur ?

— Uniquement des êtres observés pendant longtemps sur des chantiers au service des temples, comme Karnak.

— Tu tentes de me faire comprendre que je n'ai aucune chance... Mais je ne renoncerai pas.

— Pour se présenter au tribunal d'admission, il faut également ne pas avoir de dettes, posséder un sac de cuir, un siège pliant et du bois pour fabriquer un fauteuil.

— Une petite fortune !

— Environ sept mois de salaire d'un débutant. C'est la preuve qu'il sait travailler.

— Je suis dessinateur, pas menuisier !

— La Place de Vérité a ses exigences, et ce n'est pas toi qui les modifieras.

— Quoi d'autre ?

— Tu sais tout.

— Et toi, pourquoi as-tu quitté le village ?

— Chacun est libre d'en sortir quand il le désire... Moi, je n'y étais pas vraiment entré.

— Que veux-tu dire ?

— J'y ai été élevé, j'ai croisé des êtres extraordinaires, et ma famille espérait que je deviendrais sculpteur.

— Tu as refusé ?

— Non, répondit Silencieux, mais je n'ai pas triché. J'avais rempli les conditions nécessaires, je désirais continuer à vivre là-bas, mais il me manquait l'essentiel : je n'avais pas entendu l'appel. C'est pourquoi j'ai décidé de voyager, avec l'espoir que mes oreilles s'ouvriraient enfin.

— Et... elles se sont ouvertes ?

— Aujourd'hui même, au tribunal, après bien des années d'errance. Je te dois beaucoup, Ardent, et je ne sais comment te remercier. Sans ton intervention, dans la ruelle, je n'aurais pas été amené à comparaître devant ce juge et je n'aurais pas entendu l'appel. Malheureusement, je ne peux pas t'aider. Chaque candidat doit se débrouiller seul. S'il a bénéficié d'une assistance, sa demande est rejetée.

— Et toi... tu es certain d'être accepté ?

— Pas du tout. Ceux qui me connaissent plaideront peut-être en ma faveur, mais leur avis ne pèsera pas lourd dans la balance.

— Dis-moi tout ce que tu sais sur la Place de Vérité, exigea Ardent.

— Pour moi, ce ne fut qu'un village comme un autre. Je n'ai été initié à aucun de ses secrets.

— Quand vas-tu t'y rendre ?

— Dès demain.

— Mais... le sac, le pliant, le bois ?

— J'ai laissé mon pécule à un gardien.

— Toi, tu n'auras pas besoin de laissez-passer !

— C'est vrai, on me laissera franchir les cinq fortins et me présenter devant le tribunal d'admission. Mais je n'irai peut-être pas plus loin.

— Tu es déjà un homme mûr, tu as l'air patient comme la pierre et tranquille comme la montagne... La confrérie doit apprécier les candidats dans ton genre et un caractère comme le tien.

— L'essentiel, c'est d'avoir entendu l'appel et d'en convaincre les artisans choisis comme juges d'admission.

— En ce cas, je réussirai.

Silencieux posa les mains sur les épaules d'Ardent.

— Je te le souhaite de tout cœur. Même si le destin nous sépare, je n'oublierai pas ma dette envers toi.

Grâce à l'âne porteur de poteries, Silencieux retrouva le chemin du jardin de Claire. Le vent du sud s'était levé, des vagues coléreuses agitaient le Nil. Le sable volait et agressait bêtes, hommes et maisons.

Silencieux mit le grison à l'abri dans une étable, en compagnie de deux vaches laitières, puis reprit le sentier, à la fois calme et tourmenté. Calme, car entendre l'appel avait libéré en lui des forces qu'il ne soupçonnait pas ; comme Ardent, il était déterminé à franchir la porte de la Place de Vérité et à connaître ses secrets. Tourmenté, car s'il parvenait à convaincre le tribunal d'admission il perdrait la femme qu'il aimait.

Balayé par des souffles furieux, le jardin était vide. Silencieux revit avec émotion les récentes plantations de Claire auxquelles il avait participé. Il aurait aimé les voir grandir auprès d'elle, les soigner jour après jour, vieillir au rythme de leur épanouissement. Mais l'appel de Maât et de la Place de Vérité était si impérieux qu'il n'avait pas le choix : il voulait retrouver sa patrie perdue et percer ses mystères.

Effacées les années vides, oubliés les doutes... Silencieux avait le sentiment d'avoir traversé une nuit profonde d'où il croyait ne plus pouvoir sortir. Encore fallait-il ne pas échouer au seuil d'une aventure qu'il pressentait fabuleuse.

— Vous me cherchiez ?

Les épaules couvertes d'un châle de laine, Claire venait d'apparaître, soucieuse.

— Je m'étais mise à l'abri dans une cabane, expliqua-t-elle. J'espérais que vous viendriez.

— Vous souhaitiez être la première à connaître ma réponse définitive, et je tiens ma promesse.

— Vous refusez le poste de contremaître, n'est-ce pas ?

— Oui, mais pour une raison si particulière que je désire vous la dévoiler.

Les yeux bleus de la jeune femme étaient tristes.

— Ce ne sera pas nécessaire...

— Écoutez-moi, je vous en supplie !

Il s'approcha d'elle, elle ne s'éloigna pas.

— Acceptez-vous... que je vous prenne dans mes bras ?

Claire ne répondit pas et demeura immobile. Silencieux l'enlaça tendrement, comme si elle était fragile à se briser. Il sentit son cœur battre aussi fort que le sien.

— Je vous aime de tout mon être, Claire. Vous êtes la première femme de ma vie, et il n'y en aura aucune autre après vous. Et c'est parce que je vous aime ainsi qu'il m'est interdit de vous rendre malheureuse.

Elle s'abandonna contre lui, savourant ce moment de bonheur.

— Qu'ai-je à redouter de toi, Silencieux ?

— J'ai entendu l'appel de la Place de Vérité et je dois y répondre. Si l'admission m'est refusée, je serai un homme brisé, invivable. Si elle m'est accordée, mon existence se déroulera dans le village des artisans, loin de ce monde.

— Ta décision est-elle irrévocable ?

— J'ai entendu l'appel, Claire, et il a autant de force que mon amour pour toi. S'il était possible de l'oublier, je le ferais. Mais je ne veux ni mentir ni me mentir.

— Tu te marieras avec une femme du village ?

— Je ne me marierai jamais et j'occuperai une maison de célibataire en pensant à toi chaque jour.

— Resteras-tu cloîtré ?

— Je pourrais sortir de la Place de Vérité de temps à autre pour te rencontrer, mais ne serait-ce pas nous torturer ?

— Embrasse-moi.

Leurs corps s'épousèrent avec fougue et tendresse. Enlacés, ils s'allongèrent sous le caroubier au feuillage dense qui les protégeait du vent du sud.

Pendant qu'ils s'aimaient, baignés des rayons du soleil couchant, Noiraud montait une garde vigilante.

12

Trois solutions simples auraient pu permettre à Ardent de se procurer le pliant, le bois et le sac de cuir. La première consistait à les acheter, mais il n'avait rien à proposer en échange ; la deuxième à les demander à son père, mais il ne reverrait jamais cet homme pour lequel il n'éprouvait plus aucune affection ; la troisième à les voler, avec le risque de se faire prendre. Or une peine de prison l'écarterait définitivement de la Place de Vérité. De plus, pendant l'interrogatoire des artisans, on lui demanderait la provenance de son pécule, et il serait contraint de mentir. À supposer qu'il fût démasqué, la porte du village se fermerait à jamais.

Une conclusion s'imposait : Ardent devait travailler pour pouvoir se procurer ce qui était exigé. Sept mois de labeur... Beaucoup trop long ! Il se priverait de sommeil pour raccourcir ce délai et se présenter au plus tôt devant la confrérie.

Ardent repéra un vieillard assis sur un tabouret et en train de s'assoupir.

— Excuse-moi de te réveiller, grand-père... Pourrais-tu m'indiquer le chemin qui conduit au quartier des tanneurs ?

— Qu'est-ce que tu veux aller faire là-bas, petit ?

— Chercher du travail.

— Ce n'est pas un métier très ragoûtant... Tu n'as pas une meilleure idée ?

— C'est mon affaire.

— À ta guise, petit... Va vers le nord, sors de la ville, laisse sur ta gauche la petite palmeraie, ensuite droit devant toi et repère-toi à l'odeur.

Grâce aux indications du vieillard, Ardent n'eut aucune peine à trouver le quartier des tanneurs. Des grandes cuves contenant de l'urine, du fumier et du tanin pour assouplir les peaux se dégageait une odeur épouvantable qui agressa les narines du jeune homme. Dans les réserves s'accumulaient des peaux de moutons, de chèvres, de bovidés, de gazelles et d'autres animaux du désert. Sur des étals étaient disposées des ceintures, des courroies, des sandales et des outres destinées au marché.

Le regard d'Ardent se fixa sur un superbe sac de cuir.

— Tu cherches quelque chose ? lui demanda un quinquagénaire mal rasé.

— Du travail.

— Tu as de l'expérience ?

— J'étais fermier.

— Pourquoi as-tu quitté les champs ?

— Ça me regarde.

— Tu n'es pas très aimable, dis donc !

— Vous êtes le patron ?

— Ça se pourrait... Et je n'aime pas du tout la manière dont tu lorgnes sur mon sac de cuir. À mon avis, tu ne cherches pas du travail mais tu aimerais bien voler quelques belles pièces.

Ardent sourit.

— Vous faites erreur... Je suis malheureusement obligé de devenir votre employé.

— Je vais te donner autre chose qui te fera le plus grand bien.

Le tanneur claqua des doigts.

Deux ouvriers sortirent de l'atelier où ils assouplissaient les peaux avec du sel et de l'huile. Ils avaient le front bas et le poitrail large.

— Corrigez-moi ce morveux, les gars... Je ne crois pas qu'il ira se plaindre à quiconque, et il ne tentera plus de nous voler.

Un rictus de satisfaction anima le visage épais des deux ouvriers. Le temps qu'ils se regardent pour se féliciter de la partie de plaisir que leur offrait le patron, Ardent avait déjà bondi sur le premier et, d'un violent coup de pied au menton, l'avait envoyé rêver d'un monde meilleur. Stupéfait, son camarade avait tenté de réagir, mais il était trop lent et son poing n'avait frappé que le vide. Celui d'Ardent, en revanche, s'abattit avec précision sur la nuque de son adversaire qui s'effondra, assommé.

Très pâle, le patron recula jusqu'à s'adosser à l'étal.

— Prends ce que tu veux et va-t'en !

— Je veux juste travailler pour m'offrir un beau sac de cuir. Après, je m'en irai.

— Celui qui te plaît est un produit de luxe... J'en propose de moins onéreux.

— Je préfère le luxe. Une condition, patron : pour moi, pas de jours de repos et pas de limitation d'heures de travail. Je n'ai pas de temps à perdre, il me faut ce sac au plus vite. Je m'installe où ?

— Suis-moi...

Le tanneur fut surpris par la puissance de travail d'Ardent. Jamais fatigué, il se levait à l'aube, ne se plaignait de rien et abattait la besogne de plusieurs apprentis. Il n'avait pas mis longtemps à trouver les bons gestes et se révélait le plus efficace pour étirer et assouplir le cuir étendu sur un chevalet de bois à trois pieds.

Étant donné la facilité avec laquelle le jeune homme apprenait le métier, le patron lui avait montré le tour de main pour graisser et huiler une peau de première qualité, de manière à éviter un dessèchement fatal.

Un soir, alors que les autres ouvriers avaient quitté l'atelier, le patron s'approcha d'Ardent.

— Tu n'as pas beaucoup de contacts avec tes camarades.

— Chacun à sa place. Je n'ai pas l'intention de passer ma vie ici et de m'y faire des amis.

— Tu as peut-être tort... Ce métier est moins méprisable que tu ne te l'imagines. Regarde ça...

— Ce sont des gousses d'acacia.

— Elles ont une forte teneur en tanin, de même que l'écorce du même arbre, et ce produit permet de pratiquer un véritable tannage, indispensable pour les pièces exceptionnelles. Un superbe sac de cuir, par exemple, ou mieux encore...

— Je ne m'intéresse qu'au sac.

— J'ai reçu commande d'un étui dans lequel un préposé aux secrets du temple de Karnak glissera ses papyrus. Une petite merveille que je fabriquerai moi-même... Si ça t'intéresse, je pourrai en façonner une réplique avec laquelle je te paierai pour ton travail.

— En plus du sac ?

— Bien entendu.

— Pourquoi me proposez-vous ça ?

— Si tu désires tellement ce sac, c'est pour éblouir quelqu'un. Avec l'étui en plus, tu seras sûr de ton coup. Et puis tu me surprends. Je n'avais pas encore rencontré quelqu'un dans ton genre. Tu aurais un bel avenir si je faisais de toi mon bras droit. Je n'ai que des filles, et il me faudra bien un successeur.

— Ce qui m'intéresse, c'est le sac. L'étui en plus, je ne dis pas non. Pour le reste, je ne rancirai pas ici.

— Tu changeras d'avis.

— N'y comptez pas.

— On verra, mon garçon, on verra...

Ardent n'avait besoin que de trois ou quatre heures de sommeil pour récupérer. Le premier à la tannerie, le dernier à en partir, il logeait dans une cahute qu'il avait édifiée lui-même avec des roseaux. Comme on allait vers la saison chaude et que le patron lui avait octroyé une couverture en lin grossier, le jeune homme supportait l'inconfort.

La nuit était tombée depuis longtemps quand il pénétra dans son réduit. Aussitôt, il perçut une présence.

— Qui est là ?

Sous la couverture, on remua.

Ardent la souleva et découvrit une fille nue qui tentait maladroitement de cacher son sexe et ses seins avec ses mains. Elle n'était ni jolie ni laide, et devait être âgée d'une vingtaine d'années.

— Qui es-tu ?

— La cousine de ton patron... Je t'ai remarqué, à l'atelier. Comme tu me plais beaucoup, je n'ai pas eu la patience d'attendre davantage.

— Tu as eu raison, ma belle.

Elle s'allongea sur le dos et tendit les bras vers le jeune homme qui avait ôté son pagne.

— Je commençais à être en manque, avoua-t-il. Tu arrives au bon moment.

Elle accueillit le corps d'athlète avec un feulement de chatte.

Un bon métier, de l'avenir, un patron bien disposé, une maîtresse prévenante et peu farouche... Ardent pouvait-il exiger davantage ?

13

Quand Silencieux avait annoncé son départ au père de Claire, ce dernier était entré dans une violente colère et l'avait menacé de le traîner devant un tribunal s'il ne terminait pas la construction de la maison qu'il lui avait confiée.

Reconnaissant ses devoirs, Silencieux avait accepté de ne pas quitter Thèbes avant d'avoir rempli son contrat moral.

L'entrepreneur s'était calmé et l'avait prié de s'asseoir.

— Je me suis emporté, pardonne-moi.

— Vous aviez raison : même si je dois m'occuper seul du chantier, je le mènerai à terme.

— Pourquoi refuses-tu de devenir mon contremaître et d'épouser ma fille ?

— Ne vous a-t-elle pas parlé ?

— Non, mais je ressens sa tristesse. Qui d'autre que toi en est la cause ?

— C'est vrai, j'aime votre fille.

— Alors, je ne comprends plus ! Si c'est elle qui refuse, je la convaincrai.

— La croyez-vous si soumise ?

— Il le faudra !

— Ne la tourmentez pas, ma décision est irrévocable.

— Pourquoi tant d'obstination ?

— Parce que j'ai l'intention d'entrer dans la confrérie de la Place de Vérité.

— Mais... c'est impossible ! De quels appuis disposes-tu ?

— J'ai été élevé dans le village des artisans.

— C'était donc ça... Voilà pourquoi tu ne travailles pas comme les autres ! Je suppose qu'aucun argument n'entamera ta détermination.

— Aucun, en effet.

— Je suis triste, moi aussi... Nous aurions pu vivre des jours heureux, tous les trois. Termine cette maison, Silencieux, et tu pourras partir.

En moins de quinze jours, Ardent avait abattu trois mois de labeur ordinaire. Aucun ouvrier ne tannait les peaux mieux que lui, et c'étaient les siennes qui se vendaient le plus vite et au meilleur prix. Consciencieux, il accomplissait chaque geste avec soin et raclait la peau avant le tannage aussi longtemps que nécessaire. Rejetant les huiles qui menaçaient de rancir, le jeune homme s'était spontanément orienté vers la qualité, et il venait de terminer une paire de sandales que seul un maître de domaine pourrait s'offrir.

Avec un tranchet à lame semi-circulaire, Ardent découpait dans une peau de chèvre des lanières bien assouplies qu'il entrecroiserait sur le bouclier d'un lieutenant de charrerie, consolidé par des bordures de métal.

— C'est toi, le nouveau ?

La voix était cassante et autoritaire. Ardent ne se retourna pas et resta concentré sur son travail.

— C'est le lieutenant Méhy qui te parle, et il n'aime pas qu'on lui tourne le dos.

— Je ne m'occupe pas des clients... Voyez le patron.

— C'est toi qui m'intéresses. Il paraît que tu es fort comme un taureau sauvage et que tu as assommé deux rudes gaillards habitués à se battre.

— Je n'ai pas eu à me dépenser... Ils se sont cognés l'un contre l'autre.

Méhy prit Ardent par le bras et l'obligea à le regarder.

— J'ai horreur qu'on se moque de moi, mon garçon !

— Lâchez-moi immédiatement.

Il y avait tant de violence dans les yeux noirs du jeune athlète que Méhy desserra son étreinte et recula d'un pas.

Ardent découvrit un homme petit, au visage rond et aux cheveux très noirs plaqués sur le crâne. Les lèvres étaient épaisses, les mains et les pieds potelés, le torse large et puissant. L'officier semblait sûr de lui, et ses yeux marron foncé étaient remplis de morgue.

— Tu oserais m'agresser ?

— Je vous demande seulement de me respecter.

— Entendu, mon garçon. Où en est mon bouclier ?

— Je m'en occupe.

— Montre-le-moi.

Ardent s'exécuta.

— Il faudra ajouter des clous et des plaques de métal. J'exige un bouclier d'une telle solidité qu'il éblouira les meilleurs soldats.

— Je ferai de mon mieux.

— N'as-tu pas envie de quitter la tannerie pour l'armée ? Avec une carrure comme la tienne, tu serais immédiatement engagé.

— Je n'éprouve aucun attrait pour la vie militaire.

— Tu as tort, elle présente de nombreux avantages.

— Tant mieux pour vous, très peu pour moi.

— Tu es jeune et beaucoup trop fougueux, l'ami ! Si tu servais sous mes ordres, tu apprendrais la souplesse.

— La souplesse, c'est moi qui l'apprends au cuir.

— Si tu deviens plus intelligent, rends-toi à la caserne principale de Thèbes et recommande-toi du lieutenant Méhy. En attendant, termine mon bouclier au plus vite. J'enverrai un soldat le chercher demain matin.

Sitôt après le départ de l'officier, le patron apparut dans l'atelier.

— Ça s'est bien passé, Ardent ?

— Nous ne deviendrons pas amis.

— Ce Méhy est un homme influent... Il a beaucoup d'ambition, et l'on murmure qu'il va bientôt obtenir une promotion importante. As-tu achevé son bouclier ?

— Si vous le souhaitez, ce sera fait dans la nuit.

— Mieux vaut ne pas contrarier Méhy.

— Demain soir, j'aurai accompli les tâches nécessaires à l'achat du sac de cuir.

— Je sais, je sais... Nous en reparlerons.

Quand Ardent se réveilla, la cousine du patron dormait sur le ventre. Il admira quelques instants la superbe croupe qui lui avait donné tant de plaisir, mais son regard fut attiré par les premiers rayons du soleil. Ils perçaient la cloison de roseaux et illuminaient deux objets posés sur le sol : un sac et un étui de cuir.

Ardent se leva pour les tâter : ils étaient de première qualité.

— Ils te plaisent ? demanda la voix aigrelette de la cousine, à moitié réveillée.

— Deux petites merveilles.

— Comme mes seins ?

— Si tu veux.

— Le patron te les offre.

— Erreur, ma jolie : c'est mon travail qui me les a procurés.

— On se marie quand ?

— Tu es tentée ?

— Forcément, puisque la tannerie te reviendra.

Ardent la gratifia d'une claque sur les fesses.

— La journée commence bien !

— Va vite voir le patron, et reviens-moi encore plus vite, implora-t-elle, alanguie.

Silencieux avait quitté le chantier à l'aube, après avoir terminé la maison de Thèbes qui abriterait un pâtissier, sa seconde épouse et leurs deux enfants. Son contrat était rempli, il pouvait quitter la rive est, emprunter le bac et prendre la route de la Place de Vérité.

Cent fois, il avait eu envie de se précipiter au jardin pour revoir Claire une dernière fois. Mais n'était-ce pas accentuer davantage la déchirure et augmenter la douleur de la séparation ?

Silencieux s'était immergé dans son travail pour ne plus penser à elle, mais son visage ne le quittait pas. Renoncer à lui parler avait été une épreuve presque insurmontable, et il était temps de quitter la ville. Quelques jours de plus, et il n'aurait peut-être pas eu le courage de partir.

La brise du petit matin était odorante et délicieuse. Chargé de marchandises, le bac traversa le Nil en progressant de biais pour profiter à la fois du vent et du courant. Ensommeillés, les voyageurs finissaient leur nuit.

Silencieux fut le premier à sauter sur la berge, grimpa la courte pente et s'immobilisa.

Claire se trouvait là, assise sous un palmier.

Il se précipita vers elle et lui donna la main pour l'aider à se relever.

— Je viens avec toi, déclara-t-elle.

14

Le tanneur lâcha son morceau de pain et courut en direction d'Ardent.

— Où vas-tu ?

— J'ai bien travaillé, tu m'as payé, je m'en vais.

— C'est insensé ! Ma cousine ne te plaît pas ?

— Elle a des fesses splendides et une cervelle de moineau.

— Ne veux-tu pas me succéder ?

— À ton âge, tu devrais avoir des oreilles pour entendre. J'ai obtenu ce que j'étais venu chercher et, comme je te l'avais annoncé, je reprends mon chemin.

— Réfléchis, Ardent !

— Adieu, patron.

Oubliant déjà la tannerie, le jeune homme songeait à acquérir le bois nécessaire pour fabriquer un fauteuil. Il aurait pu l'échanger contre le bel étui de cuir, mais il n'avait pas envie de s'en séparer. Ne serait-ce pas un atout supplémentaire pour franchir la porte de la Place de Vérité ?

Il lui fallait désormais trouver du travail chez un menuisier et ne pas perdre davantage de temps que chez le tanneur.

Au milieu de la matinée, le jeune homme se présenta au patron d'un atelier qui employait une bonne vingtaine d'apprentis et autant de professionnels aguerris, et produisait un mobilier simple mais solide. Âgé d'une soixantaine d'années, robuste, la lèvre supérieure surmontée d'une petite moustache, le patron n'avait pas l'air commode.

— Ton nom ?

— Ardent.

— Ton expérience professionnelle ?

— Fermier et tanneur.

— On t'a licencié ?

— Non, je suis parti de moi-même.

— Pour quelles raisons ?

— Ça me regarde.

— Ça me regarde aussi, mon garçon. Si tu refuses de me répondre, va voir ailleurs.

Le ton agressif du menuisier plut à Ardent ; il eut envie de livrer combat.

— Mon père est un homme borné et veule, le tanneur chez qui j'ai travaillé un opportuniste sans envergure. J'aurais pu succéder à l'un comme à l'autre, mais je cherche un meilleur maître.

Le menuisier ne dissimula pas son étonnement.

— Quel âge as-tu ?

— Seize ans. On m'en donne davantage, à cause de ma carrure. Vous m'engagez ou je vais voir ailleurs ?

— Que désires-tu exactement ?

— Faire le plus rapidement possible le nombre de journées de travail qui me permettra d'acquérir la quantité de bois nécessaire pour fabriquer un fauteuil et acheter un pliant en bois.

— Tu connais les prix ?

— Pour un paresseux, cinq mois de travail sans se fatiguer. Pour moi, pas plus d'un mois.

— Tu ne dors jamais ?

— Le moins possible, lorsque j'ai un travail à terminer.

— Et ensuite ?

— Quand j'aurai obtenu ce que je désire, je m'en irai.

— Apprendre le métier à fond ne t'intéresse pas ?

— Je n'ai rien d'autre à dire. À vous de décider.

— Tu es un drôle de bonhomme... Ici, c'est moi qui commande, et je n'aime pas les fortes têtes. Si tu acceptes d'obéir, on peut faire un essai.

— Je commence tout de suite ?

— Puisque tu as besoin de bois, tu vas le couper toi-même. Mon bûcheron t'apprendra à manier la hache.

Claire et Silencieux progressaient lentement en direction de la Place de Vérité, longeant des champs de blé entrecoupés de palmeraies et de bosquets de sycomores.

— Ce n'est pas un village comme les autres, lui expliqua-t-il. Tu n'y seras pas admise.

— Sauf si nous habitons sous le même toit pour devenir mari et femme.

Il s'immobilisa pour la prendre dans ses bras.

— Tu le veux... Tu le veux vraiment ?

— En douterais-tu ?

Jamais l'air n'avait été aussi vivifiant, le ciel aussi pur, le soleil aussi lumineux. Mais Silencieux savait que ce bonheur serait de courte durée.

— Les autres femmes te rendront l'existence impossible et te contraindront à partir. Je tenterai de te faire accepter, de les convaincre que tu n'es pas seulement mon épouse et que tu n'es pas étrangère à l'œuvre accomplie par la Place de Vérité, mais...

— Ce ne sera pas nécessaire.

Ainsi, Claire renonçait. Elle avait compris que son désir était utopique.

— Ce ne sera pas nécessaire, reprit-elle, aussi paisible que déterminée, car moi aussi j'ai entendu l'appel.

— De quelle manière ?

— En contemplant la cime d'Occident où réside la déesse du silence. Ne protège-t-elle pas les vallées interdites où résident les âmes immortelles des pharaons et de leurs épouses, ne serait-elle pas la patronne secrète des artisans de la Place de Vérité ? Sa voix s'est glissée dans le vent, elle a élargi mon cœur. À présent, je sais que je passerai ma vie à la découvrir, à la connaître et à la servir. Et il n'y a qu'un seul endroit où je pourrai accomplir cette tâche.

— Je t'aiderai de toutes mes forces, Claire, et je ne passerai pas sans toi la porte du village.

Main dans la main, le regard fixé sur la cime d'Occident, ils continuèrent à progresser vers la Place de Vérité. L'amour qui les unissait les rendait désormais inséparables. Ils voulaient vivre de la même vie, dans toutes ses dimensions, de la plus matérielle à la plus spirituelle. Quelles que soient les épreuves à endurer, ils n'exprimeraient ni plainte ni regret ; et s'il fallait affronter le spectre de l'échec, ils ne reculeraient pas.

Deux chemins permettaient d'accéder au village. Le premier partait tout près du Ramesseum, le temple des millions d'années de Ramsès le Grand, mais il était barré en permanence par des soldats qui ne laissaient passer que les artisans venant de la Place de Vérité. Le second était la seule voie autorisée pour qui voulait tenter de se rendre au village.

Claire et Silencieux laissèrent à leur droite le temple d'Amenhotep fils de Hapou, le grand sage qui avait fidèlement servi le pharaon Amenhotep III dont l'immense sanctuaire était érigé à proximité, et à leur gauche la butte de Djêmé où étaient enterrés les dieux primordiaux. Quittant la zone des cultures, ils entrèrent dans le désert.

Le premier des cinq fortins marquait la limite du domaine sacré relevant de la compétence de « la grande et noble Tombe des millions d'années à l'Occident de Thèbes ». Nommée en abrégé « la Tombe », l'institution regroupait les artisans chargés de creuser et de décorer les demeures d'éternité des pharaons et de leurs épouses, et son territoire comprenait, outre la Place de Vérité elle-même, les Vallées des Rois et des Reines.

Claire eut conscience de s'aventurer dans un autre monde, à la fois si proche et si lointain, un monde où les humains continuaient à aimer, à souffrir et à lutter avec le quotidien mais où leur travail consistait à façonner l'éternité comme un matériau.

Depuis qu'elle avait entendu l'appel, Claire percevait Silencieux d'une manière différente. De son être émanait un désir de création qui la fascinait, mais encore fallait-il mettre à sa disposition les outils indispensables pour le concrétiser.

Les policiers n'avaient pas l'air plus aimable que d'habitude.

— Vos laissez-passer.

— Nous n'en avons pas.

— Alors, retournez d'où vous venez.

— Je suis Silencieux, fils de Neb l'Accompli, chef d'équipe de la Place de Vérité. Fais prévenir mon père que mon voyage est terminé et que je désire rentrer au village avec mon épouse.

— Ah... Il faut que j'informe le chef. Pour le moment, vous restez là.

Le policier transmit la requête à un collègue qui se rendit au deuxième fortin, et la même scène se reproduisit de fortin en fortin, jusqu'au bureau du chef Sobek qui autorisa le couple à franchir « les cinq murs » pour se présenter devant lui.

À son regard agressif, Claire et Silencieux sentirent que la partie était loin d'être gagnée.

— Votre histoire me paraît louche, déclara Sobek d'un ton rogue. Si vous m'avez menti, vous allez le payer cher.

15

Le chef Sobek n'invita pas ses hôtes à s'asseoir. Il avait mal dormi, mal digéré un plat de fèves en sauce, pestait contre la chaleur et ne supportait pas d'être contrarié.

— Vous connaissez bien le chef d'équipe Neb l'Accompli ? demanda Silencieux avec calme.

— Tu me prends pour un demeuré ? C'est toi que je ne connais pas ! Et Neb l'Accompli n'a pas de fils.

— Au sens profane du mot, c'est exact.

— Qu'est-ce que tu racontes...

— Mes parents sont morts, Neb l'Accompli m'a adopté. Aux yeux des artisans de la Place de Vérité, je suis devenu son fils. Et comme vous devez être en poste depuis peu de temps, vous entendez parler de moi pour la première fois.

Sobek se tapa le front avec la paume de la main droite.

— Toutes ces histoires, tous ces mystères... Comment vais-je vérifier ça ? Je n'ai pas le droit de pénétrer dans le village !

— Laissez-moi parler au gardien de la grande porte. Il préviendra mon père.

— Admettons... Et celle-là, qui est-ce ?

— Claire, mon épouse.

— Elle est la fille de qui ?

— D'un entrepreneur de la rive est.
— Ah... Elle n'habite donc pas le village !
— Pas encore, mais elle y vivra avec moi.
Sobek pointa un index accusateur vers Silencieux.
— Qu'est-ce qui me prouve que vous êtes mariés ?
— Vous savez bien qu'aucun document administratif n'est nécessaire.
— Je sais aussi que vous devez habiter sous le même toit... Et où est-il, ce toit ?
— Si vous nous laissez nous rendre dans le quartier des auxiliaires, je vais vous le montrer.
— Allons-y.
À l'extérieur de l'enceinte du village, certains artisans appartenant au personnel auxiliaire de la confrérie avaient été autorisés à bâtir de modestes demeures. C'était le cas d'Obed le forgeron, un Syrien quadragénaire aux bras énormes, court sur pattes et barbu. Il fabriquait et réparait des outils en métal.
Dès qu'il aperçut Silencieux, Obed sortit de sa forge et se précipita vers lui pour le gratifier d'une accolade qui faillit renverser le jeune homme.
— Enfin de retour ! Moi, j'étais persuadé que tu n'avais pas disparu. Le scribe Ramosé est souffrant, et ton père commençait à se désespérer.
Irrité, Sobek intervint.
— Tu te moques de moi ! Cette maison est celle d'Obed, pas la tienne.
Le forgeron s'interposa.
— Quel est ton problème, chef ?
— Cet homme prétend être marié avec cette femme, mais ils n'ont pas de toit.
Obed contempla Claire.
— Par tous les dieux du ciel et de la terre, ce qu'elle est

belle ! Si elle voulait de moi comme mari, je n'hésiterais pas un seul instant. Tu es mal informé, chef. Je viens de léguer ma chambre à ce jeune couple qui va y pénétrer au vu et au su de tous. Ils seront donc chez eux et y consommeront leur union.

Furieux, Sobek tenta d'argumenter.

— Et si cette fille n'était pas consentante, si ces deux-là étaient frère et sœur, si...

— Prends-moi dans tes bras, demanda Claire à Silencieux qui la souleva pour franchir le seuil de la maison.

— Je vous félicite pour votre conscience professionnelle, chef Sobek, déclara le fils spirituel de Neb l'Accompli. Nous nous aimons, Claire et moi, nous sommes mari et femme, et nous allons vénérer Hathor, déesse de l'amour, pour le bonheur qu'elle nous offre.

— Tu ne veux quand même pas assister à la scène et dresser un procès-verbal ? demanda le forgeron au policier.

Sous le rire grasseyant d'Obed, Sobek regagna son bureau. Il voulait tout savoir de Silencieux. Si ce dernier avait commis la moindre faute, il ne l'épargnerait pas.

Comme elle avait été douce, cette nuit d'amour dans une petite chambre meublée d'un vieux lit bancal ! Leurs corps étaient faits l'un pour l'autre, et leurs gestes avaient déployé spontanément la magie du désir et de la tendresse.

— Qu'elle est heureuse, cette heure, dit Silencieux quand le soleil se leva ; quelle déesse pourrait la rendre éternelle ?

— J'ai dormi à tes côtés, mon amour, ta main s'est posée sur moi, et je suis devenue ton épouse. Ne t'éloigne plus de moi, que rien ni personne ne nous sépare.

Silencieux l'enlaçait quand un bruit l'alerta.

— Si les jeunes mariés sont réveillés, annonça la grosse voix du forgeron, je leur apporte quelque chose à manger. Du lait, des galettes encore chaudes, du fromage frais, des figues... Un véritable festin !

— Ta femme est aussi belle qu'une déesse, Silencieux, et elle doit posséder d'innombrables qualités, mais... l'as-tu bien prévenue que tu ne l'emmènes pas au paradis ? Le village est un monde clos, hostile à tout nouveau visage, surtout lorsqu'il risque d'éclipser les autres.

— Mon mari ne m'a rien caché, précisa Claire.

— Ah... Et vous n'avez pas peur ?

— Comme lui, j'ai entendu l'appel.

— Bon... Alors, mes mises en garde sont inutiles. Moi, à votre place, j'oublierais la Place de Vérité et j'irais m'installer sur la rive est pour profiter de l'existence. À votre âge, vous enfermer dans ce village et n'avoir d'autre horizon qu'une œuvre mystérieuse... Enfin, chacun son destin.

Après s'être douchés l'un l'autre avec l'eau quotidiennement fournie au village et aux auxiliaires, les jeunes gens s'habillèrent.

— Mon pagne est plutôt fatigué, déplora Silencieux. Avec ta robe neuve, tu feras meilleur effet.

— J'espère que le tribunal d'admission ne se prononce pas que sur l'apparence.

— Pour être franc, j'ignore ses critères et je ne sais même pas qui en fait partie.

— Serais-tu inquiet ?

— Je redoute d'échouer, de te décevoir, d'être indigne de mon père...

— Moi aussi, je suis inquiète. Mais je sais que nous n'avons pas le choix, qu'il nous faudra être sincères et nous montrer tels que nous sommes.

— Un autre détail me préoccupe : j'ai rempli les conditions matérielles pour me présenter, mais qu'exigera-t-on de toi ?

— Nous verrons bien.

Le forgeron appela Silencieux.

— Voilà ce que tu m'avais confié avant ton départ, il y a plusieurs années, dit Obed en lui remettant un sac de cuir, des morceaux de bois de bonne qualité pour fabriquer un fauteuil et un pliant en bois. Mais j'aimerais comprendre... Pourquoi ne t'es-tu pas présenté devant le tribunal alors que tu avais rempli les conditions imposées, toi, le fils spirituel d'un artisan renommé ?

— Parce que je n'avais pas entendu l'appel.

— Et c'est pour l'entendre que tu as voyagé si longtemps ?

— Oui, et je me suis aperçu qu'il était tout près, si près que sa puissance m'avait rendu sourd.

Le forgeron soupira.

— Merci de ta franchise, mais je n'y comprends vraiment rien... Bonne chance quand même.

La matinée était superbe, la chaleur était insupportable. Le couple se rendit au poste de police principal où un Sobek de meilleure humeur dégustait son petit déjeuner.

— Je n'ai aucune raison de vous emprisonner, regretta-t-il. Sortez d'ici et présentez-vous à la porte du nord.

Silencieux et Claire obéirent au policier. Les murs formant l'enceinte du village paraissaient infranchissables.

À gauche de la porte fermée, l'un des deux gardiens, en faction de quatre heures du matin à quatre heures de l'après-midi. Tenant un grand bâton, il disposait d'une hutte pour s'abriter du soleil et n'avait pas l'autorisation de franchir le seuil. Comme son camarade, il habitait dans la zone cultivée, loin de la Place de Vérité.

La tête carrée, les épaules larges, rompu à toutes les

formes de lutte, le gardien touchait un modeste salaire complété par des primes quand il servait de témoin lors de transactions commerciales.

— Je m'appelle Silencieux et je suis le fils de Neb l'Accompli. Mon épouse Claire a entendu l'appel, comme moi, et nous te prions d'ouvrir la porte du village.

— Vous n'êtes pas autorisés à entrer.

16

Le bûcheron avait la peau tannée comme du cuir et il mâchait sans arrêt des feuilles de troène. Devant lui et Ardent marchaient une dizaine de chèvres guidées par la plus vieille qui semblait savoir où elle allait.

— On coupe du bois ou on garde les troupeaux ?

— Ne sois pas si impatient, mon garçon ; à ce que je vois, tu ne connais pas le métier. Grâce à mes chèvres, je gagne du temps et de l'énergie.

L'ancienne repéra un acacia, à la limite du désert, et s'attaqua aux feuilles les plus accessibles. Ne pouvant résister à de telles friandises, ses congénères s'élancèrent à l'assaut de l'arbre.

— Asseyons-nous à l'ombre de ce palmier, là-bas, et laissons les chèvres travailler. J'ai apporté du pain, des oignons et une outre d'eau fraîche.

— Je n'ai pas envie de me reposer, mais de couper du bois, beaucoup de bois.

— Pour en faire quoi ?

— J'ai besoin de la quantité nécessaire pour fabriquer un fauteuil.

— Tu possèdes une maison à meubler ?

— J'ai besoin de ce bois.

— Tu as tes petits secrets et tu n'as pas tort. Moins on en raconte et mieux on se porte. Moi, j'ai divorcé deux fois parce que j'avais trop confiance en mes épouses. Elles ont fini par me mettre sur la paille, et je terminerai mes jours comme bûcheron, au service d'un menuisier.

— Quand commençons-nous ?

— Regarde ces braves bêtes et sois-leur reconnaissant.

Se dressant sur leurs pattes postérieures, les chèvres dépouillaient l'arbre avec entrain. Quand elles eurent dévoré ce qu'elles pouvaient atteindre, le bûcheron leur vint en aide. Il fixa une corde aux branches hautes et tira sur elles pour les mettre à la portée des quadrupèdes, ravis de poursuivre le festin.

— Admire la besogne, mon garçon ! Cet acacia est parfaitement nettoyé, à nous de jouer.

Ardent reçut une hache au manche de bois et à la lame de bronze arquée. Il ébrancha le tronc à petits coups précis puis, sans reprendre son souffle, le coupa avec une force qui stupéfia le bûcheron. Non seulement le jeune homme paraissait infatigable, mais encore accomplissait-il le geste juste comme s'il était un professionnel expérimenté.

— Tu vas trop vite pour moi... À ce rythme-là, tu risques de gâcher le métier.

— Rassure-toi, je n'ai pas l'intention de faire carrière. Dès que j'aurai terminé, demande à tes chèvres de choisir un autre arbre.

— Le patron avait dit que...

— C'est moi qui manie la hache, pas le patron.

Le bûcheron estima qu'il valait mieux éviter des ennuis immédiats. Aussi les chèvres repartirent-elles à la conquête d'un nouveau festin pendant qu'il goûtait un repos bien mérité et qu'Ardent s'attaquait à son second acacia.

Silencieux et Claire patientaient depuis trois jours. Obed le forgeron leur apportait des repas frugaux sans dire un mot, comme s'il avait reçu l'ordre d'observer un mutisme sans faille. Le chef Sobek passait devant eux sans leur adresser la parole.

Ils assistaient à l'arrivée du cortège d'ânes chargés de denrées diverses et de matériel, au déchargement surveillé par le gardien de la porte et au labeur des auxiliaires qui assuraient le confort des habitants de la Place de Vérité.

— Est-ce une procédure normale ? demanda Claire.

— Je l'ignore. Ceux de l'intérieur agissent comme bon leur semble.

— Patienter à tes côtés n'est pas une épreuve, et cet endroit est si magique qu'il fait couler le temps comme du miel.

Silencieux partageait la sérénité de sa compagne. Avec elle et grâce à elle, il ne redoutait aucun coup du sort. Si le tribunal d'admission comptait les faire plier sous le poids de l'angoisse, il faisait fausse route. Se trouver ici, dans le désert, au cœur des collines sauvages que dominait la majestueuse cime d'Occident, tout près de l'endroit où des êtres œuvraient pour l'éternité en vivant le secret de la matière, n'était-ce pas déjà le bonheur ?

Alors que le troisième jour s'achevait et que le soleil s'enfonçait dans l'horizon, le gardien de la porte vint à leur rencontre.

— Silencieux, persistes-tu à demander ton admission dans la confrérie de la Place de Vérité ?

— Mes intentions n'ont pas varié.

— Et toi, Claire ?

— Les miennes non plus.

— Avec mon collègue, j'assure le service du courrier. Désirez-vous adresser une lettre à un proche avant de vous présenter au tribunal d'admission ?

Silencieux hocha négativement la tête, et son épouse l'imita, non sans songer à son père qui ne comprendrait pas sa décision.

— Alors, suivez-moi.

La nuit tombait vite. Les auxiliaires étaient partis dormir chez eux, dans la plaine, et l'on aurait juré que le village, plongé dans l'obscurité, avait été abandonné.

Malgré sa détermination, le cœur de Claire se serra. La douce magie des lieux avait disparu avec les derniers rayons du couchant, et il ne demeurait plus qu'une crainte diffuse et oppressante.

Suivant le gardien, le couple parvint à un mètre de la porte du nord, l'accès principal de la Place de Vérité.

— Attendez ici.

Silencieux serra la main de son épouse.

Le gardien s'accroupit, alluma une torche et se désintéressa du couple. Des faucons pèlerins dansaient dans le ciel où mouraient les ultimes lueurs orangées.

La porte s'entrouvrit.

Portant une lourde perruque noire, vêtu d'un long pagne blanc et tenant un bâton noueux dans la main droite, un homme âgé se figea sur le seuil. Silencieux crut reconnaître un tailleur de pierre au caractère difficile qu'il ne faisait pas bon importuner.

— Qui êtes-vous, vous qui osez troubler la sérénité de la Place de Vérité ?

— Silencieux, fils de Neb l'Accompli, et mon épouse, Claire.

— Êtes-vous connus du tribunal d'admission ?

— Nous désirons lui présenter notre requête.

— Quelle est-elle ?

— Appartenir à la confrérie des artisans et vivre dans la Place de Vérité.

— Remplis-tu les conditions imposées ?

Silencieux présenta le sac de cuir, le pliant et le bois destiné à la fabrication d'un fauteuil. L'homme les examina et n'émit aucun commentaire.

— Et toi, Claire ?

— J'ai entendu l'appel de la cime d'Occident.

L'homme au bâton réfléchit un long moment, comme s'il soupesait la réponse.

— Sur le nom de Pharaon, jurez que vous ne révélerez à quiconque, et en aucune circonstance, ce que vous allez voir et entendre.

Le couple prêta serment.

— Si vous trahissiez la parole donnée, que les démons de l'enfer vous tourmentent éternellement ! Mettez vos pas dans les miens.

Suivant l'homme au bâton, Silencieux puis Claire se glissèrent dans l'entrebâillement de la porte. De l'autre côté, ils devinèrent une ruelle bordée de maisons mais n'eurent pas le loisir de laisser leur regard errer sur cet univers mystérieux, car ils furent contraints de se diriger sur leur gauche où ils se heurtèrent à un porche devant lequel se tenaient deux artisans.

L'obscurité empêchait de distinguer leur visage.

L'un d'eux s'avança et saisit le poignet de Claire. Silencieux réagit aussitôt.

— Où l'emmènes-tu ?

— Si tu refuses de te soumettre à nos lois, quitte immédiatement le village.

— Aie confiance, dit Claire.

L'artisan s'éloigna avec la jeune femme.

Silencieux ressentit la rigueur de la solitude et redouta les épreuves à venir. Il avait espéré qu'on ne les séparerait pas et qu'ils joindraient leurs forces face aux juges, mais il lui faudrait les affronter sans elle.

— L'heure est venue, annonça l'homme au bâton.

17

Quatre acacias.

Ardent avait débité quatre acacias en un temps record sous le regard effaré du bûcheron. Ce dernier avait bredouillé un rapport confus au menuisier, obligé de le croire en voyant le tas de bûches empilées devant son atelier. Le jeune homme avait appris à utiliser une scie, indispensable pour diviser en longueur les plus belles pièces et obtenir des planches que n'aurait pas désavouées un professionnel aguerri.

Indifférent à la discussion entre le bûcheron et le menuisier, Ardent s'intéressait aux objets prêts à être livrés : des manches d'éventail, des peignes, des coupelles et de petits meubles, coffres et tabourets.

Le menuisier s'approcha du jeune homme.

— J'avais donné des consignes précises, et tu les as piétinées. Sais-tu que l'abattage d'un arbre requiert une autorisation ? Il va falloir que je justifie ton zèle auprès de l'administration !

— C'est votre problème, patron. Moi, je vous ai donné de l'avance et, en plus, vous économiserez des salaires.

Combien d'arbres devrai-je encore tailler en pièces pour obtenir la quantité de bois que je désire ?

— Ton expérience de bûcheron est terminée.

— Vous me licenciez ?

— Ce serait sans doute la meilleure solution, mais il te faut apprendre à fabriquer un fauteuil et un pliant, si je me souviens bien.

— Vous avez bonne mémoire.

— On n'entre pas dans un atelier comme un taureau dans un enclos. J'emploie des techniciens pointilleux qui travaillent ici depuis de nombreuses années, et les apprentis savent qu'ils doivent obéir et se comporter de manière correcte. J'ai peur que tu n'en sois pas capable.

— Essayons quand même.

— Je te préviens : à la première incartade, je te renvoie.

Le patron et son employé topèrent.

— Je peux débuter maintenant ?

— Attends demain, tu...

— Je n'ai pas de temps à perdre.

Quand le menuisier présenta Ardent aux ouvriers de l'atelier, l'atmosphère devint glaciale. Des visages fermés se tournèrent vers l'arrivant pour lui signifier qu'il n'était pas le bienvenu.

— Je vous demande d'accepter Ardent comme apprenti, déclara le patron. Il vous aidera à terminer les travaux en retard et sera à la disposition de qui aura besoin de lui.

— Qu'est-ce qu'il sait faire ? interrogea le doyen de l'atelier.

— Apprendre, répondit le jeune homme. Qui veut commencer à m'instruire ?

— Prends ça.

Le doyen tendit à Ardent une herminette, un petit outil

au manche de bois dont l'une des faces, plate, était redressée presque à angle droit ; une lame de bronze y était fixée par une lanière de cuir.

— Montre-nous tes capacités, ordonna-t-il avec ironie.

Ardent examina la lame, passa le doigt sur son tranchant puis explora longuement l'atelier comme s'il s'apprêtait à en prendre possession. Il s'attarda quelques instants sur un billot avant de choisir une planche dont il aplanit la surface avec l'herminette.

— Qui t'a renseigné ? s'étonna le doyen.

— Un outil est forcément adapté au matériau qu'il doit travailler. Celui-là est fait pour raboter, non ?

— Tu n'es pas un novice...

— Je n'ai eu besoin de personne jusqu'à présent et je me demande si ça ne va pas continuer. Vous n'avez rien d'autre à me montrer ?

Le patron fit signe aux ouvriers de décamper.

— Qui es-tu vraiment, mon garçon ?

— Quelqu'un qui désire apprendre à fabriquer un pliant.

— C'est ma place que tu convoites ?

— De ce côté-là, soyez tranquille ! Dès que j'aurai obtenu ce que je souhaite, je m'en irai.

— Bien... Regarde-moi.

Le menuisier s'assit sur un banc, prit dans la main droite un maillet et dans la gauche un ciseau de bois. Dans une planche de faible largeur qu'il cala entre ses genoux, il creusa des mortaises avec une remarquable régularité.

— À ton tour.

Ardent prit la place du patron et l'imita sans faillir.

— Je ne peux pas croire que tu n'aies jamais travaillé le bois !

— Croyez ce que vous voudrez et continuons.

Dans l'atelier, il y avait plusieurs sortes de haches, de scies, de couteaux et de ciseaux. Ardent les essaya avec un minimum d'hésitation. Sa main était ferme, ses gestes justes.

Sidéré, le menuisier montra au jeune homme comment utiliser des planches soigneusement découpées qu'il assembla avec des queues d'aronde, en les renforçant par des goujons et des crampons. Il lui dévoila la technique des coins munis de mitres, celle des chevilles de bois, l'art d'unir tenons et mortaises, celui des fermetures de coffrets pour éviter que leur contenu ne se déverse en cas de chute, et la méthode de l'ajustage parfait permettant de fabriquer des boîtes et des sièges.

La main d'Ardent comprenait tout et n'oubliait rien. Elle se montrait parfois plus habile que celle de son professeur, émerveillé.

— Tu es né pour être menuisier, mon garçon. Aucune difficulté ne te résistera, et tu feras fortune.

— Combien de tabourets dois-je produire pour gagner mon pliant ?

— Une dizaine suffira... Mais je suis sûr que tu y prendras goût !

— Montrez-moi comme on empaille un siège.

— On verra ça demain.

— Vous êtes fatigué ?

Piqué au vif, le patron utilisa des fibres végétales tressées pour empailler un escabeau capable de supporter un bon poids.

La nuit passa très vite, le maître testant toujours plus avant les capacités surprenantes de l'élève qui ne le déçut pas une seule fois.

Quand le menuisier tomba de sommeil, Ardent terminait son premier tabouret.

C'était jour de congé. Les ouvriers se reposaient, à l'exception d'Ardent qui travaillait sous un sycomore. Manier maillet et ciseau l'amusait, et il se jouait des pièges que lui tendait le bois. Avec une pierre polie, il rendait parfaitement lisse la surface d'un tabouret. L'expérience aidant, il réussirait à façonner un petit meuble aussi beau que solide.

— C'est toi, Ardent ? demanda une jeune fille longiligne aux cheveux noirs et courts.

— C'est moi.

— Je peux m'asseoir ?

— À ta guise.

Elle portait une chemisette à manches courtes et une jupe qui s'arrêtait au-dessus du genou. Bronzée, l'œil aguicheur, elle suçait une tige de papyrus sucrée.

— Tu sais ce qu'on raconte, Ardent ? Le murmure des feuilles de sycomore est semblable au parfum du miel, son feuillage à la turquoise, son écorce à la faïence, et ses fruits sont plus rouges que le jaspe. Son ombre rafraîchit, mais j'ai chaud, tellement chaud... M'aideras-tu à ôter ma chemisette ?

— Je suis occupé.

Elle ôta donc elle-même le fragile vêtement, dénudant deux pommes d'amour, et se blottit contre la cuisse puissante du jeune athlète.

— Tu n'apprécies pas ma description du sycomore ?

— Quel est ton degré de parenté avec mon patron ?

Le frais minois se rétracta.

— Je... je suis sa nièce.

— Je commence à avoir l'habitude : mes patrons successifs m'envoient une jolie fille à la fois pour me rendre bavard et me retenir chez eux.

— Tu te trompes, je...

— Ne te répands pas en mensonges. Tu pourras confirmer à ton oncle que je lui ai dit la vérité et que je n'ai aucune intention de devenir menuisier. Grâce à lui, j'ai progressé rapidement, et je serai bientôt propriétaire d'un beau pliant.

— Tu ne resteras pas ici ?

— J'ai mieux à faire.

— Pourtant, ton avenir...

— Laisse-moi m'en occuper. Et mon avenir immédiat, c'est une fille superbe qui a envie de faire l'amour.

18

Toute la ville de Thèbes était en émoi, car la rumeur se confirmait : Ramsès le Grand arrivait de sa capitale du Delta, Pi-Ramsès, pour résider pendant plusieurs semaines dans son palais de Karnak. Certains courtisans estimaient qu'il s'agissait d'une simple villégiature, voire d'une retraite dans le temple fermé, d'autres que le vieux monarque annoncerait d'importantes décisions.

Ramsès le Grand régnait sur l'Égypte depuis cinquante-sept ans, et il approchait de sa quatre-vingtième année. En l'an vingt et un, il avait signé un traité de paix avec les Hittites pour ouvrir une ère de paix et de prospérité qui marquerait la mémoire de l'humanité. Mais le malheur avait frappé à plusieurs reprises, lorsque son père Séthi, sa mère Touya et son épouse adorée, la grande épouse royale Néfertari, avaient disparu. Des amis proches avaient aussi quitté la terre des vivants et, deux ans plus tôt, Khâ, le fils lettré et savant qui aurait dû lui succéder, avait également rejoint les paradis de l'au-delà. Il reviendrait à son autre fils, Mérenptah, d'assumer cette lourde tâche.

En raison de son grand âge et de douloureux rhumatismes, Ramsès laissait déjà à Mérenptah le soin de gérer les Deux Terres, la Haute et la Basse-Égypte, mais c'était lui qui signait les décrets royaux rédigés par le fidèle scribe Améni, de plus en plus grincheux mais toujours aussi travailleur.

Grâce au pharaon, affirmait le peuple égyptien, la vérité chassait le mensonge, les malfaisants tombaient sur leur visage, l'inondation bondissait à son heure, les ténèbres cédaient devant la lumière ; le roi ne possédait-il pas des millions d'oreilles lui permettant d'entendre les paroles de tous les êtres, fussent-ils cachés au fond d'une caverne, et ses yeux n'étaient-ils pas plus lumineux que les étoiles ? Canal régularisant le débit du fleuve, vaste salle où chacun pouvait trouver le repos, rempart aux murailles de métal céleste, eau fraîche pendant les fortes chaleurs, abri sec et chaud pendant l'hiver, Pharaon était couronné dans les cœurs puisqu'il rendait l'Égypte plus verte et plus prospère qu'un grand Nil.

C'est en chaise à porteurs que Ramsès le Grand gagna le palais de Karnak où l'accueillirent le grand prêtre d'Amon, le vizir, le maire de Thèbes et quelques autres officiels tétanisés à l'idée de voir de près l'illustre monarque dont la réputation avait franchi depuis longtemps les frontières de l'Égypte. Sa sécurité était assurée par le lieutenant de charrerie Méhy qui avait tout mis en œuvre pour faire remarquer ses bons et loyaux services.

Malgré les atteintes de l'âge, Ramsès le Grand demeurait aussi impressionnant qu'au moment de son couronnement. Le nez long et un peu busqué, les oreilles rondes et délicatement ourlées, la mâchoire autoritaire et le regard perçant composaient le visage d'un monarque habitué à commander.

Le palais enchantait le regard. Le pavement et les murs de la salle de réception à colonnes étaient ornés de représentations de lotus, de papyrus, de poissons et d'oiseaux qui s'ébattaient dans de magnifiques paysages. Placés dans des ovales symbolisant le circuit du soleil, les noms de Ramsès avaient été peints en bleu sur fond blanc. Des frises de bleuets et de coquelicots décoraient le haut des murs.

Quand le pharaon, vêtu d'une robe blanche et d'un pagne blanc et or, des bracelets d'or aux poignets, les pieds chaussés de sandales blanches, prit place sur un trône en bois doré, chacune des personnes admises à ce conseil exceptionnel sentit que Ramsès le Grand tenait encore fermement le gouvernail du navire de l'État.

— Majesté, dit le maire de Thèbes, la cité du dieu Amon se réjouit de votre présence. C'est grâce à vos directives qu'elle vit heureuse, vous qui êtes le père et la mère de tous les êtres. Puisse votre parole continuer à nourrir nos cœurs. Vous êtes le maître de la joie, et celui qui se révolte contre Pharaon se détruit lui-même.

— Pendant mon voyage, j'ai examiné les rapports concernant ta gestion de ma chère ville de Thèbes. Tu es un bon maire, mais il faut veiller davantage au bien-être des habitants du quartier neuf. Certains travaux de voirie ont pris trop de retard.

— Il sera fait selon votre volonté, Majesté, et ce retard sera rattrapé. Puis-je vous proposer de faire entrer dans l'ordre du Collier d'or le lieutenant de charrerie Méhy, qui assure votre sécurité à Thèbes et donne toute satisfaction à la tête de son détachement d'élite ?

Ramsès approuva d'un geste las. Voilà longtemps qu'il ne s'intéressait plus aux remises de décorations et au jeu puéril des honneurs où tant de dignitaires perdaient leur âme.

Pour Méhy, c'était le début d'une superbe carrière. En recevant le mince collier d'or des mains du vizir, qui reconnaissait ainsi ses mérites au nom de Pharaon, l'officier allait non seulement être élevé au grade de capitaine mais encore appartenir à la haute administration de la riche cité thébaine. Ses lèvres épaisses luisant de satisfaction, Méhy fut néanmoins un peu déçu que Ramsès ne posât pas davantage les yeux sur lui et que la cérémonie fût si brève.

— J'ai reçu une lettre de l'administrateur principal de la rive occidentale de Thèbes, révéla le roi, et sa teneur est la véritable raison de ma présence ici. Que l'auteur de ce document expose ses griefs.

Haut fonctionnaire bien nourri, Abry se présenta devant le monarque et il s'inclina.

— Majesté, j'ai tenu à vous alerter à propos d'une situation anormale. Les artisans de la Place de Vérité forment une communauté à part depuis le règne de votre glorieux ancêtre, Thoutmosis Ier. Voilà plus de trois siècles qu'elle existe et qu'elle creuse les demeures d'éternité dans la Vallée des Rois... Ne serait-il pas opportun de réformer cette institution ?

— Que lui reproches-tu ?

La question, trop directe, embarrassa le scribe.

— Majesté, ce ne sont pas exactement des reproches, mais cette confrérie exige de recevoir quotidiennement une certaine quantité de denrées qui grèvent notre budget. Plusieurs auxiliaires sont affectés à son service et, comme les résidents de la Place de Vérité sont soumis au secret, il est impossible de contrôler leur travail et de les imposer en conséquence. Beaucoup de fonctionnaires s'interrogent sur le rôle exact de cette corporation qui bénéficie de privilèges que d'aucuns jugent exorbitants.

— Que proposes-tu ?

L'administrateur principal se sentit encouragé à poursuivre. Visiblement, le monarque avait apprécié son argumentation.

— Je propose de supprimer la Place de Vérité et de dispenser les artisans qui la composent. Le village, qui n'occupe pas une énorme superficie, serait transformé en entrepôt. Nous ferions ainsi de substantielles économies, sans compter les taxes qui frapperaient des familles et des individus jusqu'à présent épargnés. La disparition de cette institution archaïque serait donc tout bénéfice pour l'État.

Il ne restait plus à Ramsès qu'à prendre le décret qui transformerait ce projet en réalité.

— Connais-tu la mission de la Place de Vérité ? demanda le monarque.

Le haut fonctionnaire se crispa.

— Oui, Majesté... Comme je l'ai rappelé, creuser les demeures d'éternité du pharaon régnant, de la grande épouse royale et de leurs proches.

— Ma propre tombe a été commencée en l'an deux de mon règne, et tu estimes sans doute que les artisans de la confrérie sont inactifs parce que leur tâche est terminée depuis longtemps à cause de ma longévité.

— Oh non, Majesté, je sais bien qu'ils ont d'autres activités et je ne voulais pas dire que...

— Pharaon construit sur terre la cité de Dieu, conformément à son devoir, et il se montre bienfaisant par les travaux qu'il entreprend pour les dieux en édifiant leurs temples et en façonnant leurs images. À Bubastis, à Athribis, à Pi-Ramsès, à Memphis, à Héliopolis, à Hermopolis, à Abydos, à Thèbes, à Edfou, à Éléphantine, en Basse comme en Haute-Égypte, l'œuvre s'accomplit et se poursuit sous de multiples formes. Au cœur de cette œuvre, il y a la demeure d'éternité de Pharaon que crée la Place de Vérité. C'est pourquoi mon père, Séthi, a décrété l'extension du village, car le mystère essentiel d'où tout procède est la naissance de ce que des esprits bornés comme le tien considèrent comme une tombe et qui est, en réalité, un foyer de lumière. Les artisans œuvrent chaque jour pour vaincre la mort, ils bâtissent pour le *ka*, cette énergie immatérielle qui anime toute forme vivante sans pour autant s'y fixer et disparaître avec elle. Et c'est pour le *ka* royal, qui passe de pharaon en pharaon sans jamais être la propriété de l'un d'eux, qu'ils continuent à parfaire mon ultime demeure. Mais que peux-tu comprendre à ce secret par nature, scribe au cœur fermé et à l'intelligence étroite ? Sache que mon séjour à Thèbes n'a d'autre but que d'embellir le village des bâtisseurs, de leur offrir davantage de moyens d'action et de renforcer sa stabilité. Et c'est à cette tâche que je consacrerai les dernières années de mon existence terrestre, car il n'est rien de plus essentiel que la Place de Vérité.

19

Ramsès le Grand se reposait dans le jardin du palais qu'ombrageaient des palmiers, des jujubiers, des tamaris et un saule planté au bord de l'étang. Bordées de renoncules, de bleuets et de pavots, les allées sablées avaient été tracées au cordeau et bénéficiaient d'un entretien constant. Assis dans un fauteuil confortable, la tête calée par un coussin, le vieux souverain était installé dans un pavillon aux fines colonnettes de bois peintes en vert. Sur une table basse, près de lui, de la bière fraîche et légère, du raisin, des figues et des pommes. Le roi goûtait le doux vent du nord qui venait de se lever et regardait huppes et hirondelles jouer dans la lumière du couchant.

L'arrivée de son invité arracha le monarque à ses souvenirs. L'homme qui s'inclinait devant lui avait été l'un des dignitaires les plus discrets mais les plus importants de son long règne puisque Ramosé, fils d'un facteur, avait été désigné comme « scribe de la Tombe et de la Place de Vérité » en l'an cinq de Ramsès, le troisième mois de l'inondation, le dixième jour. C'était le roi en personne qui avait choisi Ramosé pour occuper cette difficile fonction, après une carrière déjà bien remplie : éducation dans une Maison de Vie, formation comme assistant d'un scribe, poste de scribe comptable du bétail du temple d'Amon de Karnak, puis de la correspondance, des archives royales et du Trésor de Pharaon avant de sauter le pas et de devenir un « homme de l'intérieur ».

Le souverain avait laissé le choix à Ramosé car il s'agissait, pour le scribe, d'un changement radical d'orientation. Après avoir fréquenté l'immense Karnak et les temples de Thoutmosis IV et du sage Amenhotep fils de Hapou, le dignitaire devait abandonner une existence facile et luxueuse pour gérer, de l'intérieur, le village secret des artisans.

Ramosé n'avait pas hésité longtemps : l'aventure était assez exceptionnelle pour être tentée. Dès sa nomination, il avait demandé aux Serviteurs de la Place de Vérité, conformément aux ordres du roi, de bâtir une résidence pour Ramsès dans le domaine réservé et d'agrandir le temple d'Hathor, protectrice de la communauté, tout en continuant à s'occuper de la demeure d'éternité du souverain.

Âgé de quatre-vingt-sept ans, Ramosé avait pris sa retraite mais était demeuré au village où il était aimé de tous. Aucune décision importante n'était prise sans son avis.

Pour rencontrer son roi, Ramosé avait revêtu des habits de fête : chemise à longues manches plissées, tablier à plis verticaux et sandales de cuir. Grâce à Ramsès, il avait connu une existence exaltante en veillant sur la prospérité de la Place de Vérité et il était heureux de pouvoir remercier le monarque avant de mourir.

— Te souviens-tu, Ramosé, du texte célèbre que tu aimais lire aux apprentis scribes : « Imite tes pères qui vécurent avant toi, réussir dépend de ta capacité de connaissance. Les sages ont transmis leur enseignement dans leurs écrits : consulte-les, étudie-les, lis-les et relis-les sans cesse. »

— Malgré la faiblesse de mes yeux, Majesté, je continue à observer moi-même ce précepte.

— Te souviens-tu aussi de la grande fête de l'an dix-sept que tu avais organisée avec Pazair, le meilleur de mes vizirs ? Nous étions jeunes, alors, et notre énergie semblait inépuisable. Aujourd'hui, tu es un vieillard, comme moi, mais aussi l'homme le plus vénéré de la Place de Vérité et le seul dignitaire autorisé à porter le titre de « scribe de Maât ».

— C'est vous qui m'avez donné la possibilité de servir Maât ma vie durant, au cœur de la confrérie qui vit d'elle chaque jour, mais l'heure du grand voyage approche.

— As-tu fait préparer trois tombes près du village, comme tu l'avais projeté ?

— Oui, Majesté. Dans la première, je rends hommage aux divinités et à vos ancêtres qui ont tant fait pour la confrérie, Amenhotep Ier et sa mère, Horemheb et Thoutmosis IV ; c'est là que j'ai placé la stèle où vous apparaissez. Dans la deuxième, j'évoque mes deux vaches, Occident et Le Beau Flot, ainsi que le bouvier qui s'est occupé d'elles. Dans la troisième sont présents les êtres qui furent pour moi les plus chers [1].

— Silencieux en fait-il partie ?

— Il est la plus grande joie de mes derniers jours, Majesté. Vous savez que mon épouse Mout et moi-même n'avons pu avoir d'enfants, en dépit des statues, des stèles et des autres offrandes à Hathor, à Touéris la grande mère et même à des divinités étrangères. Aussi ai-je préparé l'au-delà avec soin, sans oublier de former mon successeur, le scribe Kenhir. Mais l'être pour lequel j'ai le plus d'estime et d'affection, c'est Silencieux. Quand il a quitté le village pour entreprendre un long voyage dans le monde extérieur, j'ai craint de mourir avant son retour, dont je n'ai jamais douté. Par bonheur, le tribunal d'admission de la confrérie vient de l'admettre parmi ceux qui ont entendu l'appel. Le voici Serviteur dans la Place de Vérité, et je suis persuadé qu'il y jouera un rôle essentiel, pas seulement comme tailleur de pierre et comme sculpteur.

— Quel nom d'initiation lui avez-vous donné ?

— Néfer-hotep, Majesté.

— *Néfer*, « l'accomplissement, la beauté, la bonté », et *hotep*, « la paix, la plénitude, l'offrande »... Vous lui dictez un rude programme !

— La plénitude de la paix intérieure, le *hotep*, ne lui sera peut-être offerte qu'au terme de son existence, à condition qu'il soit effectivement *Néfer* en tant qu'artisan. Je

1. Tombes thébaines 7,212 et 250.

dois vous signaler que le Silencieux ne s'est pas présenté seul à la porte du village.

— Qui l'accompagnait ?

— Son épouse, Claire, dont le nom, *Oubekhet*, signifie aussi « lumineuse ». Elle a impressionné le tribunal par sa détermination et son rayonnement. Elle est belle, intelligente, dépourvue d'ambition et n'imagine pas un instant l'étendue de ses capacités. Le couple est solide, les rudes épreuves qui l'attendent ne le détruiront pas. Le tribunal a conservé Claire comme nom d'initiation de l'épouse de Néfer. Pour moi, ils représentent l'espoir de la confrérie.

— D'où cette jeune femme est-elle originaire ?

— C'est une Thébaine, fille spirituelle de Néféret, la défunte médecin-chef du royaume.

— Néféret... Elle m'avait admirablement soigné. Si Claire a hérité de ses dons, la confrérie a beaucoup de chance. Mais parle-moi franchement, Ramosé : douterais-tu des qualités de ton successeur, Kenhir ?

— Non, Majesté, bien qu'il n'ait pas un caractère facile et qu'il remplisse sa fonction avec une fermeté parfois excessive. Je ne regrette ni de l'avoir choisi ni de lui avoir légué mes meubles, ma bibliothèque, mes champs et mes vaches. Et puis il n'est que le scribe de la Tombe... Les chefs d'équipe, les tailleurs de pierre, les sculpteurs et les peintres ne comptent pas moins que lui. Peut-être ne l'a-t-il pas encore compris, mais le temps fera son œuvre.

— Ces dernières années, plusieurs artisans n'ont pas été remplacés, rappela Ramsès qui, en tant que chef suprême de la confrérie, suivait attentivement son évolution. L'équipe complète est allée jusqu'à quarante membres, et il n'y en a plus actuellement que trente.

— Trente et un avec Néfer, Majesté.

— Est-ce un nombre suffisant pour mener à bien tous les travaux en cours ?

— Je n'ai qu'une leçon à transmettre : la qualité importe plus que la quantité. L'essentiel, vous le savez bien, c'est le bon fonctionnement de la Demeure de l'Or et sa capacité de création. De ce côté-là, aucune inquiétude. Je suis même persuadé que l'arrivée de Néfer est synonyme d'un avenir radieux.

— Tes propos sont un baume, Ramosé, car l'hostilité à l'égard de la Place de Vérité ne cesse de croître. Les hauts fonctionnaires ne songent qu'à s'enrichir et ils forment une caste de plus en plus pernicieuse, préoccupée de son seul avenir et non de celui du pays. Pour eux, la confrérie des artisans est une anomalie administrative qu'ils souhaitent supprimer.

— Mais c'est vous qui régnez, Majesté !

— Aussi longtemps que je vivrai, la Place de Vérité n'aura rien à craindre des envieux et des calomniateurs. J'espère que mon fils Mérenptah marchera dans mes pas et comprendra que, sans l'activité de cette confrérie, la grande lumière de l'Égypte serait condamnée à décliner puis à s'éteindre. Mais qui peut prédire le comportement d'un être lorsqu'il est en charge du pouvoir suprême ?

— J'ai confiance, Majesté.

Ramsès le Grand savait que Ramosé avait toujours été la générosité même et que la clarté de son âme avait illuminé la confrérie, mais il savait aussi que cette dernière était en danger. En faisant taire les armes dans tout le Proche-Orient, le monarque n'avait anéanti ni les haines ni les ambitions, et il avait conscience que seule la fragile déesse Maât, incarnation de la justesse, pouvait empêcher l'espèce humaine de suivre sa pente naturelle qui la conduisait à la corruption, à l'injustice et à la destruction.

Depuis le temps des pyramides, l'institution pharaonique s'était appuyée sur une confrérie d'artisans initiés aux mystères de la Demeure de l'Or et capables d'inscrire l'éternité dans la pierre. Quand les fondateurs du Nouvel Empire avaient élevé Thèbes au rang de capitale, c'était la communauté de la Place de Vérité qui avait repris le flambeau.

Et cette flamme-là était vitale pour la survie de la civilisation.

— J'ai oublié une anecdote amusante, Majesté. Nous venons d'enregistrer une candidature tout à fait inattendue, mais j'hésite à vous importuner avec cet incident sans importance.

20

— Je t'écoute, Ramosé.

— La quasi-totalité des demandes d'admission dans la confrérie sont rejetées, bien qu'elles émanent d'artisans expérimentés qui ont fait preuve de leurs qualités. En l'occurrence, il s'agit d'un jeune colosse de seize ans sans aucune référence sérieuse. Un fils de paysan, passé par des ateliers de tanneur et de menuisier... Mais si obstiné que Sobek, le chef de la sécurité, a été obligé de l'emprisonner pour la deuxième fois !

— A-t-il rempli les conditions nécessaires pour se présenter devant le tribunal d'admission ?

— Oui, Majesté, mais...

— Nombre de ceux qui composent aujourd'hui la confrérie sont venus de l'extérieur, à commencer par toi,

Ramosé. Laisse ce garçon affronter les juges de la Place de Vérité.

Ramsès le Grand regardait au loin.

Le vieux scribe de la Tombe sentit qu'il partageait l'un de ces moments privilégiés au cours desquels la vision du roi dépassait celle des autres hommes. Souvent, au cours de sa longue existence, Ramsès avait eu des intuitions qui perçaient les murs de l'avenir et lui permettaient d'agir hors des sentiers battus.

— Majesté, croyez-vous que ce garçon...

— Qu'il comparaisse devant les artisans et que ces derniers ne décident pas à la légère. S'il parvient à triompher des épreuves, ce jeune homme jouera peut-être un rôle décisif dans l'histoire de la Place de Vérité.

— Je vais intervenir auprès de Sobek. Comptez-vous examiner votre demeure d'éternité, Majesté ?

— Bien entendu. Mais une autre réalité m'est apparue : il faut agrandir le sanctuaire du *ka* royal. Tu avais veillé sur sa construction, tu décideras de la date des travaux et du plan d'œuvre.

Ramosé ressentit un bonheur intense.

— C'est un immense honneur pour le village ! Avec la femme sage, nous choisirons le moment juste.

Ramsès se souvint que, dans sa jeunesse, lui aussi avait entendu l'appel. Il aurait aimé partager l'existence de ces hommes dont la pensée se transformait en œuvre lumineuse, mais son père Séthi l'avait choisi comme successeur pour maintenir l'Égypte sur le chemin de Maât et préserver les liens de la terre avec le ciel. Pas un seul jour il n'avait pu se soustraire à ses devoirs. Et il était bon qu'il n'en fût pas autrement.

Sobek ouvrit la porte de la cellule.

— As-tu fini de faire du bruit ?

— J'ai l'intention de percer le mur de cette prison et j'y parviendrai, répondit Ardent.

Avec ses seuls poings, le jeune homme avait déjà sérieusement entamé le mur de briques.

— Si tu ne t'arrêtes pas immédiatement, je te fais enchaîner !

— Vous n'avez aucune raison de m'emprisonner, puisque j'ai apporté le nécessaire pour me présenter à la porte du village.

— Crois-tu connaître la loi mieux que moi ?

— Dans le cas présent, oui.

Le chef Sobek gratta la cicatrice qu'il avait au-dessous de l'œil gauche, souvenir d'une lutte à mort avec un léopard dans la savane de Nubie.

— Tu commences vraiment à m'irriter, mon garçon. Je vais m'occuper moi-même de ton cas et je te promets que tu n'auras plus envie d'ouvrir la bouche devant un policier.

Ardent fit face.

Il était aussi puissamment charpenté que Sobek, mais ce dernier était un peu plus grand et, surtout, il brandissait un bâton dans la main droite.

Un policier accourut, haletant.

— Chef, chef ! Il faut que je vous parle, tout de suite !

— Pas le temps.

— Ça concerne le prisonnier.

L'air affolé de son subordonné convainquit Sobek de l'écouter. Aussi claqua-t-il la porte de la cellule.

Ardent songeait à la manière dont le tortionnaire utiliserait son bâton. S'il le levait trop haut, il lui bloquerait le bras et lui défoncerait la poitrine d'un coup de tête. Mais Sobek était un professionnel et il ne devait pas se battre comme un naïf. Le jeune homme n'aurait pas la partie facile et il ne prendrait peut-être pas le dessus, mais le Nubien ne sortirait pas indemne du duel, car Ardent jetterait toutes ses forces dans la bataille.

La porte se rouvrit.

— Sors d'ici, ordonna Sobek, toujours armé de son bâton.

— Vous voulez me frapper dans le dos ?

— Ce n'est pas l'envie qui m'en manque, mais j'ai reçu des ordres. Un policier va t'accompagner jusqu'à la porte principale du village.

Ardent bomba le torse.

— Il y a donc une loi, dans ce pays.

— Sors d'ici, ou je ne réponds plus de mes nerfs !

— Si on a l'occasion de se revoir, Sobek, nous réglerons notre différend d'homme à homme.

— Fiche le camp !

— Pas sans ce qui m'appartient.

Les mâchoires serrées, Sobek remit à Ardent le sac de cuir, l'étui à papyrus, les morceaux de bois bien ficelés et le pliant fabriqué par l'apprenti menuisier. Équipé de ce précieux pécule, ce dernier sortit du fortin la tête haute, comme un général victorieux avançant en pays conquis.

Le Nubien qui l'accompagnait était un solide gaillard mais, à côté d'Ardent, il paraissait presque gringalet.

— Tu ne devrais pas te mettre Sobek à dos, lui recommanda-t-il. Il est plutôt rancunier et, à la première occasion, il ne te ratera pas.

— Ça vaudrait mieux pour lui... Sinon, c'est moi qui ne le raterai pas.

— Il est le chef de la police locale !

— L'important, c'est la valeur d'un homme, non ses titres. Si ce Sobek me cherche, il me trouvera.

Le policier n'essaya plus de raisonner Ardent dont l'exaltation grandissait au fur et à mesure qu'il approchait du but. Cette fois, ce n'était pas un gardien qui allait l'empêcher de franchir le seuil du village interdit.

Il ignorait la suite des événements, mais peu lui importait. Il saurait convaincre ses juges qu'il avait entendu l'appel et que, par conséquent, toutes les portes devaient s'ouvrir devant lui.

Le soleil brillait avec générosité, et son ardeur donnait encore plus de dynamisme au jeune homme qui ne redoutait pas les étés les plus impitoyables. Que le village des artisans fût situé dans le désert était, pour lui, un atout de plus.

— Je m'arrête ici, dit le policier. Continue seul.

Ardent n'hésita pas. D'une allure décidée, il franchit l'espace qui séparait le cinquième et dernier fortin des abords du village.

En cette fin de matinée, les auxiliaires avaient déserté leurs ateliers pour déjeuner à l'ombre d'un auvent. C'est avec curiosité qu'ils regardèrent passer le jeune homme.

Le gardien de la grande porte se leva et lui barra le passage

— Où comptes-tu aller ?

— Je m'appelle Ardent, je désire entrer dans la Place de Vérité et je suis équipé du nécessaire.

— Tu en es sûr ?

— Tout à fait sûr.

— Si tu t'es trompé, il t'en cuira. À ta place, je ne prendrais pas ce risque et je retournerais d'où je viens.

— Reste à ta propre place, gardien, et ne te préoccupe pas de la mienne.

— Je t'aurai prévenu.

— Cesse de bavarder et ouvre la porte du village.

Le gardien s'exécuta avec lenteur.

Pendant quelques instants, Ardent eut le souffle coupé. Enfin, son rêve se réalisait !

21

Deux artisans sortirent du village. L'un se plaça derrière Ardent, l'autre devant.

— Suis-moi, ordonna ce dernier.

— Mais... je n'entre pas ?

— Si tu continues à poser des questions inutiles, nous ne te conduirons même pas devant le tribunal d'admission.

Irrité, Ardent parvint à se maîtriser. En cet endroit mystérieux, il ne connaissait pas encore les règles du jeu et il devait éviter le faux pas qui le condamnerait.

Le trio tourna le dos à la porte principale du village et se dirigea vers l'enceinte du temple majeur de la Place de Vérité, près duquel était érigée une chapelle dédiée à la déesse Hathor. De hauts murs cachaient l'édifice aux regards profanes.

Devant son portail fermé, neuf hommes étaient assis sur des sièges de bois, disposés en demi-cercle. Ils portaient un simple pagne, à l'exception d'un vieillard vêtu d'une longue robe blanche.

— Je suis le scribe Ramosé, et tu te trouves sur le territoire sacré de la grande et noble Tombe des millions d'années à l'Occident de Thèbes. Ici règne Maât, en sa contrée lumineuse. Sois sincère, ne mens pas et parle avec ton cœur ; sinon, elle t'écartera de la Place de Vérité.

Les membres du tribunal d'admission n'avaient pas l'air

aimables, et le jeune homme préféra fixer le vieux scribe Ramosé dont le visage était empreint de bonté.

— Qui es-tu et que demandes-tu ?

— Je m'appelle Ardent et je veux passer ma vie à dessiner.

— Ton père est-il artisan ? demanda l'un des juges.

— Non, fermier. Nous sommes définitivement brouillés.

— Quels métiers as-tu pratiqués ?

— Le tannage et la menuiserie pour satisfaire à vos exigences.

Sans y avoir été autorisé, Ardent posa son bagage.

— Voici le sac de cuir, déclara-t-il avec fierté. J'y ajoute un étui à papyrus de belle qualité.

Les deux objets passèrent de main en main.

Un juge bougon prit la parole.

— Nous avions exigé un sac de cuir et non cet étui.

— Est-ce une faute de faire plus que ce qui est demandé ?

— Oui, c'en est une.

— Pas pour moi ! s'insurgea le jeune homme. Seuls les paresseux et les médiocres s'en tiennent strictement aux ordres, parce qu'ils ont peur d'autrui et d'eux-mêmes. À force de se soumettre et de ne prendre aucune initiative, on devient plus inerte qu'une pierre.

— Toi qui parles si haut, pourquoi ne nous présentes-tu qu'un pliant et non le fauteuil qui devait l'accompagner ? Puisque tu aimes aller au-delà de ce qui t'est imposé, pourquoi te contentes-tu de nous présenter des morceaux de bois au lieu de l'œuvre réalisée ?

— Vous m'avez tendu un piège, constata Ardent, furieux contre ses juges et contre lui-même, et je n'ai pas été capable de le déjouer... Ai-je droit à une deuxième chance ?

— Assieds-toi sur le pliant, ordonna l'artisan bougon.

Dès que son postérieur se posa sur le siège. Ardent entendit des craquements sinistres. Sans nul doute, le pliant ne supporterait pas son poids.

— Je préfère rester debout.

— Ainsi, tu n'as même pas vérifié la qualité de cet objet. À ton arrogance, tu ajoutes l'insouciance et l'incompétence.

— Vous avez exigé un pliant, vous l'avez !

— Piètre réponse, jeune homme. Ne serais-tu qu'un fanfaron et un lâche ?

Ardent serra les poings.

— Vous vous trompez ! J'ai tenté de vous satisfaire, mais mon but n'est pas de fabriquer des meubles. Je sais dessiner et je peux le prouver.

Un autre artisan posa devant Ardent un pinceau, un morceau de papyrus usagé et un godet d'encre noire.

— Eh bien, prouve-le.

Le jeune homme s'agenouilla. Les yeux fixés sur le vieux scribe Ramosé, il fit son portrait. Sa main ne tremblait pas, mais il n'était pas habitué à un semblable matériel dont l'utilisation lui parut des plus délicates.

— Je peux faire beaucoup mieux, affirma-t-il, mais c'est la première fois que je manie un pinceau et que je dessine sur du papyrus avec de l'encre... D'habitude, je me contente du sable.

Nerveux, précipité, Ardent rata le haut du front et les oreilles. Le portrait de Ramosé était affreux.

— Laissez-moi recommencer.

Le dessin circula. Aucun commentaire ne fut émis.

— Que sais-tu de la Place de Vérité ? demanda Ramosé.

— Elle détient les secrets du dessin et je veux les connaître.

— Qu'en feras-tu ?

— Je déchiffrerai la vie... et ce voyage n'aura pas de fin.

— Nous n'avons pas besoin de penseurs mais de spécialistes, asséna un artisan.

— Apprenez-moi à dessiner et à peindre, insista Ardent, et vous verrez de quoi je suis capable.

— Es-tu fiancé ?

— Non, mais j'ai déjà connu plusieurs filles. Pour moi, elles font partie des plaisirs de l'existence, rien de plus.

— Tu n'as pas l'intention de te marier ?

— Sûrement pas ! Je n'ai pas envie de m'encombrer d'une maîtresse de maison et d'une ribambelle de gamins. Combien de fois devrai-je encore vous dire que mon seul but est de dessiner la création et de peindre la vie ?

— L'exigence du secret te gêne-t-elle ?

— Tant pis pour ceux qui ne réussissent pas à le percer.

— Sais-tu qu'il faudra te soumettre à une règle très stricte ?

— Si elle ne m'empêche pas de progresser, je tâcherai de la supporter. Mais je ne me soumettrai pas à des ordres stupides.

— Seras-tu assez intelligent pour les estimer tels ?

— Personne ne tracera mon chemin à ma place.

Le juge bougon repartit à l'assaut.

— Avec de tels propos, crois-tu être digne d'appartenir à notre confrérie ?

— À vous de décider... Vous m'avez demandé d'être sincère, je le suis.

— Es-tu patient ?

— Non, et je n'ai pas l'intention de le devenir.

— Penses-tu que ton caractère est si parfait qu'aucun de ses traits ne doive être modifié ?

— Je ne me pose pas la question. C'est avec le désir que

l'on parvient à ses fins, pas avec son caractère. Avoir des ennemis est normal : ou ils me vaincront parce que je suis un faible, ou je les terrasserai. De toute manière, il y aura lutte ; c'est pourquoi je suis toujours prêt à me battre.

— N'as-tu pas entendu dire que la Place de Vérité est un havre de paix d'où les querelles sont bannies ?

— Puisqu'il y a des hommes et des femmes, c'est impossible. La paix n'existe nulle part sur cette terre.

— Es-tu certain d'avoir besoin de nous ?

— Vous êtes les seuls à posséder des connaissances que je ne peux atteindre par moi-même.

— Qu'as-tu d'autre à dire pour nous convaincre ? demanda Ramosé.

— Rien.

— Nous allons donc délibérer et tu attendras notre verdict. Il sera sans appel.

Le vieux scribe fit signe aux deux artisans qui avaient amené Ardent de le reconduire à la porte nord du village.

— Ce sera long ? demanda-t-il.

On ne lui répondit pas.

22

Ramosé était encore sous le choc. Il avait souvent présidé le tribunal d'admission, mais c'était la première fois qu'il se heurtait à un pareil candidat. De toute évidence, Ardent avait profondément déplu aux artisans appelés comme jurés, auxquels s'était ajouté Kenhir le Bougon, successeur de Ramosé et scribe de la Tombe en fonction.

Au moins, la délibération ne durerait pas longtemps et

ne ressemblerait pas au débat animé qui avait suivi l'audition de Silencieux. Kenhir s'était montré particulièrement agressif : il prétendait que le jeune homme, doté de nombreuses qualités, avait tant de carrières à sa portée que la Place de Vérité serait un espace trop étroit pour lui. Tel n'avait pas été l'avis de la majorité des artisans, impressionnés par la puissance personnalité du postulant.

Il avait fallu toute l'autorité de Ramosé pour empêcher deux artisans de se ranger à l'avis de Kenhir et de rejeter ainsi la demande d'admission du fils spirituel de Neb l'Accompli. Comme l'unanimité était indispensable, le vieux scribe avait mené un long et difficile combat pour parvenir à modifier la vision négative de Kenhir.

Pour Claire, les délibérations avaient été brèves. Lorsqu'elle avait évoqué l'appel de la cime d'Occident, le tribunal, composé des prêtresses d'Hathor habitant le village, avait éprouvé une intense émotion. Et la présidente du jury, celle qu'on appelait « la femme sage », avait accueilli avec joie l'épouse de Néfer le Silencieux.

— Qui veut prendre la parole ? demanda Ramosé.

Un sculpteur leva la main.

— Cet Ardent est vaniteux, agressif et n'a aucun sens de la diplomatie, mais je suis persuadé qu'il a bien entendu l'appel. C'est sur ce point, et sur ce point seulement, qu'il faut se prononcer.

Un peintre fut autorisé à s'exprimer.

— Je ne suis pas d'accord avec toi. Que le postulant ait entendu un appel, je ne le conteste pas, mais quelle est sa nature ? C'est son propre accomplissement qu'il désire et non une intégration réussie à notre confrérie. Nous ne lui donnerions qu'une technique, et lui ne nous donnerait rien. Que ce garçon suive son propre chemin, lequel est fort éloigné du nôtre.

Kenhir le Bougon intervint avec véhémence.

— Un feu étrange anime ce garçon, et il vous dérange, vous qui n'aimez que les tièdes ! Ah, ce n'est pas un artisan ordinaire, soumis à son contremaître, incapable de réfléchir et tellement terne que personne ne le remarque ! L'admettre parmi nous, c'est risquer de voir une tempête traverser le village et bouleverser bien des habitudes. Les artisans de la Place de Vérité sont-ils devenus peureux au point de refuser un talent extraordinaire ? Car il le possède, ce talent, comme vous l'avez vu ! Un dessin raté, d'accord, en raison de son inexpérience, mais quel superbe portrait ! Citez-moi un seul dessinateur qui, avant d'avoir reçu un enseignement correct, a fait preuve de capacités pareilles.

— Tout de même, objecta le sculpteur, tu peux être certain que ce gaillard-là refusera d'obéir et qu'il piétinera notre règle.

— Si tel est le cas, il sera exclu du village ; mais je suis persuadé qu'il saura plier l'échine pour parvenir à ses fins.

— Parlons-en, de ses fins ! N'est-il pas un simple curieux qui veut percer les secrets de notre confrérie ?

— Il ne serait pas le premier ! Mais vous savez tous que les curieux n'ont aucune chance de demeurer longtemps parmi nous.

Ramosé était stupéfait de l'attitude de son collègue Kenhir qui réfutait une à une les objections formulées contre Ardent. D'ordinaire, le scribe de la Tombe ne prenait pas parti avec autant de fougue.

Les artisans les plus hostiles à Ardent commençaient à vaciller.

— Nous avons besoin d'êtres équilibrés et paisibles comme Néfer, poursuivit Kenhir, mais aussi de cœurs enfiévrés comme ce futur peintre. S'il perçoit bien le sens de l'œuvre qui s'accomplit ici, quelles figures splendides ne tracera-t-il pas sur les parois des demeures d'éternité ! Croyez-moi, il faut tenter l'aventure.

Le chef d'équipe Neb l'Accompli intervint.

— Notre confrérie n'a pas pour vocation de tenter des aventures mais de perpétuer les traditions de la Demeure de l'Or et de préserver les secrets de la Place de Vérité. Ce garçon ne partagera pas nos préoccupations et il se comportera comme un pilleur.

Ramosé sentit que l'opposition du chef d'équipe serait irréductible ; aussi n'avait-il plus le droit de se taire.

— J'ai eu le privilège de converser avec Sa Majesté, révéla le vieux scribe, et nous avons évoqué le cas de ce jeune homme. Si j'ai bien perçu la pensée de Ramsès le Grand, Ardent lui apparaît habité d'une énergie particulière qu'il ne nous faut pas négliger, dans l'intérêt supérieur de la confrérie.

— S'agirait-il... de l'énergie de Seth ? demanda le chef d'équipe.

— Sa Majesté ne l'a pas précisé.

— Mais c'est bien elle, n'est-ce pas ?

Les juges frissonnèrent. Assassin d'Osiris, incarné dans une créature surnaturelle que les uns comparaient à un canidé et les autres à un okapi, le dieu Seth était détenteur de la puissance du cosmos que l'humanité ressentait tantôt comme bénéfique, tantôt comme destructrice. Sans elle, impossible de lutter contre les ténèbres et de faire renaître la lumière chaque matin. Mais il fallait être un pharaon de la stature du père de Ramsès pour oser porter le nom de Séthi. Aucun monarque, avant lui, n'avait supporté un tel fardeau symbolique qui l'avait conduit à faire ériger, en Abydos, le plus vaste et le plus splendide des sanctuaires d'Osiris.

D'ordinaire, les êtres traversés par l'énergie séthienne

étaient en proie à l'excès et à la violence que seule une société solidement construite sur le socle de Maât pouvait canaliser. Mais ne fallait-il pas exclure ce genre d'individu d'une communauté d'artisans destinée à créer de la beauté et de l'harmonie ?

— Sa Majesté vous a-t-elle donné un ordre concernant Ardent ? demanda le chef d'équipe à Ramosé.

— Non, mais il fait appel à notre clairvoyance.

— Est-il besoin d'en dire davantage ? renchérit Kenhir. Sachons interpréter la volonté de Pharaon qui est le maître suprême de la Place de Vérité.

Les plus sceptiques furent convaincus, mais Neb l'Accompli ne lâcha pas prise.

— Ma nomination comme chef d'équipe a été approuvée par Pharaon, il me fait donc confiance pour apprécier la qualité de ceux qui désirent entrer dans la confrérie. C'est pourquoi toute faiblesse de ma part serait condamnable. Pourquoi exiger moins de ce garçon que des autres artisans ?

— Tu es le seul juge à t'opposer à l'admission d'Ardent, constata Kenhir, et il nous faut l'unanimité. Cet isolement ne doit-il pas te conduire à reconsidérer ta position ?

— Notre confrérie ne doit courir aucun risque.

— Le risque fait partie de la vie, et reculer devant lui nous conduirait à l'immobilité, puis à la mort.

D'habitude si calme, le chef d'équipe était sur le point de s'emporter.

— Je constate qu'Ardent parvient à nous diviser ! N'est-ce pas un résultat qui devrait nous inciter à davantage de méfiance ?

— N'exagère pas, Neb ! Nos discussions, à propos de certains candidats, ont déjà été très animées.

— Certes, mais nous avons toujours obtenu l'unanimité.

— Il faut sortir de cette situation, décida Ramosé. Acceptes-tu de te laisser convaincre ?

— Non, répondit Neb l'Accompli. Je redoute que ce jeune homme ne trouble l'harmonie du village et contrarie notre travail.

— N'as-tu pas assez de poigne pour empêcher un tel désastre ? interrogea Kenhir.

— Je ne surestime pas mes capacités.

Ramosé comprit que les passes d'armes n'entameraient pas la détermination du chef d'équipe.

— S'opposer n'est pas une attitude constructive, Neb. Que proposes-tu pour sortir de cette impasse ?

— Éprouvons davantage Ardent. S'il a réellement entendu l'appel et s'il possède la force nécessaire pour créer son propre chemin, la porte s'ouvrira.

Le chef d'équipe exposa son plan.

Tous s'y rallièrent, y compris Kenhir qui, en bougonnant, affirma néanmoins que l'on prenait des précautions inutiles.

23

— Ce sera encore long ? demanda Ardent à l'un des deux artisans qui s'était assis à côté de lui.

— Je l'ignore.

— Ils ne vont quand même pas délibérer plusieurs jours !

— C'est déjà arrivé.

— Quand ça dure, c'est bon ou mauvais signe ?

— Ça dépend.

— Combien de candidats acceptez-vous chaque année ?

— Il n'y a pas de norme.

— Existe-t-il un nombre limite ?

— Tu n'as pas à le savoir.

— Combien êtes-vous, en ce moment ?

— Demande-le au pharaon.

— Il y a bien de grands dessinateurs parmi vous ?

— Chacun fait son travail.

Ardent comprit qu'il était inutile d'interroger l'artisan ; quant à son collègue, il était muet. Pourtant, le découragement ne gagnait pas le jeune homme. Si les juges qu'il avait affrontés étaient des êtres droits, ils comprendraient l'intensité de son désir.

Quelqu'un passa l'angle ouest de l'enceinte. Ardent le reconnut aussitôt, se leva et lui donna l'accolade.

— Silencieux ! Ils t'ont admis ?

— J'ai eu cette chance.

— Toi, au moins, tu me parleras du village !

— C'est impossible, Ardent. J'ai juré de garder le silence, et il n'y a rien de plus important que la parole donnée.

— Alors, tu n'es plus mon ami !

— Bien sûr que si, et je suis persuadé que tu vas réussir.

— Tu peux leur parler en ma faveur ?

— Malheureusement non. C'est le tribunal d'admission qui décide, et lui seul.

— C'est bien ce que je pensais, tu n'es vraiment plus mon ami... Pourtant, je t'ai sauvé la vie.

— Je ne l'oublierai jamais.

— Tu l'as déjà oublié, puisque tu appartiens à un autre monde... Et tu refuses de m'aider.

— Je ne le peux pas. Cette épreuve, tu dois l'affronter seul.

— Merci du conseil, Silencieux.

— La confrérie m'a donné un nouveau nom : Néfer. Et je dois aussi t'apprendre que je me suis marié.

— Ah... Elle est belle ?

— Claire est une femme sublime. Le tribunal l'a admise dans la Place de Vérité.

— Tu as toutes les chances ! Les sept fées d'Hathor devaient être présentes autour de ton berceau, et elles n'ont pas lésiné sur leurs cadeaux. Quelle tâche t'a-t-on attribuée ?

— Cela non plus, je ne peux t'en parler.

— Ah oui, j'oubliais... Pour toi, je n'existe plus.

— Ardent...

— Va-t'en, Néfer le Silencieux. Je préfère rester seul avec mes gardiens. Ils ne sont pas plus causants que toi, mais eux, ce ne sont pas mes amis.

— Aie confiance. Puisque tu as entendu l'appel, les juges ne t'écarteront pas.

Néfer posa la main sur l'épaule d'Ardent.

— J'ai foi en toi, mon ami. Je sais que le feu qui t'habite brûlera tous les obstacles.

Quand Néfer s'éloigna, Ardent eut envie de le suivre et de pénétrer avec lui dans le village ; mais il aurait été repoussé à jamais.

Peu avant la tombée du jour, l'un des juges du tribunal fit son apparition. Tous les muscles d'Ardent s'embrasèrent, comme s'il allait livrer son ultime combat.

— Nous avons pris notre décision, annonça le juge. Nous t'admettons dans l'équipe de l'extérieur, placée sous la responsabilité du potier Béken, chef des auxiliaires.

Rends-toi auprès de lui pour connaître la tâche que tu auras à effectuer.

— L'équipe de l'extérieur... Mais qu'est-ce que ça signifie ?

Le juge repartit, suivi des deux artisans.

— Attendez... J'exige davantage d'explications !

Le gardien de porte s'interposa.

— Du calme ! Tu connais la décision et tu dois l'accepter. Sinon, disparais et ne reviens jamais ici. L'équipe de l'extérieur, ce n'est pas si mal. Tu trouveras ta place comme potier, coupeur de bois, blanchisseur, porteur d'eau, jardinier, pêcheur, boulanger, boucher, brasseur ou cordonnier. Ces gens-là travaillent pour assurer le bien-être des artisans de la Place de Vérité, et ils s'en trouvent bien. Moi-même et l'autre gardien de porte, nous sommes des hommes de l'extérieur.

— Tu n'as cité ni les dessinateurs ni les peintres.

— Ceux-là connaissent les secrets... Mais à quoi bon ? Ils ne sont ni plus heureux ni plus riches et passent la majeure partie de leur existence à trimer. Tu t'en tires au mieux, tu peux me croire. Tâche de t'entendre avec Béken le potier, et tu auras la belle vie.

— Où habite-t-il ?

— À la lisière des cultures, une petite maison avec une étable. Il n'a pas à se plaindre, mais c'est un teigneux, persuadé que chacun des auxiliaires convoite sa place. Il n'a peut-être pas tort, d'ailleurs... Méfie-toi de ses ruades. Béken, c'est un vicieux ; il n'est pas arrivé là par hasard. Si tu lui déplais, il te cassera les reins.

— Quand on appartient à l'équipe de l'extérieur, peut-on encore entrer dans la confrérie ?

— L'extérieur, c'est l'extérieur. Ne va pas chercher plus loin et contente-toi de ce qui t'est offert. Pour le moment, tu peux dormir dans l'un des ateliers des auxiliaires. D'ici quelque temps, tu habiteras une maison dans la zone cultivée, tu épouseras une belle fille et tu lui feras de beaux enfants. Évite les blanchisseurs... Leur tâche est pénible. Le mieux, c'est pêcheur ou boulanger. Si tu es malin, tu revendras des poissons ou des pains sans les déclarer au scribe du fisc.

— Je vais voir immédiatement Béken.

— Je ne te le conseille pas.

— Pourquoi ?

— Après sa journée de labeur, il aime bien être tranquille. Voir débarquer chez lui un inconnu le rendra d'une humeur massacrante, et il te prendra en grippe. Va dormir, tu le verras demain matin.

Ardent eut envie d'assommer le gardien puis de démolir l'enceinte du village interdit. Silencieux, cette poule mouillée, était devenu Néfer, et lui, dont l'appel était si intense, était rejeté dans l'équipe de l'extérieur où il croupirait comme un incapable !

Humilié, avait-il d'autre solution que de détruire ce qu'il n'obtiendrait jamais ?

Le gardien s'était assis sur sa natte, les yeux baissés. Ardent entendit des rires d'enfants, des voix de femmes, des échos de conversations. La vie venait de reprendre à l'intérieur du village, une vie dont il ne pouvait rien voir.

Qui étaient-ils, ces êtres admis à connaître les secrets de la Place de Vérité, de quelles qualités avaient-ils fait preuve pour convaincre le tribunal de les admettre ? Ardent ne connaissait que Néfer le Silencieux et il ne lui ressemblait pas.

C'était avec ses propres armes qu'il lui faudrait se battre. Personne ne lui viendrait en aide, et les conseils n'étaient que du poison. Mais il ne renoncerait pas.

Il se dirigea vers les ateliers désertés par les auxiliaires, sachant que le gardien l'observait du coin de l'œil. Il fit semblant de pénétrer dans l'un d'eux mais le contourna pour se placer hors du champ de vision du guetteur, puis il longea la colline en prenant soin de progresser aussi silencieusement qu'un renard des sables.

Puisque la confrérie le reléguait chez les auxiliaires, il allait lui montrer de quoi il était capable.

24

Le capitaine de charrerie Méhy ne cessait de frotter entre ses doigts potelés le fin collier d'or qui faisait de lui l'un des personnages en vue de la meilleure société thébaine. Grâce à cette décoration, il serait désormais invité aux soirées les plus fastueuses et recueillerait les confidences de ceux qui comptaient vraiment. Peu à peu, Méhy tisserait sa toile pour devenir le maître occulte de la richissime cité du dieu Amon.

Une première décision s'imposait : laisser en place le maire de Thèbes, un petit tyran domestique qui s'empêtrait dans une lutte de factions et n'avait aucune vue à long terme. Pendant qu'il s'épuiserait dans un combat stérile et paraderait sur le devant de la scène, Méhy mettrait ses amis en place pour contrôler peu à peu les divers secteurs de l'administration.

De belles perspectives, en vérité, mais qui ne le satisfaisaient pas. Le plus important, c'était le secret de la Place de Vérité, ce secret qu'il lui avait été donné de contempler et qu'il voulait posséder. Quand la Pierre de Lumière serait entre les mains de Méhy, il deviendrait plus puissant que Pharaon lui-même et il pourrait prétendre gouverner l'Égypte à sa manière.

Voilà longtemps que Méhy soupçonnait les artisans de la Place de Vérité de dissimuler un certain nombre de découvertes scientifiques, réservées à l'usage exclusif du monarque. De tels privilèges devaient disparaître. L'Égypte se doterait d'armes nouvelles, écraserait ses adversaires et entreprendrait enfin une politique d'expansion que Ramsès n'avait pas su conduire.

À sa place, Méhy n'aurait pas conclu la paix avec les Hittites. Il fallait profiter de leur affaiblissement pour les écraser et former une armée moderne et puissante, capable de dominer le Proche-Orient et l'Asie. Au lieu de cette grandiose politique de conquête, le pharaon s'était peu à peu endormi dans la paix, et les officiers supérieurs ne songeaient plus qu'à leur retraite qu'ils passeraient dans un petit domaine campagnard concédé par le monarque. De quoi pleurer, en constatant un tel gâchis !

— Désirez-vous boire quelque chose de frais ? demanda l'échanson de Méhy.

— Du vin blanc des oasis.

Un valet proposa au capitaine de charrerie de l'éventer pendant qu'il dégustait le coûteux breuvage. Il n'était pas facile de se procurer le meilleur cru, mais Méhy avait corrompu sans difficulté un vigneron qui livrait sa production au palais et en détournait une petite partie à son profit.

L'art suprême ne consistait-il pas à accumuler des dossiers compromettants sur tout un chacun et à en profiter le moment venu, en y ajoutant quelques inventions plausibles ? C'était ainsi que Méhy était parvenu à évincer quelques jeunes gradés plus qualifiés que lui, mais beaucoup moins habiles.

— La dame Serkéta aimerait vous voir, annonça le portier de la belle demeure que Méhy possédait au centre de Thèbes.

Serkéta, la fiancée un peu stupide qu'il allait être obligé d'épouser en raison de la fortune et de la position sociale de son père, trésorier principal de Thèbes... Mais ce n'était pas elle qu'il attendait.

Il descendit néanmoins jusqu'à sa salle de réception du rez-de-chaussée dont il était particulièrement fier, en raison de ses hautes fenêtres peintes en jaune et de son luxueux mobilier en bois d'ébène.

— Méhy, mon chéri ! J'avais peur que tu ne sois pas chez toi... Comment me trouves-tu ?

« Trop grosse », eut envie de répondre le capitaine de charrerie, mais il se garda bien de révéler sa pensée, car la dame Serkéta était obsédée par son poids que la consommation quotidienne de pâtisseries ne contribuait pas à diminuer.

— Tu es plus ravissante que jamais, ma chérie. Cette robe verte te va à ravir.

— Je savais qu'elle te plairait, dit-elle en se dandinant.

— Un tout petit problème se pose : je dois recevoir un notable au caractère un peu difficile. Acceptes-tu de patienter puis de dîner avec moi ?

Elle eut un sourire niais, mais rempli de promesses.

— Je n'en espérais pas tant, mon chéri.

Il l'attira contre lui avec brutalité, Serkéta ne protesta pas.

La poitrine opulente, une chevelure abondante blondie par une teinture, des yeux d'un bleu délavé, elle aimait minauder et jouer les petites filles.

En réalité, elle s'ennuyait. Grâce à son père, un veuf

qui appréciait les filles de plus en plus jeunes, elle pouvait satisfaire ses caprices et s'acheter tout ce qui lui plaisait. À la longue, son existence était devenue si fastidieuse qu'elle avait recherché n'importe quel plaisir susceptible de mettre fin à sa neurasthénie. Le vin l'avait amusée quelque temps, sans briser sa solitude. Serkéta rêvait d'être encore un bébé, dorloté par sa mère et sa nourrice, protégé du monde extérieur.

Quand elle avait rencontré Méhy pour la première fois, lors d'une réception, elle l'avait jugé gras, vulgaire et prétentieux, mais il lui avait offert une sensation inédite : la peur. Il y avait en lui une bestialité à peine contenue qui la fascinait et dont elle avait besoin.

Comme le personnage cachait à peine ses ambitions et qu'il semblait prêt à écraser sous les roues de son char quiconque se mettrait en travers de sa route, Serkéta avait décidé de l'épouser. Méhy lui donnerait peut-être des frissons qui la guériraient de sa lassitude.

— Combien de temps nos fiançailles doivent-elles encore durer ?

— Cela ne dépend que de toi, chéri. Depuis que tu as été décoré du collier d'or en présence de Ramsès le Grand, mon père te considère comme l'un des futurs hauts dignitaires de Thèbes.

— Je n'ai pas l'intention de le décevoir.

Serkéta mordilla l'oreille droite de Méhy.

— Et toi, trésor, tu ne me décevras pas non plus, dis ?

— Sois sans crainte.

Gêné par l'attitude du couple, l'intendant signala sa présence en frappant à la porte restée ouverte.

— Qu'y a-t-il ? demanda Méhy.

— Votre visiteur est arrivé.

— Fais-le patienter et ferme cette porte !

Serkéta dévorait l'officier des yeux.

— Alors, ce mariage ?

— Le plus tôt possible, juste le temps d'organiser une grande réception où la noblesse thébaine enviera notre bonheur.

— Veux-tu que je m'en occupe ?

— Tu feras des merveilles, ma chérie.

L'officier pétrit les seins de sa future femme, qui émit un gémissement de plaisir.

— Pour notre contrat de mariage, père est assez exigeant.

— Quel contrat ? s'étonna Méhy.

— Père pense que c'est préférable, en raison de sa fortune. Il est persuadé que nous serons très heureux et que nous aurons plusieurs enfants, mais il estime quand même nécessaire un contrat de séparation de biens. Quelle importance, mon doux amour ? Ne mélangeons pas le droit et les sentiments. Caresse-moi encore.

Méhy recommença, mais avec moins d'enthousiasme. Cette nouvelle était un véritable désastre, car mettre la main sur la fortune du père de Serkéta était l'une des étapes majeures de sa conquête du pouvoir.

— Tu as l'air contrarié, mon lion terrifiant... Ce n'est quand même pas à cause de ce détail juridique ?

— Non, bien sûr que non... Tu viendras habiter ici, n'est-ce pas ?

— Lorsque nous résiderons à Thèbes, c'est évident. Cette maison est superbe et bien située, et mon père a décidé de rembourser immédiatement tes crédits et de te rendre ainsi propriétaire.

— Il est très généreux... Comment lui montrer ma reconnaissance ?

— En rendant sa fille folle d'amour !

Elle l'embrassa à pleine bouche.

— Nous aurons aussi une grande villa dans la campagne thébaine, une autre en Moyenne-Égypte et une belle demeure à Memphis... Ces propriétés resteront à mon nom, mais ce n'est qu'un autre détail.

Méhy l'aurait volontiers violée à la manière d'un soudard, mais elle en avait trop envie et il devait recevoir son visiteur. Déjà, il se remettait du coup bas qui venait de lui être porté. L'officier avait compris depuis longtemps que l'hypocrisie et le mensonge étaient des armes redoutables grâce auxquelles on renversait en sa faveur les situations compromises. Il ferait semblant d'accepter et d'être vaincu pour mieux préparer une contre-attaque décisive. Le père de Serkéta avait tort de croire que l'on pouvait brider un homme de sa trempe.

— Pardonne-moi, délice de mes sens, mais ce rendez-vous est vraiment important.

— Je comprends... Je vais m'occuper de nos préparatifs de mariage. À ce soir, pour dîner.

25

Méhy était fier de sa vaste maison. Pour l'acquérir, il était parvenu à convaincre un vieux noble thébain, affecté par son veuvage, de la lui céder à bas prix. Comme l'administration militaire lui avait consenti un prêt fort avantageux, l'officier avait gagné sur tous les tableaux. Et grâce à la générosité feinte de son futur beau-père, il devenait propriétaire plus tôt que prévu ! En réalité, le père de

Serkéta voulait présenter à la haute société un gendre apparemment fortuné, à l'abri de tout problème financier, sans préciser que c'était lui, le notable, et lui seul, qui contrôlait la situation. Méhy lui ferait payer cher cette humiliation.

Les deux étages de la demeure avaient été construits sur une plate-forme surélevée pour éviter l'humidité. Au rez-de-chaussée, les pièces réservées aux domestiques placés sous la responsabilité d'un intendant ; Méhy ne mangeait que le pain fabriqué par son propre boulanger et tenait à l'absolue propreté de ses vêtements, lavés et nettoyés avec grand soin par son blanchisseur. Sur les marches de l'escalier qui menait aux étages, des vases contenant des bouquets montés, remplacés dès que les fleurs menaçaient de défraîchir.

Au premier étage, les pièces de réception ; au second, le bureau du maître de céans, les chambres, les salles de bains et les lieux d'aisances. L'officier avait fait installer un système de tuyauterie pour l'évacuation des eaux usées et jouissait d'un confort qui n'était pas loin d'égaler celui du palais de Pharaon.

Méhy détestait les jardins et la terre ; il y avait suffisamment de paysans pour s'en occuper. Des hommes de sa qualité méritaient mieux, et seul le centre d'une grande ville comme Thèbes pouvait abriter une résidence digne de ce nom.

Quand il entra dans sa salle de réception au plafond élevé, Méhy goûta la fraîcheur de l'endroit qui, grâce à un habile système de ventilation, persistait même pendant l'été. Qu'y avait-il de plus détestable que la chaleur ?

L'homme qu'il avait tant espéré rencontrer était assis sur un fauteuil recouvert d'une étoffe multicolore. Dans une jarre bleue, il avait puisé de l'eau parfumée pour se laver les mains et les pieds.

— Sois le bienvenu, Daktair. Comment trouves-tu ma maison ?

— Admirable, capitaine Méhy ! Je n'en connais pas de plus belle.

Daktair était petit, gros et barbu. Des yeux noirs animaient son visage rusé que mangeaient d'épais poils roux. Des jambes trop courtes lui donnaient une allure pataude, mais il savait être aussi vif qu'un serpent lorsqu'il fallait frapper un adversaire.

Fils d'un mathématicien grec et d'une chimiste perse, Daktair était né à Memphis où, très jeune, il s'était fait remarquer en raison de son goût prononcé pour la recherche scientifique. Dépourvu de tout sens moral, l'étudiant avait vite compris que piller les idées d'autrui lui permettrait de progresser à pas de géant en accomplissant un minimum d'efforts. Mais ce n'était qu'une stratégie mise au service de son grand dessein : faire de l'Égypte la terre d'élection d'une science pure, débarrassée de toute superstition, une science qui permettrait à l'homme de dominer la nature.

Grâce à ses dons de technicien et d'inventeur, Daktair s'était rendu indispensable au maire de Memphis avant de devenir le protégé de celui de Thèbes où il tentait de décrypter les arcanes de l'antique sagesse. Ses calculs prévisionnels sur les crues du Nil s'étaient révélés remarquables, et il avait amélioré la méthode d'observation des planètes. Cependant, ce n'était encore que des broutilles ; demain, il imposerait une nouvelle vision du monde qui sortirait l'Égypte de sa léthargie et de ses traditions périmées pour la faire entrer sur le chemin du progrès. De quoi un pays aussi riche et aussi puissant ne serait-il pas capable lorsqu'il aurait renoncé à ses vieilles croyances ?

— Félicitations pour votre collier d'or, capitaine. C'est

une récompense méritée qui fait de vous un homme important dont les avis seront de plus en plus écoutés.

— Pas autant que les tiens, Daktair. J'ai entendu dire que le maire de Thèbes ne pouvait plus se passer de tes conseils.

— C'est beaucoup dire, mais c'est un homme avisé qui, comme moi, se préoccupe davantage de l'avenir que du passé.

— J'ai également entendu dire que tes idées heurtent de hautes personnalités.

Daktair palpa sa barbe épaisse.

— Difficile de le nier, capitaine. Le grand prêtre de Karnak et les spécialistes placés sous ses ordres n'apprécient guère mes investigations, mais je ne les redoute pas.

— Tu parais bien sûr de toi !

— Mes adversaires seront bientôt emportés par un fleuve plus puissant que le Nil : la curiosité naturelle de l'être humain. Nous avons tous besoin d'accumuler des connaissances, et c'est ce besoin-là que je contribue à mieux satisfaire. Dans un pays trop traditionnel comme celui-ci, la route menace d'être longue. Pourtant, il serait possible de gagner du temps, beaucoup de temps...

— De quelle manière ?

— En s'emparant des secrets de la Place de Vérité.

Méhy but une gorgée de vin blanc pour masquer son émotion. Allait-il mettre la main sur un allié d'envergure ?

— Je te suis mal... Ne s'agit-il pas d'une simple corporation de bâtisseurs ?

Daktair s'humecta le front avec un linge parfumé.

— C'est ce que j'ai longtemps cru... Mais je me trompais. Non seulement elle rassemble des artisans aux compétences exceptionnelles, mais encore elle détient des secrets d'une importance vitale.

— Des secrets... de quel ordre ?

— Si je ne craignais pas d'être grandiloquent, je dirais qu'ils concernent la vie éternelle. La confrérie de la Place de Vérité n'est-elle pas chargée de préparer la demeure de résurrection du pharaon ? À mon sens, certains de ses membres connaissent le processus alchimique qui permet de transformer l'orge en or [1], sans parler d'autres prodiges.

— As-tu tenté de percer ces mystères ?

— Plus d'une fois, capitaine, mais sans aucun succès. La Place de Vérité ne dépend que de Pharaon et du vizir. À chacune de mes demandes de visite, l'administration a répondu par la négative. Pourtant, je compte de nombreux amis dans la haute administration, mais ce village demeure inaccessible.

— Ta position n'est-elle pas... imprudente ?

— J'ai déjà tenu plusieurs fois ce même discours, et l'on m'a ri au nez.

— C'est ce que l'on m'a rapporté, en effet, mais je tenais à l'entendre de ta bouche. Car moi, je te prends au sérieux.

Daktair fut étonné.

— J'en suis flatté, capitaine, mais pourquoi vous ai-je convaincu ?

— Parce que la Place de Vérité est également l'une de mes préoccupations majeures. Comme toi, j'ai tenté de savoir ce que cachent les hauts murs de ce village, mais je n'y suis pas parvenu. Un secret aussi bien gardé doit être de première importance.

— Excellente déduction, capitaine !

Méhy fixa son hôte.

1. « Transformer l'orge en or » est la plus ancienne expression de l'œuvre alchimique qui deviendra « transformer le plomb en or ».

— Il ne s'agit pas d'une déduction.

— Que... que dois-je comprendre ?

— J'ai vu le secret de la Place de Vérité.

Le savant se leva, ses mains tremblaient.

— Quel est-il ?

— Ne sois pas si impatient. Je t'offre la certitude qu'il existe, et ton aide m'est indispensable pour que nous réussissions à nous en emparer et à l'exploiter. Es-tu prêt à conclure un accord ?

26

Les petits yeux noirs de Daktair se firent perçants, comme s'ils étaient capables de déceler les intentions cachées du capitaine Méhy.

— Un accord, dites-vous... Mais quel genre d'accord ?

— Tu es un brillant scientifique, mais tes recherches se heurtent à des murs infranchissables, ceux de la Place de Vérité. Pour des raisons personnelles, j'ai décidé de tout mettre en œuvre afin de détruire cette institution archaïque, mais pas avant de lui avoir arraché ses trésors et ses connaissances secrètes. Unissons nos efforts pour y parvenir.

Le savant parut perplexe.

— Tu as l'intelligence et la compétence, poursuivit Méhy, mais il te manque les moyens matériels. Bientôt, je disposerai d'une des plus grosses fortunes de Thèbes et je compte l'utiliser pour étendre mon influence.

— Vous visez un très haut poste dans l'armée, je suppose ?

— Bien entendu, mais ce n'est qu'une étape. L'Égypte est vieille et malade, Daktair. Voilà trop longtemps qu'elle est gouvernée par Ramsès le Grand, qui n'est plus qu'un despote sénile incapable de percevoir l'avenir et de prendre les bonnes décisions. Ce trop long règne condamne le pays à un immobilisme dangereux.

L'hôte du capitaine Méhy était blême.

— Vous... vous ne pensez pas ce que vous dites !

— Je suis lucide, et c'est une qualité indispensable lorsqu'on prétend à de hautes fonctions.

— À lui seul, Ramsès le Grand est un monument ! Jamais je n'ai entendu la moindre critique à son encontre... N'est-ce pas grâce à lui que s'est ouverte une ère de paix ?

— Elle n'est que le prélude à de nouveaux conflits auxquels l'Égypte est bien mal préparée. Ramsès le Grand ne tardera plus à disparaître, et personne ne le remplacera. Avec lui s'éteindra une forme de civilisation périmée. Moi, je l'ai compris. Et toi aussi, Daktair. Occupe-toi de faire progresser les idées ; moi, je me charge des institutions. Voilà la base de notre accord. Pour qu'il devienne réalité, nous devons nous rendre maîtres des éléments majeurs qui forment la puissance de l'Égypte. Au premier rang de ceux-ci, la Place de Vérité.

— Vous oubliez l'armée, la police, la...

— Je m'en occupe, je te le répète. La fortune de Pharaon ne dépend pas de ses troupes d'élite, que je parviendrai à contrôler, mais de la science mystérieuse de ses artisans qui savent à la fois créer une demeure d'éternité et lui procurer de l'or à profusion.

Daktair était passionné.

— Vous en savez long sur la Place de Vérité...

— Ce que j'ai vu m'a prouvé que ni toi ni moi ne nous trompions sur l'étendue de sa science.

— Vous ne tenez pas à m'en dire davantage, n'est-ce pas ?

— Acceptes-tu de devenir mon allié ?

— C'est dangereux, capitaine, très dangereux...

— Exact. Nous devrons progresser avec autant de prudence que de détermination. Si le courage te manque, renonce.

Si Daktair ne s'engageait pas, Méhy le supprimerait. Il ne pouvait pas laisser vivre un homme à qui il avait révélé une partie de ses plans.

Le savant hésitait. Méhy lui donnait l'occasion de réaliser ses rêves les plus fous mais en empruntant un chemin périlleux. En envisageant la suprématie de la science, Daktair avait oublié que l'État pharaonique et sa force armée ne se désintéresseraient pas d'un tel bouleversement. Derrière son sourire et ses bonnes manières, Méhy avait une âme de tueur. Au fond, il ne lui laissait pas le choix : ou bien il collaborait sans arrière-pensée, ou bien il disparaîtrait de manière brutale.

— J'accepte, capitaine. Unissons nos forces et nos volontés.

Le visage lunaire de l'officier s'épanouit.

— C'est un moment décisif, Daktair ! Grâce à nous, l'Égypte connaîtra un avenir. Scellons notre pacte en buvant un grand cru qui date de l'an cinq de Ramsès.

— Désolé, je ne bois que de l'eau.

— Même en cette occasion exceptionnelle ?

— Je préfère garder l'esprit clair en toutes circonstances.

— J'apprécie les hommes de caractère. Dès demain, j'entreprendrai une série de visites officielles pour proposer un plan d'amélioration du fonctionnement des forces armées thébaines. Je n'aurai aucune difficulté à l'imposer, et il me vaudra une promotion. Après mon mariage, j'obtiendrai la considération de nombreux notables et je m'insinuerai peu à peu dans les instances dirigeantes au point de me rendre indispensable.

— De mon côté, précisa Daktair, j'ai bon espoir d'être nommé adjoint au chef du laboratoire central de Thèbes.

— Un mot de mon futur beau-père, et tu le seras. Il faudra laisser passer un peu de temps pour que tu en prennes seul le contrôle.

— Ce sera une étape importante qui me permettra d'entamer des recherches jusqu'à présent déconseillées et d'utiliser de nouvelles ressources techniques.

Méhy songea aussitôt à la fabrication d'armes nouvelles qui rendraient invincibles les troupes placées sous ses ordres.

— Il nous faut faire le point sur la Place de Vérité, exigea l'officier, pour distinguer l'affabulation de la certitude. On sait qu'un scribe expérimenté, nommé par Pharaon, est chargé de l'administration du village. Pendant de longues années, Ramosé a rempli cette fonction à propos de laquelle personne n'a pu lui arracher le moindre mot. Je ne connais que le nom de son successeur, puisqu'il signe les documents officiels : Kenhir. Il nous faut un maximum de renseignements sur ce personnage. S'il est manipulable, nous pourrions frapper à la tête.

— À condition qu'il soit le vrai patron de la confrérie, objecta le savant.

— Il y a forcément un maître d'œuvre, ou même plusieurs, et toute une hiérarchie... Apprendre le nom et le rôle exact des dirigeants est essentiel.

— Les artisans ne parleront sans doute pas, mais il n'en est pas de même des auxiliaires.

— Si je ne m'abuse, ils ne pénètrent pas dans le village.

— C'est vrai, capitaine, mais ils assistent à certains événements.

— L'apport de l'eau, des nourritures, des vêtements, je sais... Quelle utilité ?

Daktair eut un sourire satisfait.

— L'examen détaillé de ces différents produits nous aidera à cerner le niveau de vie de la confrérie et le nombre approximatif de ses membres.

— Intéressant, reconnut Méhy. Tu as déjà des informateurs ?

— Un seul, un blanchisseur à qui j'ai offert une poudre miraculeuse grâce à laquelle il nettoie plus rapidement le linge souillé. Ce n'est qu'un début... En y mettant le prix, nous obtiendrons d'autres appuis. Le blanchisseur m'a parlé d'un épisode exceptionnel dans la vie de la confrérie.

Daktair laissa Méhy saliver quelques instants.

— Voilà longtemps qu'un nouvel artisan n'avait pas été admis, poursuivit-il. Or un homme jeune, Néfer le Silencieux, a été reconnu digne de confiance par le tribunal de la Place de Vérité. Son cheminement est plutôt surprenant, puisqu'il a quitté le village où il a été élevé pour voyager pendant plusieurs années avant d'y revenir.

— Curieux, en effet... Aurait-il quelque chose à se reprocher ?

— À nous de le découvrir. De plus, il était accompagné d'une femme venant de l'extérieur, probablement la fille d'un Thébain aisé.

— Sont-ils mariés ?

— Un autre point à vérifier.

Méhy imaginait déjà plusieurs stratégies pour mettre en difficulté la Place de Vérité et contraindre ses dirigeants à sortir de leur espace protégé. Une fois fissurés, les murs du village ne tarderaient pas à s'effondrer.

— Je ne pensais pas, mon cher Daktair, que notre première rencontre porterait autant de fruits.

— Moi non plus, capitaine.

— Notre tâche s'annonce difficile, et la patience n'est pas la première de mes vertus. Mais il faudra néanmoins la pratiquer. À présent, au travail.

27

Béken le potier était content de lui. En tant que chef des auxiliaires de la Place de Vérité, il trichait avec habileté sur ses heures de travail effectives et il profitait de sa position pour obtenir certains avantages susceptibles d'adoucir l'existence. C'est pourquoi il avait mis dans son lit la fille d'un cordonnier, plus préoccupé par la sauvegarde de son emploi que par la vertu de sa progéniture. Elle n'était ni belle ni intelligente, mais avait vingt-cinq ans de moins que lui.

— Viens près de moi, mon oiselle... Je ne vais pas te dévorer.

La fille demeurait tapie près de la porte d'entrée.

— Je suis un homme bon et généreux. Si tu te montres gentille, je t'offrirai un excellent repas et ton père continuera à exercer son métier sans aucun souci.

Le cœur au bord des lèvres, la jeune fille fit un pas.

— Encore un petit effort, moineau capricieux, et tu ne le regretteras pas. Commence par ôter ta tunique...

Avec une extrême lenteur, la fille du cordonnier s'exécuta.

Au moment où Béken tendait les bras pour s'emparer

de sa proie, la porte de la maison s'ouvrit à la volée, le heurta violemment à l'épaule et le renversa.

Effrayée, la jeune femme vit apparaître un jeune colosse ressemblant à un taureau furieux et tenta maladroitement de dissimuler ses formes avec sa tunique.

— Sors d'ici, lui ordonna-t-il.

Elle s'enfuit en glapissant tandis que le colosse relevait sa victime en le tirant par les cheveux.

— Tu es bien Béken le potier, chef des auxiliaires de la Place de Vérité ?

— Oui, oui, mais... que me veux-tu ?

— Mon nom est Ardent, et je devais te voir au plus vite pour que tu me confies un travail.

— Lâche-moi, tu me fais mal !

Le jeune homme jeta le potier sur son lit.

— Nous allons bien nous entendre, Béken, mais je te préviens : la patience n'est pas mon fort.

Furieux, le chef des auxiliaires se redressa.

— Sais-tu bien à qui tu t'adresses ? Sans moi, tu n'obtiendras rien du tout !

Ardent plaqua Béken contre le mur.

— Si tu me causes des ennuis, je vais me mettre en colère... Et quand elle me prend, je suis incapable de me contrôler.

Béken ne prit pas à la légère la fureur qui animait le regard du colosse.

— Ça va, ça va, mais calme-toi !

— Ça m'ennuie qu'un type dans ton genre me donne des ordres.

Le potier recouvra un peu de fierté.

— Il faudra quand même que tu m'obéisses. Je suis le chef des auxiliaires et j'aime que le travail soit bien fait.

— Alors, je serai ton bras droit, et tu ne seras pas déçu !

Comme ton labeur est écrasant, tu as besoin d'un adjoint efficace.

— Ce n'est pas si facile...

— Ne raconte pas d'histoires. Puisque l'affaire est conclue, je m'installe ici. L'endroit me plaît, et j'ai sommeil.

— Mais... c'est chez moi !

— J'ai horreur de me répéter, Béken. N'oublie pas de me rapporter des galettes chaudes, du fromage et du lait frais, un peu avant l'aube. Notre journée s'annonce rude.

Ardent n'avait eu besoin que de trois heures de sommeil et il s'était réveillé quand il l'avait décidé, longtemps avant le lever du soleil. Il s'était sustenté avec du pain rassis et des dattes, puis était sorti de la demeure de Béken pour se dissimuler dans l'étable où une bonne grosse vache l'avait observé avec ses yeux paisibles. Chacun savait que le doux quadrupède était l'une des incarnations d'Hathor, déesse de l'amour, et que son regard possédait une beauté sans égale.

Ce qu'Ardent avait prévu se produisit : le potier approchait, accompagné de deux costauds tenant chacun un gourdin. Béken n'avait pas l'intention de céder, et il estimait qu'une sérieuse correction dissuaderait le trublion de l'importuner de nouveau.

Ardent vit le trio s'engouffrer dans la maison et il sortit de l'étable pour entendre les coups de gourdin assénés sur le lit où il aurait dû être étendu. Il entra à son tour, au moment où les complices de Béken terminaient leur besogne.

— C'est moi que vous cherchez ?

Affolé, le potier se plaça derrière ses acolytes. Le premier se rua sur Ardent qui s'empara d'un tabouret et l'assomma.

Le second réussit à frapper le jeune colosse à l'épaule gauche, mais il reçut un coup de poing si violent que son nez éclata et qu'il s'effondra, les bras en croix.

— Il ne reste plus que toi, Béken.

Le potier tournait de l'œil.

— Tu me déçois beaucoup. Tu n'es pas seulement lâche, mais aussi stupide. Si tu recommences, je te casse les bras... Et adieu la poterie. On se comprend bien à présent ?

Béken hocha la tête sur un rythme rapide.

— Débarrasse-moi de ces deux mauviettes et apporte-moi à manger. J'ai faim.

Ce fut avec une fierté ostensible qu'Ardent franchit les cinq fortins en compagnie de Béken le potier qui le présenta aux gardes comme son assistant. Kenhir, le scribe de la Tombe, les avait informés de l'engagement du jeune homme, mais personne ne s'attendait à une promotion aussi rapide.

Voilà longtemps que le potier n'était pas arrivé d'aussi bonne heure sur le site réservé aux auxiliaires. Même Obed le forgeron, pourtant très matinal, dormait encore.

— Debout, tout le monde ! ordonna Ardent d'une voix tonitruante qui réveilla les quelques auxiliaires autorisés à dormir près du village.

Ils se levèrent, hagards et inquiets. De quelle catastrophe la Place de Vérité venait-elle d'être victime ?

— Béken a constaté que vous étiez tous des paresseux, déclara Ardent, et il ne le supporte plus. Chacun se cantonne dans son petit métier et ne se préoccupe pas d'autrui. Il faut que ça change. Dès aujourd'hui, nous allons participer au déchargement des denrées, trop lent et trop chaotique. Ensuite, je passerai voir chacun d'entre vous pour faire le point sur ses tâches en cours et m'assurer qu'il n'y a pas de retard.

Encore ensommeillé, le forgeron protesta.

— Qu'est-ce que tu racontes... Ce ne sont pas les ordres de Béken !

— Ce sont ceux qu'il m'a donnés, et je les exécuterai avec zèle.

Le potier bomba le torse. Après tout, l'intervention d'Ardent restaurait son autorité, parfois défaillante.

— J'ai constaté du relâchement, affirma-t-il. C'est pourquoi j'ai pris de nouvelles dispositions et engagé un assistant afin qu'elles soient appliquées avec rigueur.

Ardent pointa l'index vers un gaillard aux jambes musclées.

— Toi, tu vas courir jusqu'à la plaine et rassembler ceux qui devraient déjà être ici. Nous ne sommes pas des fonctionnaires payés à dormir dans notre bureau mais des auxiliaires de la Place de Vérité. Si la routine nous envahit, on ne tardera pas à nous licencier.

L'argument porta, nul ne protesta.

— Béken est le premier à donner l'exemple, précisa Ardent. Il va fabriquer plus de vases en un jour que pendant les deux derniers mois.

— Oui, oui... Je m'y engage.

— Si nous prenons conscience de l'importance de notre travail, il n'en sera que mieux fait. Je commence par examiner le tien, forgeron.

— T'en crois-tu capable ?

— Tu vas m'apprendre.

28

Le mariage de Méhy et de Serkéta avait été somptueux. Cinq cents invités, la fine fleur de la noblesse thébaine, tous les hauts dignitaires... Il n'avait manqué que Ramsès le Grand, mais le vieux monarque ne sortait pas de son palais de Karnak où il travaillait avec son fidèle Améni qui réduisait au minimum les audiences.

Ivre, Serkéta était affalée sur des coussins. L'immense villa de son père s'était vidée de ses hôtes et Mosé, le trésorier principal de Thèbes, buvait un bouillon de légumes pour dissiper sa migraine tandis que Méhy, étrangement calme, contemplait le bassin aux lotus.

Quinquagénaire rondouillard mais alerte, Mosé semblait perpétuellement soucieux. Une calvitie précoce le faisait ressembler aux « prêtres purs » des temples, avec lesquels il n'avait pourtant aucune affinité. Depuis son enfance, Mosé jonglait avec les chiffres et s'intéressait à la gestion ; abandonnant à d'autres le service des dieux, il n'avait cessé de s'enrichir, et son veuvage avait encore accru sa soif de posséder. Cette même soif, il l'avait reconnue chez Méhy, et c'était la raison pour laquelle il s'était laissé convaincre par sa fille de le choisir comme gendre.

— Es-tu heureux, Méhy ?

— Ce fut une réception inoubliable. Serkéta est une maîtresse de maison éblouissante.

— Te voilà admis dans la meilleure société... Si nous parlions de ton avenir ?

— L'armée, sans doute... mais elle somnole.

— C'est normal, estima Mosé. Grâce à Ramsès le

Grand, une paix durable s'est établie, et les officiers supérieurs se préoccupent davantage de faire carrière dans l'administration que de combattre des ennemis inexistants. As-tu une ambition précise ?

— Je souhaite réorganiser les troupes d'élite de sorte que la sécurité de la ville soit parfaitement assurée.

— C'est une tâche louable, mais il te faut voir plus loin. Que penserais-tu d'un poste de trésorier principal adjoint de la province de Thèbes ? Tu serais assisté d'une quantité de scribes qui résoudraient les problèmes fastidieux, et je te donnerais des conseils pour tirer le maximum de profit personnel de ta gestion, en toute légalité.

— Vous êtes très généreux, mais je ne sais pas si mes compétences...

— Pas de fausse modestie. Tu es un homme de chiffres, comme moi, et tu te débrouilleras à merveille.

— Je n'aimerais pas abandonner l'armée.

— Qui te le demande ? Tu obtiendras rapidement du galon et tu joueras sur les deux tableaux, civil et militaire, comme tant d'autres officiers supérieurs. Ramsès est très âgé, il a préparé sa succession, mais qui peut savoir comment se comportera Mérenptah, le fils qu'il aimerait voir régner ?

— L'avez-vous approché ?

— Pas suffisamment. C'est un homme droit, presque inflexible, au caractère aussi peu commode que son père et hostile à la novation. Préparons-nous à un règne conservateur, sans grande envergure, pendant lequel notre chère Thèbes gardera une place prééminente. Mais la longévité de Ramsès le Grand peut encore nous surprendre... Si Mérenptah mourait avant lui, qui associerait-il au trône ?

— Auriez-vous un candidat ?

— Certainement pas ! Je m'occupe de finances, pas des

jeux dangereux du pouvoir dont mon gendre ne doit pas être la victime. Aussi occuperas-tu une position stratégique afin de faire face à toute éventualité : ou bien l'on aura besoin de toi comme soldat, ou bien comme administrateur. En cas de troubles, ma fille et son mari ne risqueront rien.

— J'ai rencontré un homme étrange, un savant étranger nommé Daktair.

— Le maire de Thèbes s'en est entiché. C'est une sorte d'inventeur dont le cerveau ne cesse de s'agiter.

— Il m'a paru sympathique, et j'aimerais lui rendre service. Pourrions-nous l'aider à devenir l'un des responsables du laboratoire central de Thèbes ?

— Sans aucune difficulté, et c'est même une excellente idée. Cet étranger secouera quelques chercheurs endormis et il nous sera redevable de sa promotion. Un jour ou l'autre, il nous sera peut-être utile. Sache t'entourer d'obligés, Méhy, accumule des dossiers sur eux. Ils te détesteront mais seront contraints de t'obéir au doigt et à l'œil.

— Un détail me contrarie, cher beau-père.

— Lequel ?

— Pourquoi n'avez-vous pas confiance en moi ?

— Ta question me surprend, après tant de perspectives d'avenir !

— Si vous me faisiez vraiment confiance, pourquoi avoir imposé un contrat de séparation de biens ?

Mosé vida son bol de bouillon.

— Tu ignores ce qu'est la fortune, Méhy, et je ne sais pas comment tu te comporteras avec ma fille. Tu seras peut-être infidèle, tu pourrais avoir envie de divorcer... À la moindre faute, tu perdras tout. C'est ainsi que j'entends protéger Serkéta, et personne ne me fera changer d'avis. Ce problème étant réglé, je t'aiderai à devenir un homme important, car mon gendre ne saurait être un médiocre. Tu jouiras de tous les plaisirs de l'existence, les nobles t'envieront... Que désirer de plus ? Sache profiter de ta chance, Méhy, et n'exige pas davantage.

— Ce sont de sages conseils, mon cher beau-père.

Un couple d'ibis déployait ses larges ailes dans le ciel orangé du couchant. Sur le Nil, des embarcations de tailles diverses voguaient grâce au vent du nord et jouaient avec les courants. À l'arrière d'un bateau à six rameurs, équipé d'une voile blanche neuve, le capitaine Méhy et Daktair prenaient le frais.

— Le maire de Thèbes m'a nommé adjoint du directeur du laboratoire central, révéla Daktair. Je suppose que votre intervention est la cause de cette promotion.

— Mon beau-père t'apprécie et il n'a pas la moindre idée de ta vraie personnalité. Comment le directeur a-t-il accueilli la nouvelle ?

— Plutôt mal. C'est un homme d'expérience, éduqué à Karnak par des scientifiques de la vieille école, et qui se contente des connaissances acquises. Il m'a fermement prié de me cantonner aux expériences autorisées et de ne prendre aucune initiative. Je suis sous surveillance et je n'aurai pas les coudées franches.

— Patience, Daktair. Ton supérieur n'est pas éternel.

— Il me paraît en excellente santé !

— N'existe-t-il pas de nombreux moyens d'écarter un obstacle ?

— Je n'ose comprendre, capitaine...

— Ne joue pas les naïfs, Daktair. Pour le moment, pas de vagues ; contente-toi d'obéir aux consignes. Pourquoi désirais-tu me voir au plus vite ?

— Grâce à mes contacts au palais, j'ai appris que

Ramsès le Grand avait accordé une longue audience à Ramosé, l'ex-scribe de la Tombe qui n'était pas sorti du village depuis plusieurs années. Ramosé n'est pas un homme méfiant ; il a confié à un courtisan, une relation de vieille date, que le roi a de grands projets pour la Place de Vérité.

— Ce n'est pas une révélation ! Lors de sa dernière apparition officielle à Thèbes, Ramsès a vertement sermonné l'administrateur de la rive ouest qui demandait la fermeture du village et la dispersion des artisans.

— Je n'ai pas envie de me battre contre Ramsès... La lutte serait trop inégale !

— Il n'est plus qu'un vieillard.

— Est-ce à moi de vous rappeler qu'il est le pharaon et le maître de la Place de Vérité ? Nous ne sommes pas de taille, Méhy ; abandonnons avant qu'il ne soit trop tard.

— Oublies-tu les secrets vitaux que tu désires tant connaître ?

— Non, bien sûr, mais ils sont hors de portée.

— Tu te trompes, Daktair, et je te le prouverai. Souviens-toi que tu es engagé sur un chemin dont tu ne peux plus dévier. Qu'as-tu appris d'autre ?

— Le scribe Ramosé se réjouit de l'admission dans la confrérie de Néfer le Silencieux, car il est persuadé que ce dernier en préservera le prestige.

— Autrement dit, il le considère comme l'un de ses futurs dirigeants.

— Ce n'est que l'avis de Ramosé, objecta le savant, mais il porte le titre de « scribe de Maât » et il bénéficie de l'estime générale. Autre rumeur plausible : Néfer s'est marié avec Claire, admise dans la confrérie en même temps que lui.

Pensif, Méhy regardait le Nil.

— Pour affaiblir la Place de Vérité, estima-t-il, il faut d'abord la déconsidérer. Quand sa réputation aura été définitivement altérée, même le roi ne pourra plus la défendre. Et nous avons une bonne chance de réussir.

29

— Tu vas céder, Ardent, tu dois céder !

— Parle toujours, Obed.

Le forgeron et le nouvel adjoint du potier se livraient une partie de bras de fer dans la forge, à l'abri du regard des autres auxiliaires.

— Je suis l'homme le plus fort de la Place de Vérité et je le resterai, affirma Obed.

— Tu gaspilles ton énergie.

Le bras d'Ardent était aussi dur qu'un bloc de pierre, Obed ne parvenait pas à l'ébranler. Lentement, très lentement, celui du forgeron commença à s'incliner. Puisant dans ses ultimes réserves, il parvint quelques instants à freiner l'inexorable descente. Mais la pression fut trop intense et, avec un cri de fauve blessé, il céda.

Du revers de la main gauche, Obed essuya son front trempé de sueur. Pas une goutte ne perlait sur celui du jeune colosse.

— Jusqu'à présent, personne ne m'avait vaincu. Quelle est l'énergie qui coule dans tes veines ?

— Tu as manqué de concentration, jugea Ardent. La force dont j'ai besoin, je la produis au fur et à mesure des nécessités.

— Par moments, tu me fais peur !

— Tant que tu seras mon ami, tu n'auras rien à craindre.

Ardent passait une bonne partie de la journée dans la forge où Obed lui avait appris à fabriquer et à réparer des outils en métal. Le technicien ne comptait pas ses heures, à la différence de la plupart des auxiliaires que le jeune homme ne cessait d'aiguillonner.

— Des amis, tu n'en as pas beaucoup, remarqua Obed. D'ordinaire, le chef des auxiliaires ménage la susceptibilité des uns et des autres, et s'efforce de réduire au maximum la cadence. Béken le potier s'en tirait à merveille... Depuis ta nomination, cet endroit ressemble à une ruche ! Mais il paraît que le scribe de la Tombe, ce bougon de Kenhir, est plutôt satisfait.

— Alors, il me soutiendra.

— Sûrement pas ! C'est un bonhomme épouvantable, acariâtre et autoritaire. Évite-le au maximum.

— Pourquoi a-t-il été nommé à ce poste ?

— Je n'en sais rien, moi... Telle fut la volonté de Pharaon. Mais nous préférions tous Ramosé, si humain et si généreux ! Il nous a fait profiter de ses largesses sans rien nous demander en échange, et la joie régnait sans partage à l'époque où il remplissait la fonction de scribe de la Tombe. Avec Kenhir, l'atmosphère a bien changé.

— Pourquoi ne demandes-tu pas ton admission dans la confrérie ?

— Je suis trop vieux et j'aime mon métier. Un forgeron ne peut faire partie que des auxiliaires.

— N'est-ce pas une injustice ?

— Ce sont les lois de la Place de Vérité, et je m'estime satisfait de mon sort. Si tu étais raisonnable, tu m'imiterais.

Ardent sortit de la forge pour vérifier que les instructions de Béken le potier étaient respectées. Il en allait ainsi depuis plusieurs semaines, et le jeune homme prenait goût à cette tâche ingrate qui le contraignait à veiller sur la qualité de l'eau, des poissons, de la viande, des légumes, du bois de chauffage, du linge lavé par les blanchisseurs ou des poteries.

Suivant la tradition, les différentes activités des auxiliaires étaient plus ou moins intenses en fonction des quartiers de la lune, et « ceux de l'extérieur », appelés aussi « ceux qui portent », avaient compris que le jeune homme ne manifesterait aucune indulgence envers les inutiles et les tricheurs. Les femmes chargées de cueillir les fruits perdaient moins de temps en bavardages et les conducteurs s'arrêtaient moins souvent sur le chemin du village pour boire et palabrer. Ardent exigeait davantage des pêcheurs et des jardiniers, enclins à se satisfaire du minimum, et il goûtait lui-même les pains du boulanger. Au début, il avait rejeté des produits imparfaits, en raison d'une farine médiocre ; depuis cette intervention, l'auxiliaire n'avait plus commis ce genre de faute, et il avait même fourni des gâteaux au miel et à la pâte d'amandes fort appréciés des artisans.

Ardent avait accompagné les bergers dans les bandes de terre détrempées, en bordure des marécages où l'herbe poussait dru et où le bétail se plaisait ; goûtant la compagnie de ces hommes rudes, il avait dormi dans une hutte en roseaux, écouté leurs doléances, compris leur crainte des crocodiles et des moustiques, mais s'était montré intraitable. En dépit de leurs difficultés, ils ne devaient pas passer la journée à jouer de la flûte et à sommeiller aux côtés de leurs chiens, mais approvisionner la Place de Vérité conformément à leur contrat. Après des premiers contacts plutôt âpres, la sympathie avait prévalu et Ardent s'était fait entendre.

Néanmoins, en se dirigeant vers la boucherie en plein air, le jeune homme savait qu'il courait peut-être à l'échec.

Les cheveux courts, vêtu d'un pagne de cuir auquel étaient accrochés un couteau et une pierre à aiguiser, le chef boucher Dès avait ostensiblement cessé le travail pendant que ses aides plumaient des oies et des canards avant de les vider, de les saler et de les suspendre à une longue perche ou bien de les mettre en conserve dans de grandes jarres.

— Salut, Dès. Tu es malade ?

— Je me repose. Ça te dérange ?

— On t'a livré une gazelle et un bœuf, ce matin. Les marmites sont prêtes, elles n'attendent plus que les morceaux de viande que tu devais découper.

— J'ai mal aux mains.

— Montre-les-moi.

— Serais-tu médecin ?

— Montre-les-moi quand même.

— Si tu veux de la viande, découpe toi-même.

Ardent s'empara du couteau en silex d'un assistant et trancha la patte antérieure gauche du bœuf, conformément aux prescriptions rituelles. C'était ainsi que l'animal sacrifié offrait sa pleine énergie à ceux qui le consommaient.

Le sang recueilli dans un bol était sain. Ardent inséra la lame dans les jointures, coupa des tendons, sélectionna les meilleurs morceaux et les confia aux cuisiniers. Le foie du bœuf serait, lui aussi, un mets apprécié.

— Je suis moins habile que toi, Dès, mais la table des artisans sera bien garnie.

— Tant mieux pour eux.

Le boucher mâchait de la viande crue.

— Une question se pose : à quoi sers-tu ?

Un regard haineux se braqua sur Ardent.

— Tu crois que tu m'impressionnes, gamin ? Je suis le chef boucher et je le resterai. Tes ordres ou ceux du potier, je m'en moque.

— Pourquoi aurais-tu droit à un traitement de faveur, Dès ? Voilà trop d'années que tu prends tes aises. Béken m'a confié que le meneur des auxiliaires, c'était toi. Tu vas rentrer dans le rang et servir correctement la Place de Vérité.

Les aides et les cuisiniers décampèrent. Connaissant le caractère du chef boucher, ils redoutaient le pire et ne seraient pas témoins du drame inévitable. Ensuite, ils prendraient fait et cause pour Dès.

Le boucher se leva. Il était moins grand et moins bien bâti qu'Ardent, mais ses avant-bras et ses biceps effrayaient n'importe quel adversaire. Il brandit son couteau.

— On va régler ça à la loyale, garçon. Je vais te couper quelques tendons, et tu seras incapable de marcher. Un impotent ne nous créera plus d'ennuis.

Ardent jeta au loin son propre couteau.

— Tu crois pouvoir te défendre à mains nues, pauvre fou !

Surexcité, le boucher fonça vers Ardent, la lame pointée sur le ventre du jeune homme qui esquiva l'attaque au tout dernier instant. Ne rencontrant que le vide, Dès fut emporté par son élan et n'eut pas le temps de se retourner avant l'assaut de son adversaire qui lui porta une clé au bras, l'obligeant à lâcher son arme, et lui enserra le cou au point de lui couper le souffle.

— Tu as le choix, Dès : ou tu respectes les consignes comme les autres, ou je te brise la nuque. Un simple accident du travail dont tu seras entièrement responsable.

— Tu... tu n'oseras pas !

L'étau se resserra.

— D'accord, d'accord !

— J'ai ta parole ?

— Tu l'as !

Libéré, le boucher tomba sur les genoux et aspira goulûment l'air qui lui manquait.

— J'ai faim, cria Ardent à l'attention des cuisiniers. Que l'on me serve une belle part de viande.

30

Abry gifla sa fille qui se mit à hurler et courut se réfugier dans la chambre de sa mère. Depuis qu'il avait été sévèrement réprimandé par Ramsès le Grand au cours d'une audience publique, l'administrateur principal de la rive ouest de Thèbes voyait son état de nerfs se dégrader jour après jour. Il ne supportait plus ni son personnel, ni ses domestiques, ni même sa propre famille. La plus infime contrariété déclenchait sa colère, et il attendait avec anxiété le décret de révocation qui le replongerait dans une condition de simple scribe, sans villa de fonction, sans chaise à porteurs et sans serviteurs zélés. Et il lui faudrait vivre avec le regard ironique ou revanchard de ceux qu'il avait écartés, souvent sans ménagement, pour obtenir son poste. Furieuse de la réduction de son train de vie, sa femme demanderait le divorce et obtiendrait la garde de leurs deux enfants.

Abry n'avait pas le courage de se supprimer. La meilleure solution aurait consisté à s'enfuir pour refaire carrière à l'étranger, mais quitter le paradis thébain était au-dessus de ses forces. Il ne lui restait donc qu'à subir son inexorable déchéance.

— Maître, le capitaine Méhy souhaiterait vous voir, le prévint son intendant.

— Je ne reçois personne.

— Il insiste.

Excédé, Abry céda.

— Qu'il me rejoigne dans la salle de réception.

L'administrateur de la rive ouest avait l'intention de faire repeindre la pièce, mais il devait renoncer à engager de nouvelles dépenses. Les paupières agitées par un tic, il fit les cent pas.

Vêtu à la dernière mode, les poignets ornés de bracelets, parfumé à l'excès, le capitaine Méhy s'avança avec superbe.

— Merci de votre accueil, Abry. Le confort de votre maison est remarquable.

— Venez-vous, tel un vautour, vous repaître de ma dépouille ?

— Confidentiellement, je n'ai pas apprécié les reproches du roi.

Abry fut ébahi.

— Vous ne voulez pas dire... que vous approuvez ma position ?

— Mais si, mon cher. Vos arguments m'ont paru très pertinents.

La surprise passée, l'administrateur éprouva de la méfiance. Ce jeune officier n'était-il pas un provocateur ?

— La parole de Ramsès a force de loi, nous devons tous nous y soumettre !

— Bien entendu, reconnut Méhy, mais nul homme n'est infaillible, et notre souverain bien-aimé est aujourd'hui un grand vieillard trop attaché aux survivances du passé. Tout en vénérant sa grandeur, ne devons-nous pas exercer un minimum d'esprit critique pour mieux préparer l'avenir ?

Abry s'immobilisa.

— Vous prononcez des paroles d'une extrême gravité, capitaine.

— En tant qu'officier, je me dois d'être lucide. En cas de conflit, nos corps d'armée ne seraient pas prêts à combattre, et l'Égypte risquerait d'être écrasée. C'est pourquoi je propose des réformes que mes supérieurs étudient avec bienveillance. Vous voyez bien que je ne cherche pas à détruire.

Un peu rassuré, Abry s'assit sur une banquette en pierre.

— Appréciez-vous le vin de dattes à l'anis ?

— Certes.

Le haut fonctionnaire fit servir son hôte qui s'installa en face de lui.

— Pourquoi devrais-je vous accorder ma confiance, Méhy ?

— Parce que je suis le seul à vous soutenir dans cette épreuve. Vous savez que je viens d'épouser la fille du trésorier principal de Thèbes et que mon influence ira en grandissant. Pourquoi m'intéresserais-je à un déchu si je ne partageais pas ses opinions ?

Abry avait l'habitude de porter des coups très durs à ses adversaires. Aujourd'hui, c'était à lui d'en recevoir.

— Mes jours sont comptés... Je ne peux plus être utile à personne.

— Vous vous trompez, Abry. Mon beau-père vous est plutôt favorable, et il a savamment distillé des messages préconisant votre maintien comme administrateur de la rive ouest. Les échos sont assez réconfortants.

— C'est Ramsès, et lui seul, qui prend les décisions !

— Puisqu'il connaît vos opinions, pourquoi vous remplacerait-il par un dignitaire aux idées incertaines ? Le roi s'étant fermement opposé à votre programme, vous ne pourrez pas l'appliquer et vous vous contenterez de gérer votre secteur comme par le passé, sans toucher aux privilèges des artisans.

— Vous... vous êtes sérieux ?

— Ramsès est un homme très habile dont nul ne conteste l'autorité. L'ordre qu'il a donné ne saurait être transgressé et, parce que vous craignez pour votre poste, vous serez le premier à veiller sur sa stricte application. À présent, Abry, n'êtes-vous pas le plus efficace défenseur de la Place de Vérité ?

En son for intérieur, l'administrateur dut admettre que Méhy n'avait pas tort.

— Vous resterez en place, promit le capitaine, et je vous aiderai à renforcer votre position.

— On n'obtient rien gratuitement... Que désirez-vous en échange ?

— La même chose que vous : l'anéantissement de la Place de Vérité.

— Je ne vous comprends pas... De mon point de vue, il faut taxer toute la population et ne permettre à personne d'échapper à l'impôt. Mais vous... quels sont vos griefs ?

— Face au nécessaire processus de modernisation du pays, cette confrérie est une anomalie qui doit disparaître.

Abry sentit que son interlocuteur lui cachait ses véritables motivations mais, au fond, peu importait. Méhy n'était-il pas un messager de bon augure ? Il lui apportait l'espoir et lui offrait un avenir.

— Je ne vois pas comment vous aider. Vous venez de m'expliquer que mon rôle consistait désormais à sauvegarder le village des artisans contre toute agression !

— En apparence, mon cher, seulement en apparence !

Ni taxation ni impôt spécifique pour le moment, une attitude de feinte bienveillance, une adhésion affichée à la volonté du roi, voilà votre ligne de conduite officielle.

— Et... quelle sera l'autre ?

— Saper peu à peu les assises de la confrérie.

— Ce serait prendre des risques considérables !

— Moins que vous ne l'imaginez, Abry. Rassurez-vous : je suis un homme très prudent qui sait agir dans l'ombre. Vous-même avez appris qu'il est recommandé de frapper un ennemi dans le dos et non de l'affronter à visage découvert. Mes exigences actuelles sont simples : acceptez-vous de me confier ce que vous savez sur la Place de Vérité ?

— Peu de chose, mais il s'agit néanmoins d'informations strictement confidentielles. Si je vous les communique, je deviens votre complice.

— Pas mon complice, mais mon allié.

— Jusqu'où comptez-vous aller, Méhy ?

— Souhaitez-vous vraiment le savoir ?

L'irruption de l'épouse de l'administrateur interrompit l'entretien. Grande, brune, elle était surexcitée.

— Pourquoi as-tu giflé la petite ?

— Je te présente le capitaine Méhy. Il n'est pas utile de le mêler à nos affaires de famille.

— Lui as-tu révélé que tu nous rendais l'existence impossible, avec tes colères de plus en plus fréquentes ?

— Contiens-toi, chérie !

— J'en ai assez de me contenir ! Pourquoi devrais-je continuer à subir tes sautes d'humeur ? Que le capitaine Méhy t'engage dans son régiment et qu'il nous libère de ta présence !

— La situation va s'améliorer, je te le promets.

— Est-ce un officier qui va sauver ta tête ?

— Pourquoi pas ? interrogea Méhy.

L'épouse d'Abry dévisagea leur hôte avec mépris.

— Pour qui vous prenez-vous ? Retournez dans votre caserne !

L'administrateur prit sa femme par le bras et l'entraîna vers la porte.

— Va calmer ta fille et ne nous dérange plus.

Ulcérée, elle disparut.

— À cause de Ramsès le Grand, avoua le haut fonctionnaire, mon existence est devenue un enfer. Je n'avais pas mérité ça.

— Un homme de votre qualité ne doit pas supporter une telle injustice sans réagir, estima Méhy.

Abry fit de nouveau les cent pas, en proie à une intense réflexion que le capitaine se garda bien d'interrompre.

— Je ne souhaite pas savoir où vous voulez vraiment aller, Méhy, et je n'ai d'autre but que de conserver mon poste. Dans la mesure du possible, j'accepte de vous renseigner. Mais ne m'en demandez pas davantage.

31

Le capitaine était ravi. Abry venait de faire le premier pas, les autres suivraient.

— Je crains que vous ne soyez déçu, déclara l'administrateur de la rive ouest. Bien que je sois le haut fonctionnaire le mieux informé sur la Place de Vérité, je suis incapable de vous apprendre ce qui s'y passe réellement.

— Qui la dirige ?

— En ce qui me concerne, c'est le scribe de la Tombe

Kenhir qui a succédé à Ramosé, lequel a décidé de terminer son existence au village.

— Pourquoi dites-vous « en ce qui me concerne » ?

— Parce que je me situe sur le plan strictement administratif. En cas de nécessité, c'est avec le scribe de la Tombe que je corresponds, et c'est lui qui me répond. Mais il existe forcément une hiérarchie secrète que contrôlent les artisans eux-mêmes, sans doute sous l'autorité d'un maître d'œuvre.

— Et vous ignorez son nom ?

— Seuls Pharaon et le vizir le connaissent. Malgré de multiples tentatives, je n'ai jamais réussi à l'obtenir.

— Combien d'artisans compte la confrérie ?

— Pour le savoir, il faudrait pénétrer dans le village ou obtenir une réponse fiable du scribe de la Tombe.

— Que savez-vous des activités précises de la Place de Vérité ?

— Sa mission officielle consiste à creuser et à décorer la demeure d'éternité du pharaon régnant. Sur ordre de ce dernier, un ou plusieurs artisans peuvent être appelés sur différents chantiers pour y remplir des missions ponctuelles.

— Est-ce fréquent ?

— Une fois encore, seul le scribe de la Tombe pourrait vous répondre.

— On prétend que la Place de Vérité est capable de produire de l'or...

— C'est une vieille légende, en effet, mais n'y accordez aucun crédit. En réalité, cette confrérie jouit de privilèges inacceptables. Elle possède un village entier, elle ne rend compte de ses travaux qu'au pharaon et au vizir, elle dispose de son propre tribunal et elle est servie par une cohorte d'auxiliaires ! Cette situation est intolérable.

Comme je ne cesse de l'expliquer, une bonne gestion consiste à augmenter les taxes chaque année !

Méhy était déçu. Haut fonctionnaire peureux, Abry ne se préoccupait que de ses avantages acquis et ne prenait aucune initiative. Mais il restait une piste à explorer.

— Que savez-vous de Kenhir ?

— Ramosé n'a pas pu avoir d'enfants, en dépit de ses multiples offrandes aux divinités. Quand il a admis son infortune, il a décidé d'adopter un fils qui serait son successeur et auquel il léguerait ses biens. Son choix s'est porté sur Kenhir que Ramsès a désigné comme scribe de la Tombe en l'an trente-huit de son règne. Pour beaucoup, ce fut un mauvais choix. Ramosé est un homme généreux, aimable, à la fermeté souriante ; Kenhir, un personnage odieux, fort en gueule, imbu de sa supériorité intellectuelle, mais d'une grande compétence. Depuis sa nomination, aucun reproche sérieux ne lui a été adressé.

— Quel âge a-t-il ?

— Cinquante-deux ans.

— Il est donc en fin de carrière... Je suppose qu'il ne serait pas hostile à voir sa retraite augmentée de façon substantielle.

— J'en doute ! Comme Ramosé, il se contentera d'une fin de vie paisible au village.

— Aucun homme ne ressemble à un autre, mon cher Abry ; Kenhir a peut-être des désirs inavoués que nous pourrions satisfaire. Est-il marié ?

— Pas à ma connaissance.

— Avant d'entrer dans la Place de Vérité, où travaillait-il ?

— Dans une obscure officine de la rive ouest où Ramosé l'a remarqué.

— Pourriez-vous l'approcher ?

— Ce n'est pas si facile... Kenhir sort peu du village.

— Vous trouverez bien un prétexte pour avoir une entrevue avec lui.

— Que devrai-je lui dire ?

— Gagnez son amitié et proposez-lui de l'associer à votre gestion en échange d'une gratification substantielle, par exemple deux vaches laitières, quelques pièces de lin fin et une dizaine de jarres de vin de première qualité. Ensuite, arrangez-vous pour lui offrir davantage tout en lui extorquant le maximum d'informations.

— Vous exigez beaucoup !

— Vous ne courrez pas le moindre risque, Abry. Ou bien Kenhir est incorruptible, ou bien il mordra à l'hameçon.

L'administrateur fit la moue.

— Les largesses que vous évoquez... il me sera difficile de les prélever sur mes propres biens.

— Rassurez-vous, mon cher : c'est moi qui m'en charge.

Abry fut soulagé.

— Dans ces conditions, je veux bien tenter cette manœuvre, mais sans garantie de succès.

Le capitaine eut un bref accès de découragement. Avec des alliés aussi médiocres, il ne serait pas facile de percer les secrets de la Place de Vérité ; mais il se trouvait au début du chemin et, peu à peu, il éliminerait les incapables. Au moins, Abry était facile à manipuler.

— Exercez-vous un contrôle sur les travaux que les artisans de la Place de Vérité effectuent à l'extérieur ?

— Aucun, déplora Abry. J'ai émis plusieurs protestations, mais le vizir est resté sourd.

— Connaissez-vous la nature et la quantité des denrées livrées au village ?

— Les artisans ne manquent de rien ! De l'eau en abondance chaque jour, de la viande, des légumes, de l'huile, des onguents, des vêtements, que sais-je encore ! Et le scribe de la Tombe se plaint s'il y a eu retard ou si la qualité des produits lui paraît insuffisante. Depuis quelque temps, par bonheur, Kenhir émet moins de récriminations.

— Pour quelle raison ?

— Le chef des auxiliaires a engagé comme adjoint un jeune colosse, Ardent, qui a secoué l'équipe de l'extérieur chargée de veiller au bien-être de la confrérie. Le garçon a de la poigne, paraît-il, et il sait se faire obéir.

— N'a-t-il pas travaillé dans une tannerie ?

— En effet. D'après ce que m'a raconté Sobek, le chef de la sécurité, cet Ardent s'est présenté devant le tribunal de la Place de Vérité, mais il a été refusé. On l'a néanmoins admis comme auxiliaire, et j'ai l'impression qu'il se venge sur ses camarades.

Le capitaine se souvint du garçon qui lui avait fabriqué un robuste bouclier. Cette forte tête n'était jamais venue à la caserne pour se faire engager. Aujourd'hui, il devait être aigri et déçu.

— Qui nomme les auxiliaires ?

— En théorie, le scribe de la Tombe, mais il ne s'occupe pas de chaque porteur d'eau, à la différence du chef Sobek et de ses policiers qui ne laissent passer que des têtes connues.

— Ce Sobek... quel genre d'homme est-il ?

— On lui reproche sa propension à la violence et son manque de diplomatie, mais il fait preuve d'une telle efficacité qu'il devrait rester en poste très longtemps.

— Une promotion l'écarterait de la Place de Vérité...

— Le vizir tient beaucoup à lui.

— Obtenez-moi un dossier complet sur ce Sobek ; il a forcément ses faiblesses.

— Une démarche très dangereuse, capitaine !

— Vous en tirerez profit, mon cher. Je suis persuadé que des vases crétois de grande valeur embelliraient votre charmante demeure.

— J'en rêve depuis longtemps...

— Voici un rêve qui est sur le point de devenir réalité, et il y en aura d'autres si votre collaboration se révèle efficace. Encore une question : quand ils ne sont pas en mission officielle, les artisans sont-ils contraints de rester cloîtrés dans le village ?

— Non, ils ont le droit d'en sortir quand ils le désirent et d'aller où bon leur semble. Certains ont de la famille sur la rive est et lui rendent visite.

— Dès que l'un d'eux se déplacera, signalez-le-moi.

— Ce ne sera pas facile ! Lorsqu'ils voyagent, les membres de la confrérie ne remplissent aucune formalité administrative. Mais je ferai de mon mieux.

32

Quand le boulanger vit Ardent arriver, il s'empressa de lui offrir un pain rond, moelleux, à la croûte dorée.

— Excellent, reconnut le jeune homme ; tu fais des progrès. Qu'as-tu préparé, aujourd'hui ?

— Des pains longs, d'autres triangulaires, des pâtisseries et des galettes.

— Es-tu content de la farine ?

— Elle n'a jamais été aussi fine !

Satisfait de son examen, Ardent s'éloigna, laissant derrière lui un auxiliaire soulagé. Puis il entra dans la brasserie où des pains d'orge mi-cuits macéraient dans de la liqueur de datte. Le liquide obtenu serait filtré dans un tamis et deviendrait une bière forte pour les jours de fête.

— Le chaudron que j'ai commandé t'a-t-il enfin été livré ? demanda Ardent au brasseur.

Ce dernier parut gêné. Il répugnait à dénoncer un autre auxiliaire qui subirait les foudres d'Ardent.

— Oui... enfin, presque. Il n'y a qu'un peu de retard, ce n'est pas si grave.

D'un pas courroucé, le jeune homme passa devant l'atelier du cordonnier qui baissa la tête, emprunta un étroit sentier rocailleux et se dirigea vers le creux de vallon isolé où travaillait le chaudronnier, accroupi devant un foyer composé de petites pierres et alimenté avec du charbon de bois.

La peau dure comme celle d'un crocodile, empestant comme un poisson pourri, l'auxiliaire maniait un soufflet en peau de chèvre dont il plaçait l'embout métallique dans le feu.

— Tu as oublié ma commande ? demanda Ardent.

— Tu n'es pas le maître, ici. J'ai prévenu Béken le potier que j'avais deux chaudrons à débosseler et un autre à rétamer. Mon assistant est malade, je ne peux pas en faire plus.

— À regarder ton feu, tu ne l'as pas allumé depuis longtemps. Tu profites de ton isolement pour rêvasser.

— Va importuner quelqu'un d'autre ! Moi, je me moque de tes reproches.

Ardent souleva un chaudron percé d'un trou et le jeta dans la caillasse. Le chaudronnier sursauta.

— Tu es devenu fou ! Combien de temps me faudra-t-il pour le remettre en état ?

— Si tu refuses de te plier aux consignes, je ne laisserai pas intact un seul de tes chaudrons et tu devras t'échiner jour et nuit pour les réparer.

Furieux, l'auxiliaire attaqua Ardent en brandissant son soufflet. Le jeune homme le désarma aisément et l'envoya rouler dans le sable.

Le chaudronnier se releva avec peine.

— Es-tu enfin prêt à obéir ?

— Ça va, Ardent... Tu as gagné.

— Félicitations, Ardent.

Sobek toisait le jeune colosse qui dégustait un plat de fèves épicé.

— Tu n'es pas très populaire parmi les auxiliaires, mais ils ont appris à te respecter.

— C'est Béken le potier qui donne les ordres.

— À d'autres, Ardent ! Il n'est qu'un jouet entre tes mains. À ton âge, tu promets... Comme policier, tu serais excellent.

— Tu te trompes, Sobek. Être garde-chiourme me fait horreur.

— Tiens donc... Et que crois-tu être ? Tu ordonnes, tu contrôles, tu punis... Les auxiliaires n'avaient jamais subi une telle autorité ! Le scribe de la Tombe est ravi, moi aussi. Je veux même oublier le petit différend qui nous a opposés. On n'abîme pas un gaillard de ton espèce... Tu es devenu trop précieux. Ça m'aurait amusé d'être le premier à t'infliger une bonne correction, mais il faut savoir s'adapter aux circonstances. Tu ne tarderas pas à devenir le chef des auxiliaires, et nous aurons à collaborer. Sincères félicitations : tu as pris le bon chemin.

Sobek s'éloigna, Ardent donna le reste de son plat au cordonnier.

— C'est... c'est pour moi ?

— Mange, je n'ai plus faim.

— Tu as quelque chose à me reprocher ?

— Rien du tout.

— Les deux paires de sandales promises seront terminées ce soir !

— Tant mieux.

Ardent pénétra dans l'atelier de Béken le potier qui se réveilla en sursaut.

— J'ai eu un coup de fatigue, expliqua-t-il. Maintenant, ça va mieux... Je m'y remets.

— Si tu es épuisé, repose-toi.

— Qu'est-ce que tu dis ?

— C'est toi le chef des auxiliaires, et c'est toi qui décides.

Béken n'en crut pas ses oreilles.

— Tu te moques de moi ?

— Je dis simplement la vérité. Remplis la fonction qui t'a été attribuée, et tout ira bien. Surtout, ne me demande plus rien.

— Tu ne veux plus t'occuper des auxiliaires ?

— Chacun son rôle.

— Mais... qu'est-ce que tu vas faire ?

Ardent sortit de l'atelier sans répondre. Le chef Sobek l'avait mis brutalement en face de la réalité : pour prouver sa valeur au tribunal de la Place de Vérité, il était tombé dans un piège. Depuis qu'il se consacrait à l'organisation du travail des auxiliaires, Ardent avait oublié de dessiner et il s'était perdu dans des tâches secondaires où seule sa vanité avait été satisfaite. Devenu un petit tyran, il se condamnait lui-même à la stérilité. Encore quelques semaines à ce régime, et sa main serait morte.

Béken accourut.

— Tu en veux à quelqu'un ?

— Uniquement à moi-même.

— Ne t'énerve pas... Je vais parler au scribe de la Tombe et te proposer comme chef des auxiliaires. C'est bien ce que tu exiges ?

— Plus maintenant.

— Je ne comprends pas...

— Retourne dans ton atelier, Béken. Tu n'as plus rien à craindre de moi.

— Tu... tu me laisses en paix ?

— Reprends tes prérogatives.

Trop heureux, le potier n'insista pas.

Enfiévré, Ardent se dirigea vers la porte du village. Depuis qu'il s'était évadé de la prison familiale, il n'avait pas progressé. En se pliant aux exigences de la Place de Vérité, il s'était égaré dans un chemin sans issue et n'avait pas exploré sa propre voie. Devenu un homme de l'extérieur, il ne pouvait aspirer qu'à régner sur les auxiliaires sans jamais découvrir les secrets du dessin et de la peinture.

Ce médiocre destin, Ardent le refusait.

Quand le gardien de la porte nord le vit s'approcher, il brandit son bâton. Le jeune colosse n'allait-il pas tenter de forcer le passage ?

Mais Ardent s'assit à une dizaine de mètres de la porte et, avec méticulosité, nettoya le terrain pour obtenir une surface plane. Avec un silex, il dessina dans le sable les murs du village et le paysage environnant. Quand l'esquisse fut terminée, il affina les traits avec un morceau de bois pointu et se laissa absorber par son œuvre.

Rassuré, le gardien se rassit sans cesser d'observer le

dessinateur qui travaillait avec un calme surprenant. Lorsqu'il était mécontent d'un détail, il l'effaçait et recommençait.

Lors de la relève, à quatre heures de l'après-midi, Ardent continuait à dessiner. Et il continuait encore, lors de la relève suivante, à quatre heures du matin.

Quand les auxiliaires déchargèrent les ânes, ils jetèrent un œil au superbe dessin, de plus en plus vaste mais agrémenté de précisions de miniaturiste. Personne n'osa déranger le jeune homme, indifférent au monde extérieur.

33

Le tribunal se réunit devant la porte du temple principal de la Place de Vérité. Un parasol avait été installé pour protéger le vieux scribe Ramosé des ardeurs du soleil.

— L'expérience a été menée à son terme, déclara Kenhir, aussi bougon qu'à l'accoutumée, et nous en constatons le résultat. Neb l'Accompli pensait qu'Ardent n'accepterait pas d'être un auxiliaire obéissant, terne et docile, et il a eu raison ; il a prédit qu'Ardent s'imposerait d'une façon ou d'une autre, et il a encore eu raison, puisque ce jeune batailleur a débusqué un certain nombre de paresseux et redonné de l'allant à ses collègues ; mais Neb l'Accompli a eu tort en supposant que le postulant oublierait l'appel et se contenterait d'exercer son autorité sur les hommes de l'extérieur. Voici deux jours et deux nuits qu'il dessine sans interruption, en se satisfaisant d'un peu d'eau que le gardien lui a offerte. Il aurait pu avoir une réaction violente mais, au lieu de cela, il tient à nous montrer ses dons avec les maigres moyens dont il dispose. N'est-ce pas à cette assemblée, cette fois, d'entendre l'appel d'Ardent ?

Ramosé approuva, mais le chef d'équipe ne lâcha pas prise.

— Sur ce dernier point, je reconnais m'être trompé. Néanmoins, il est clair que c'est bien la puissance séthienne qui habite ce garçon et qu'il ne se soumettra à aucune règle. Je le considère donc toujours comme un danger pour la confrérie et je préfère qu'il aille exercer ses talents ailleurs.

— Tu avais proposé un plan, et nous l'avons suivi, objecta Kenhir. Ardent n'est pas tombé dans le piège que tu lui avais tendu, tu dois donc t'incliner. N'oublie pas qu'aucune admission n'est définitive et qu'un comportement indigne conduit à une rétrogradation, voire à une expulsion. En recevant ce postulant parmi nous, nous ne prendrons que des risques très minimes.

— Avant de me prononcer de manière définitive, déclara Neb l'Accompli, je demande une nouvelle audition d'Ardent par ce tribunal.

— Acceptes-tu de me suivre ? demanda l'artisan au jeune homme qui, pour la dixième fois, redessinait la porte du village en cherchant toujours davantage de précision dans le trait.

Ardent se leva.

Il n'éprouvait pas la moindre fatigue, mais ne savait plus dans quel monde il se trouvait. Celui des auxiliaires ne l'intéressait plus, celui de la Place de Vérité lui demeurait inaccessible. Réduit à lui-même, il se consumait à sa propre flamme. Que pouvait-il redouter de pire ?

Sans un mot, il suivit l'artisan qui le conduisit jusqu'au tribunal. Ardent s'assit en scribe et ne regarda pas ses juges.

— N'as-tu pas commis un abus de pouvoir en maltraitant des auxiliaires ? interrogea Neb l'Accompli.

— Existe-t-il une excuse à la paresse ?

— Nul ne t'avait suggéré de prendre des initiatives aussi radicales.

— Si vous tolérez l'hypocrisie, ce n'est pas mon cas. Je n'ai pas l'habitude d'agir en cachette.

— Est-ce le potier qui t'a ordonné de te comporter ainsi ? demanda Ramosé.

— C'est un homme veule qui tient à ses privilèges et n'a pas l'intention de bousculer ses subordonnés. Je suis le seul responsable de mes initiatives.

— Désires-tu devenir le chef des auxiliaires à la place du potier ?

— Ce serait la pire des destinées ! Être proche de la Place de Vérité, si proche, et ne pouvoir y pénétrer...

— Pourtant, tu avais pris goût à ta fonction.

— C'est vrai, je me suis leurré moi-même, comme n'importe quel imbécile qui exerce un pouvoir. Je sombrais dans une ivresse mortelle, mais je viens de m'éveiller.

— Cela signifie-t-il que tu refuses de travailler comme auxiliaire ? intervint Neb l'Accompli.

— Je suis venu ici pour apprendre à dessiner. Le reste ne m'intéresse pas.

— Ne crois-tu pas que le chemin commence par l'obéissance ?

— L'important, c'est que la porte s'ouvre.

— Ton comportement justifierait-il notre indulgence ?

Ardent eut un pauvre sourire.

— Je n'espère rien de tel, mais vous n'avez pas le droit de me laisser dans l'incertitude ! Ou bien vous me rejetez, ou bien vous m'accueillez.

— Quelle serait ta réaction, en cas de refus ?

Le jeune homme mit longtemps à répondre.

— De toute manière, vous vous en moquez.

— As-tu de nouveaux arguments pour nous convaincre de t'accepter parmi nous ?

— Il n'en existe qu'un seul : j'ai entendu l'appel.

Un artisan ramena Ardent devant la porte principale de la Place de Vérité. Du pied, le jeune homme effaça le dessin géant. Cette fois, son destin allait se jouer. Si la confrérie le rejetait, il n'aurait plus aucune chance de réaliser son idéal. Il n'avait pas peur, mais il maudissait le sort qui le mettait à la merci d'une bande de juges dont la majorité avait sans doute l'esprit étroit. Qu'ils fussent inflexibles et inhumains ne le gênait pas, mais étaient-ils vraiment capables de percevoir son désir ? Depuis qu'il était sorti du piège des auxiliaires, Ardent sentait de nouveau brûler en lui le feu qui l'avait conduit au seuil du village. C'était ici, et nulle part ailleurs, que son existence s'épanouirait. Si on lui refusait tout avenir, si on l'empêchait de franchir l'enceinte derrière laquelle se trouvait le secret qu'il voulait percer, il perdrait toute espérance.

Inutile de s'encombrer l'esprit avec cette sombre perspective. Seule la réalité méritait d'être affrontée, et celle du moment n'était autre que l'attente. Une attente qui durerait de longues heures, peut-être plusieurs jours, et qui ne devait pas amoindrir sa détermination. Ardent était persuadé qu'il devait, même à distance, imposer sa volonté au tribunal. Si elle demeurait intacte et totale malgré l'épreuve, les juges en percevraient forcément l'intensité.

Lancés par Kenhir, les débats duraient depuis deux heures. Kenhir avait exigé que la décision prise fût définitive et que chacun des juges assumât sa pleine et entière responsabilité en argumentant son vote.

— Ce jeune homme ne m'inspire aucune confiance, déclara Neb l'Accompli.

— Son feu séthien te terroriserait-il ? ironisa le scribe de la Tombe.

— Qui ne le craindrait pas serait un inconscient. En tant que chef d'équipe, je n'ai pas le droit de mettre en péril l'harmonie de la confrérie. Je maintiens ma position : qu'Ardent aille chercher fortune ailleurs.

— Il n'existe pas d'autre endroit que la Place de Vérité pour lui permettre de vivre sa vocation, et tu le sais bien ! Toi qui t'appelles Neb l'Accompli, refuseras-tu la possibilité de s'accomplir à un être qui a entendu l'appel ?

Le chef d'équipe parut ébranlé, mais il ne céda pas.

— Toi qui es si revêche avec les membres de notre confrérie, pourquoi manifestes-tu tant de sollicitude à l'égard d'Ardent ?

Kenhir réagit avec rigueur.

— Tu n'as rien compris, Neb ! Il ne s'agit ni de sollicitude ni de bienveillance, mais de l'intérêt supérieur de la Place de Vérité ! Est-ce à moi, qui ne suis que le scribe de la Tombe, de vous inciter à accepter un être doté d'une telle puissance ? Seriez-vous devenus incapables de la transformer en force créatrice et de l'intégrer à votre œuvre ?

Le visage du chef d'équipe se ferma.

— Tu vas trop loin, Kenhir ! Les artisans reconnaissent ton autorité administrative, mais tu n'es pas compétent pour t'immiscer dans notre travail.

— Telle n'est pas mon intention, Neb. Mon père et mon maître, le scribe Ramosé, m'a fait comprendre la nature et les limites de ma fonction. Tu as sans doute raison, je me suis montré excessif. C'est bien à toi et aux autres artisans qui composez ce tribunal de prendre la décision définitive. Si elle doit être négative, je me rangerai à votre avis.

Ramosé, le scribe de Maât, s'exprima avec calme.

— L'amour que je porte à cette confrérie m'interdit de l'influencer en avançant mon âge et mon expérience ; mais je dois vous rappeler que Sa Majesté nous a recommandé d'examiner le cas d'Ardent avec lucidité. Que chacun s'exprime avec sérénité.

Les artisans procédèrent au vote.

En dépit de nombreuses réserves, chacun estima qu'il fallait donner à Ardent la chance de devenir dessinateur, à la condition qu'il respecte scrupuleusement la règle de la confrérie et se plie aux exigences de l'apprentissage.

Restait à entendre Neb l'Accompli qui avait écouté ses subordonnés avec attention.

— Cette assemblée a mené sa réflexion avec sagesse, estima-t-il, et chacun des juges a ouvert son cœur sans céder à ses sentiments. Je n'apprécie pas le caractère d'Ardent, je ne pense pas qu'il soit apte à percevoir l'importance de notre travail, mais nous devons répondre à son appel.

34

Le chef Sobek but trois bols de lait frais à la suite et engloutit une dizaine de galettes tièdes. Après une nuit passée à inspecter les collines dominant la Vallée des Rois, il se sentait fourbu mais n'irait pas se coucher avant d'avoir entendu les rapports de ses hommes.

L'un après l'autre, ils défilèrent devant lui sans lui signaler le moindre fait suspect. Pourtant, Sobek demeurait inquiet. Son instinct le trompait rarement et, depuis plusieurs jours, il lui annonçait l'imminence d'un danger. Aussi le responsable de la sécurité de la Place de Vérité avait-il multiplié les rondes, au risque de mécontenter ses hommes qui n'appréciaient guère ce surcroît de travail.

L'anxiété lui faisait presque oublier l'événement majeur que le village s'apprêtait à vivre : l'initiation d'un nouvel adepte, et pas n'importe lequel ! Pourquoi le tribunal d'admission avait-il ouvert la porte de la confrérie à cet Ardent qui, à l'évidence, y sèmerait le trouble ? Avec l'énergie ravageuse dont il disposait, ce gaillard-là ne pouvait être que bandit ou policier. Il ne resterait pas longtemps enfermé dans le village et refuserait d'obéir aux ordres de ses supérieurs qui seraient contraints de le rejeter dans les rangs des auxiliaires ou de l'expulser définitivement. Ardent tournerait mal et n'aurait d'autre destin qu'une mort brutale lors d'une rixe ou qu'une longue peine de prison.

Un policier pénétra dans le bureau où Sobek s'apprêtait à s'allonger sur sa natte pour prendre un repos bien mérité.

— C'est le facteur, chef. Il veut vous voir personnellement.

Le fonctionnaire se rendait chaque jour au poste de garde principal de la Place de Vérité, y apportait le courrier destiné à la confrérie et emportait les lettres des artisans et de leurs familles qui communiquaient ainsi de manière aisée avec le monde extérieur, sans oublier les rapports officiels du scribe de la Tombe adressés au vizir. En cas de nécessité ou d'urgence, un service spécial acheminait les messages au plus vite.

— Tu ne peux pas t'en occuper ?

— C'est vous qu'il veut voir, chef, et personne d'autre.

— Bon... qu'il entre.

De son sac contenant des papyrus plus ou moins usagés que l'on réutilisait pour écrire des lettres, le facteur Oupouty, un homme longiligne d'une trentaine d'années, aux mollets et aux épaules robustes, sortit un tesson de poterie enveloppé dans une toile de lin et le posa sur le bureau du chef Sobek.

— D'après le texte écrit à l'encre rouge sur la toile, ce message t'est destiné, Sobek.

— Tu l'as lu ?

— Tu sais bien que je n'en ai pas le droit.

Oupouty était un fonctionnaire considéré et bien payé. Détenteur du bâton de Thot, qui incarnait la rectitude et la précision de son travail, il avait le devoir d'acheminer les lettres à destination, en bon état et en garantissant que seul le destinataire en aurait connaissance. Le métier était dur, car le palais et les services du vizir exigeaient que leurs directives fussent transmises au plus vite, et les périodes d'intense activité ne manquaient pas. Oupouty avait conscience de l'importance de sa tâche et se sentait honoré par la confiance que les plus hautes autorités lui témoignaient.

— Dois-je attendre ta réponse ?

— Un instant.

Sobek ôta la cordelette de lin et lut les quelques lignes inscrites, elles aussi à l'encre rouge, sur le petit morceau de calcaire plat, poli avec soin.

Abasourdi, le policier nubien relut l'incroyable message. Non, ce n'était pas possible...

— Alors, Sobek ?

— Tu peux partir, Oupouty... Il n'y aura pas de réponse.

Le chef de la sécurité n'avait plus du tout envie de dormir. Une fois encore, son instinct était juste : une catastrophe venait bien de se produire, et son ampleur risquait de balayer le village des artisans avec davantage de violence que le plus furieux des vents de sable.

Néfer le Silencieux vivait tous les bonheurs au point d'en être presque étourdi. Après avoir entendu l'appel, il avait été admis dans la confrérie de la Place de Vérité en compagnie de Claire, la femme qu'il aimait, et leur adaptation aux coutumes du village clos se déroulait sans trop de heurts, surtout en raison de la gentillesse innée de la jeune femme qui parvenait à contenir les élans d'agressivité envers les nouveaux arrivants.

Et puis, dans quelques heures, Ardent allait voir son rêve réalisé ! Celui qui lui avait sauvé la vie, celui qui lui avait permis de rencontrer Maât et d'en saisir la grandeur deviendrait un frère avec lequel il participerait à la fabuleuse aventure dont lui-même commençait à prendre la mesure. Avec sa fougue, son enthousiasme, sa passion de créer, Ardent se montrerait à la hauteur de la mission qui lui serait confiée.

Une existence placée sous le signe du Grand Œuvre, un amour lumineux, une amitié exaltante... Néfer le Silencieux était comblé par les dieux, qu'il ne cesserait jamais de remercier. En échange de tant de bienfaits, il devrait accomplir son devoir avec la plus extrême rigueur et ne s'accorder aucun délai dans l'exécution de ses tâches. Parce qu'il avait entendu l'appel et parce qu'il y avait répondu, ciel et terre le comblaient de joies ; à lui de savoir les utiliser en se montrant digne du chemin à parcourir.

Alors qu'il s'apprêtait à partir pour l'atelier de sculpture, Claire lui montra la lettre qui venait de lui être apportée. À son regard attristé, Néfer comprit qu'il s'agissait d'une mauvaise nouvelle.

— Mon père est très malade, révéla-t-elle ; le médecin redoute une issue fatale. D'après le message qu'il a rédigé, Père souhaite nous voir tous les deux, au plus vite.

Néfer se rendit aussitôt auprès du chef d'équipe pour lui signaler le motif de son absence qui serait consigné sur le registre tenu par le scribe de la Tombe.

Le couple ne prit aucun bagage et sortit du village par la porte secondaire pour emprunter le sentier qui aboutissait à proximité du temple des millions d'années de Ramsès le Grand.

— Je te sens contrarié, dit Claire à son mari. Tu redoutes de ne pas être revenu à temps pour assister à l'initiation d'Ardent, n'est-ce pas ?

— C'est vrai.

— Dès que tu auras vu mon père, tu repartiras pour le village et je resterai à ses côtés aussi longtemps qu'il le faudra.

— Moi aussi, Claire.

— Non, tu dois être présent lorsque ton ami deviendra Serviteur de la Place de Vérité.

Au poste de garde du Ramesseum, les policiers leur demandèrent leur nom et les laissèrent passer sans autre formalité. Néfer et Claire étaient connus des autorités comme membres de la confrérie, circulaient librement sur le territoire de la Place de Vérité et en sortaient à leur guise.

Le couple marcha rapidement jusqu'à la zone des cultures, traversa un champ de luzerne, longea un petit marché et se dirigea vers la rive où un bac s'apprêtait à traverser. Mêlés aux autres voyageurs, des paysans se rendant à Thèbes pour y vendre des légumes, ils échangèrent des banalités sur la stabilité des prix, la prospérité du pays et la générosité du Nil. Personne ne pouvait se douter qu'ils venaient du village le plus secret d'Égypte.

Malgré son inquiétude, Claire parvint à faire bonne figure et réussit même à réconforter une mère de famille dont la fillette avait la fièvre.

Dès que le bac accosta la rive est, Néfer et son épouse sautèrent sur la berge et prirent la direction du domicile de l'entrepreneur en bâtiment. Alors qu'ils s'en trouvaient encore à bonne distance, Noiraud courut vers eux. Bondissant de l'un à l'autre, il leur lécha le visage. Dans ses yeux noisette, une joie intense.

— Viens vite, Noiraud, dit Claire. Nous sommes pressés.

Soudain, le chien noir grogna et montra les crocs en fixant un groupe de policiers qui s'approchait du couple. À leur tête, Sobek.

— Que se passe-t-il ? demanda la jeune femme.

— Rassurez-vous, votre père se porte bien. La lettre que vous avez reçue, c'est moi qui l'ai écrite et non un médecin.

— Mais... pour quelle raison ?

— Je n'avais pas d'autre moyen de faire sortir votre mari du village. Plusieurs témoins attesteront qu'il s'est rendu librement sur la rive est.

— Quel est le but de ce stratagème, Sobek ?

— La justice.

— Expliquez-vous, je vous en prie !

— Néfer est en état d'arrestation. Il est accusé d'avoir tué l'un de mes hommes appartenant à l'équipe de surveillance de nuit de la Vallée des Rois.

35

Méhy devenait la coqueluche de Thèbes. Pas une soirée mondaine où il ne fût invité, pas une réception officielle sans sa présence, pas une réunion de travail majeure sans sa participation. Brillant causeur, il n'était jamais à court d'une réflexion originale, d'un compliment de bon aloi ou d'une suggestion digne d'intérêt.

Chacun félicitait le trésorier principal Mosé d'avoir choisi un gendre aussi remarquable dont la carrière s'annonçait prometteuse, d'autant plus que ses projets de réforme de l'armée thébaine étaient fort appréciés en haut lieu.

À l'occasion de son anniversaire, le maire de Thèbes avait offert une réception grandiose dans les jardins de sa villa où se pressaient les notabilités de la cité du dieu Amon. Le visage épanoui, le verbe haut, il saluait ses hôtes avec l'assurance d'un tacticien qui venait d'étouffer une faction dangereuse.

— Quelle élégance, mon cher Méhy ! Cette chemise plissée à manches longues, cette robe d'une blancheur immaculée, ces sandales à la découpe parfaite... Si vous n'étiez pas marié, bien des jeunes filles tenteraient de vous séduire.

— Je résisterai à la tentation.

— Entre nous, Serkéta doit savoir combler un homme, non ?

— Je ne saurais mentir au maire de Thèbes dont l'expérience est unanimement reconnue.

— Vous me plaisez, Méhy ! Je suppose que, pour vous, l'armée n'est qu'une étape ?

— Quand j'aurai terminé la réforme que je viens d'entreprendre, j'aimerais être associé de plus près à la gestion de notre magnifique cité.

— Ambition légitime et louable, estima le maire, mais n'oubliez pas que Thèbes n'est que la troisième ville du pays, derrière Memphis et notre nouvelle capitale Pi-Ramsès. Ici, nous apprécions la tranquillité et les traditions.

— N'est-ce pas la plus sage des politiques ?

— Excellent, Méhy ! Avec des opinions comme les vôtres, vous irez loin.

— Je dois beaucoup à mon cher beau-père, mon principal sujet de préoccupation.

Le maire fut étonné.

— Mosé aurait-il des ennuis ?

— Confidentiellement, sa santé décline.

— Il me paraît pourtant en excellente forme !

— Sa vitalité semble intacte, en effet, mais la tête paraît atteinte... Ces derniers temps, je l'ai prié, avec ménagement, de revenir sur certaines décisions tout à fait aberrantes. Pour le moment, il y consent et reconnaît ses errances en se demandant quel démon le tourmente, mais qu'en sera-t-il demain ? Ses absences sont de plus en plus fréquentes... Mais je n'aurais pas dû vous en parler.

— Au contraire, Méhy, au contraire ! Tenez-moi régulièrement au courant et continuez à intervenir pour éviter une catastrophe. Si la situation tournait mal, alertez-moi aussitôt. Cette soirée est très réussie, mais voici la deuxième mauvaise nouvelle de la journée.

— Oserais-je vous demander quelle fut la première ?

— Une affaire très ennuyeuse... Un jeune artisan, Néfer, qui venait d'entrer dans la confrérie de la Place de

Vérité, est accusé de meurtre sur la personne d'un policier placé sous les ordres du chef Sobek. Lui-même avait cru à un accident, mais des faits nouveaux l'ont persuadé qu'il s'agissait d'un acte criminel.

— Ce Néfer sera-t-il jugé par le tribunal de la Place de Vérité ?

— Non, car il a été arrêté sur la rive est où il rendait visite à son beau-père. S'il était resté au village, nous n'aurions pas pu l'interpeller. Le procès risque de faire beaucoup de bruit.

— La réputation des artisans ne risque-t-elle pas d'être entachée ?

— C'est même la survie du village qui sera en cause ! Si cette confrérie abrite des criminels, elle doit être dissoute. L'administrateur de la rive ouest sera ravi... La condamnation de Néfer démontrera à Ramsès que la Place de Vérité est plus dangereuse qu'utile. Elle se défendra bec et ongles, bien entendu... Et je serai sans doute contraint d'utiliser l'armée, donc vous-même, pour procéder à une évacuation en règle.

— Je suis à votre disposition.

— Je saurai m'en souvenir... Nous nous reverrons bientôt. Amusez-vous bien, Méhy.

Le maire engagea la conversation avec un riche propriétaire terrien, laissant l'officier supérieur savourer sa première grande victoire.

La lettre anonyme qu'il avait envoyée à Sobek pour dénoncer Néfer produisait les effets escomptés. Ainsi, le meurtre qu'il avait commis lui rendait d'inestimables services. Le jeune homme subirait probablement la peine capitale, et la confrérie serait dispersée. Méhy occuperait le village le temps nécessaire pour le fouiller de fond en comble et s'emparer de ses trésors. Agissant sous le couvert d'une mission officielle, ce serait donc en toute légalité qu'il parviendrait à ses fins.

Ardent était assis sur le sol en terre battue d'une petite pièce aux murs blanchis à la chaux. Comme il n'y avait pas de fenêtres, il ignorait s'il faisait jour ou nuit. On lui apportait à boire et à manger sans lui dire un mot.

La porte de la petite pièce n'était pas fermée, et il aurait pu sortir. Mais il sentait que cette fausse liberté cachait un nouveau piège et qu'il n'avait pas d'autre solution que d'attendre le jugement du tribunal.

Lui, d'ordinaire si fougueux et si impatient, ne se révoltait pas contre cette épreuve qu'il ressentait comme indispensable. Elle lui permettait de vivre un temps hors du temps, de connaître un repos de l'âme et du corps qu'il croyait inaccessible. Comme son destin ne lui appartenait plus, il s'en détachait et se nourrissait de ce vide apaisant où rien ne survenait.

Tant que l'ultime décision ne lui aurait pas été annoncée, il ne serait ni mort ni vivant. Ici, sur le territoire secret de la Place de Vérité, il n'était plus un profane, mais il ne serait peut-être jamais un membre de la confrérie. Son passé avait disparu, son avenir n'existait pas encore.

Déjà, et quelle que soit l'issue de ce combat sans adversaires, Ardent avait découvert un monde qui le surprenait. Ses points de repère habituels avaient disparu, les limites s'effaçaient et un autre horizon se profilait. Mais ce n'était qu'une ombre sans consistance, comme lui-même, dont la force et le désir étaient devenus inutiles.

Le jeune homme était persuadé que tous les membres de la confrérie avaient séjourné dans cet endroit et qu'ils avaient attendu, comme lui, un verdict sans appel. Aucun n'avait obtenu de privilèges, quels que fussent ses dons et ses compétences, et le fait d'avoir vécu la même épreuve, dans les mêmes conditions, devait les unir comme des frères partageant le même idéal.

La porte s'ouvrit.

L'artisan ne portait ni pain ni cruche.

— Viens avec moi, Ardent.

Le jeune colosse eût aimé passer d'interminables journées dans cet endroit paisible où rien ne pouvait l'atteindre. Il se releva très lentement, comme s'il hésitait à suivre son guide.

— Renonces-tu à demander ton admission dans la confrérie ? demanda l'artisan.

— Conduis-moi là où je dois aller.

Ils prirent le chemin du temple devant lequel siégeait le tribunal d'admission. Les visages des juges étaient impassibles, à l'exception de celui du vieux scribe Ramosé qui semblait sourire.

Mais Ardent, dont le cœur battait la chamade, préféra l'ignorer et s'immobilisa face à Kenhir, le scribe de la Tombe.

Pour la première fois de son existence, l'angoisse l'empêchait de respirer. Il songea à courir jusqu'à l'extrémité de la terre pour ne pas entendre les paroles qui allaient être prononcées.

— Ce tribunal a pris une décision, dit Kenhir avec gravité, et elle est irrévocable. Sa Majesté le pharaon, maître suprême de la Place de Vérité, l'a approuvée, et elle sera enregistrée au bureau du vizir. Toi, Ardent, tu as bien entendu l'appel et tu seras donc admis dans cette confrérie.

Était-ce bien à lui que le scribe s'adressait ? Soudain, un feu nouveau coula dans ses veines, et il eut envie d'embrasser Kenhir le Bougon.

— Malheureusement, reprit ce dernier, nous sommes

obligés de différer ton initiation. Ce n'est pas toi qui es en cause, mais la confrérie dans son ensemble, en raison du malheur qui la frappe.

— Quel malheur ?

— L'accusation de meurtre qui pèse sur Néfer le Silencieux.

— Silencieux, un assassin ? C'est absurde !

— Tel est bien notre avis, mais nous devons consacrer toutes nos énergies à l'innocenter. Quand la paix sera revenue parmi nous, tu recevras ton nouveau nom et tu découvriras les premiers mystères de la Place de Vérité.

36

Au terme d'une épuisante journée de travail, le capitaine Méhy avait fait brutalement l'amour à Serkéta, avec son brio habituel. Désormais, elle ne pourrait plus se passer de lui et resterait à la seule place que pouvait occuper une femme : celle de servante dévouée et obéissante. Depuis son enfance, Méhy méprisait les femelles, et ce n'était pas Serkéta qui modifierait son attitude. Comme les autres, elle cherchait un seigneur à l'autorité indiscutable. Elle, au moins, avait eu la chance de le trouver.

Depuis l'arrestation de Néfer le Silencieux, Méhy avait contacté des dizaines de personnes pour déployer une stratégie dont il savourait l'efficacité : la fausse rumeur. Il y avait les malveillants par nature qui s'en emparaient avec gourmandise et la répandaient à la vitesse du vent, les imbéciles qui répétaient sans comprendre et les bavards trop heureux de briller en propageant l'information dont ils affirmaient être les seuls détenteurs.

Grâce à ces relais, Méhy parvenait à façonner la pensée d'autrui comme il le désirait et transformait la rumeur en réalité. Pour l'opinion publique, Néfer le Silencieux apparaissait déjà comme un redoutable criminel, auteur de plusieurs assassinats, et la Place de Vérité comme un repaire de brigands bénéficiant de protections intolérables.

Seul Ramsès le Grand aurait pu, d'un mot, retourner la situation. Mais Pharaon ne se situait pas au-dessus de Maât, et il n'avait pas le droit d'intervenir dans un processus judiciaire. La sauvegarde du bonheur et de la cohérence de l'Égypte était à ce prix. Accusé, Néfer devait être jugé.

Les liens entre la Place de Vérité et le vizir étant trop étroits, ce n'était pas ce dernier qui présiderait l'audience préliminaire destinée à former l'accusation, mais le doyen de la cour de justice, un vieillard strictement attaché à la procédure. Méhy n'avait pas besoin de l'acheter puisque, devant la gravité des faits, il déciderait obligatoirement la comparution de Néfer face à un jury.

C'est à ce moment que l'intervention souterraine de Méhy serait décisive. D'abord, il fallait imposer Abry, l'administrateur de la rive ouest, comme juré, et lui faire répandre de nouvelles calomnies sur la confrérie afin de la salir davantage et de la rendre encore plus détestable aux yeux de la population ; ensuite, s'assurer du vote de la majorité du jury pour obtenir la condamnation à mort de Néfer, présenté comme un assassin de sang-froid, une véritable bête fauve dépourvue de toute humanité dont l'éducation avait été conduite par des artisans aussi cruels que lui.

Ainsi, le piège se refermerait sur le village.

Méhy palpa la croupe de Serkéta.

— Cette pouliche m'appartient, n'est-ce pas ?

Elle se lova contre lui.

— Oui, je suis à toi... Fais-moi encore l'amour.

— Tu es insatiable !

— N'est-ce pas naturel, puisque j'ai la chance d'avoir un mari infatigable ?

— Ton père me donne du souci, Serkéta.

— Ah... pourquoi donc ?

— Il perd la tête.

— Je n'ai rien remarqué.

— Parce que tu ne travailles pas avec lui. C'est le maire de Thèbes en personne qui m'a alerté. Lors d'une importante réunion, ton père a bredouillé des paroles incompréhensibles, il s'est trompé dans son exposé comptable, puis il est demeuré prostré un long moment. De mon côté, j'ai assisté, ces jours derniers, à des incidents de même nature, plus graves encore. Bien entendu, je n'ai rien dit au maire et j'ai tenté de dissiper ses craintes. Malheureusement, ton père nie la réalité. Quand il sort de ses crises, il ne se souvient de rien et refuse d'admettre ses absences.

— Que faudrait-il faire ?

— Informe son médecin et demande-lui d'envisager un traitement, s'il existe, sans contrarier ton père. Et s'il n'y avait que cette angoissante maladie...

Serkéta s'assit sur le rebord du lit.

— Que se passe-t-il ?

— J'hésite à t'en parler.

— Je suis ta femme, Méhy, et je veux tout savoir !

— C'est tellement horrible...

— Parle, je l'exige !

— Tu risques d'être déçue et blessée, chérie.

Méhy s'exprima à voix basse, comme s'il redoutait d'être entendu.

— Ton père visitait un domaine pour réviser sa taxation, et il m'avait emmené avec lui pour m'apprendre quelques détails techniques. Soudain, il s'est jeté sur une fillette qu'il a tenté de violer. Bien que je sois beaucoup plus robuste que lui, j'ai éprouvé le plus grand mal à le maîtriser. Par bonheur, j'ai empêché le pire. Ensuite, quand il a repris ses esprits, il ne se souvenait pas de cette scène atroce.

— Y a-t-il eu... un témoin ?

— La mère de la petite.

— Elle va porter plainte ?

— Rassure-toi, je l'en ai dissuadée en lui expliquant la situation et en lui offrant une vache laitière et quatre sacs d'épeautre pour qu'elle oublie cette tragédie. Mais je ne suis pas en permanence aux côtés de ton père, et je redoute qu'il ne recommence.

Serkéta était au bord de la crise de nerfs.

— Nous allons perdre notre réputation, nos biens...

— Je t'aime pour toi-même, ma chérie. Ne te préoccupe que de la santé de ton père.

Pour Serkéta, la voie était tracée : elle devait faire transférer la fortune familiale sur son couple et ne plus permettre à un malade mental de la gérer. Lorsque la folie gagnerait du terrain, son père signerait n'importe quel document et dilapiderait son héritage. Or la jeune femme ne supportait pas l'idée de la pauvreté. Par bonheur, elle avait épousé Méhy dont la lucidité la sauverait de ce péril.

— Peux-tu faire surveiller mon père en permanence ?

— Non, je...

— Ordonne à tes soldats de veiller discrètement sur sa sécurité. S'il commettait un acte répréhensible, qu'ils interviennent sur-le-champ et qu'ils ne communiquent leur rapport qu'à toi.

— Ce serait outrepasser mes fonctions, et...

— Fais-le pour nous, Méhy ! C'est notre avenir qui est en jeu.

Le capitaine feignit de réfléchir, alors qu'il avait déjà proposé cette solution au maire qui l'avait acceptée.

— Si mes supérieurs l'apprennent, je subirai de lourdes sanctions pour abus de pouvoir, mais je prends ce risque pour toi, ma douce.

Serkéta embrassa le torse de son mari.

— Tu ne le regretteras pas... Et je ne resterai pas inactive.

— Surtout, parle à son médecin.

— Bien sûr... Mais je consulterai aussi nos juristes. En tant que fille unique, je me dois de protéger le patrimoine familial. Et ma vraie famille, aujourd'hui, c'est toi et nos futurs enfants.

Il l'obligea à s'allonger sur le dos et s'étendit sur elle de tout son poids.

— Combien en veux-tu ?

— Quatre, cinq...

— N'est-ce pas excessif, pour une femme de ta qualité ?

— Je veux plusieurs garçons. Ils te ressembleront, et j'aurai ainsi l'impression de t'avoir sans cesse auprès de moi.

— Tu ne peux vraiment plus te passer de Méhy, ma belle...

Incapable d'éprouver du plaisir, Serkéta se moquait bien des prouesses de son époux, un amant plutôt médiocre. Mais il était néanmoins un mari idéal, ambitieux et avide de pouvoir. Grâce à lui, elle préserverait sa fortune et parviendrait même à l'accroître, à condition de se débarrasser d'un père qui, d'encombrant, devenait dangereux.

Pour manipuler Méhy, il suffisait de le flatter et de lui

faire croire qu'il était son maître tout-puissant. En se comportant comme une femelle en chaleur et une ravissante idiote, juste bonne à être montrée dans les réceptions au bras de son éblouissant seigneur, Serkéta le conforterait dans la haute opinion qu'il avait de lui-même et elle s'occuperait, dans l'ombre, d'accumuler un maximum de biens. Posséder toujours plus, n'était-ce pas le but de l'existence ?

37

Daktair ne décolérait pas.

— Vous m'avez obtenu le poste que je souhaitais, Méhy, mais je ne fais que jouer les utilités ! Le directeur du laboratoire central est un vieux prêtre stupide, incapable de comprendre les perspectives qu'offre la science. Il refuse toute innovation, toute expérimentation et il m'astreint à classer des dossiers !

— Reprenez donc un peu d'oie rôtie, mon cher ; mon cuisinier n'est-il pas un véritable artiste ?

— Si, mais...

— J'aurais cru un savant de votre envergure beaucoup plus patient.

— Comprenez-moi... J'ai des centaines de projets et je suis réduit à l'impuissance !

— Plus pour longtemps, Daktair.

Le savant tâta sa barbe de l'extrémité de ses doigts.

— Je n'ai pas l'impression que la situation évolue en ma faveur.

— Vous vous trompez ! Mes bonnes relations avec le maire de Thèbes ne cessent de se renforcer, et mon influence augmente jour après jour. Votre directeur actuel ne restera plus en poste très longtemps, et c'est vous qui lui succéderez.

Daktair mordit à belles dents dans une cuisse rôtie à point.

— Ce procès qui met en cause la Place de Vérité... est-ce bien sérieux ?

— Tout à fait, mon cher ! Grâce au crime abominable qu'a commis Néfer, nous nous débarrasserons plus vite que prévu de cette maudite confrérie. Les artisans seront dispersés, et je serai mandaté pour fouiller le village de fond en comble. Bien entendu, vous m'assisterez à titre d'expert.

Les petits yeux de Daktair brillèrent d'excitation.

— Mais... le jugement n'a pas encore été prononcé !

— La justice égyptienne est très sévère et elle prononcera de lourdes peines, à la fois contre l'assassin et contre ceux qui l'ont protégé. Cette confrérie n'est-elle pas une association de malfaiteurs ? L'interdire apparaîtra comme la meilleure solution.

Obed le forgeron avait accueilli un Ardent tellement surexcité qu'il travaillait de manière ininterrompue depuis huit heures. Le jeune homme avait proposé au scribe de la Tombe de former un commando avec deux ou trois artisans robustes, d'aller délivrer Néfer et de le ramener au village pour le mettre hors de portée de la police, mais Kenhir lui avait opposé un vigoureux refus. En attendant son initiation, Ardent devait retourner chez les auxiliaires et se rendre utile.

— Alors, ils t'ont accepté ? demanda le forgeron qui examinait avec satisfaction les ciseaux de cuivre fabriqués par son compagnon d'un jour.

— J'espère qu'ils ne reviendront pas sur leur parole.

— Ce n'est pas leur genre... Mais cette affaire criminelle est un mauvais coup porté à la confrérie.

— Silencieux est innocent !

— Il va quand même être condamné pour meurtre. Le chef Sobek dispose forcément d'une preuve.

— Je ne me pose qu'une seule question : qui hait mon ami au point de le traîner ainsi dans la boue et de briser son existence ?

— Tu devrais oublier cette sale histoire, Ardent, et travailler avec moi. La forge te plaît, tu es doué. Ne t'enferme pas dans ce village dont les jours sont comptés.

— Que veux-tu dire ?

— Si Néfer est condamné, la confrérie le sera aussi. Il y aura une enquête approfondie sur chacun de ses membres pour établir d'éventuelles complicités, les chantiers seront interrompus, les artisans dispersés dans les différents temples thébains. C'est la fin de la Place de Vérité.

— Et mon initiation ?

— Elle n'aura jamais lieu.

Le jeune homme serra les poings.

— Tout ça à cause d'un mauvais génie qui se cache dans les ténèbres...

— Tu connais bien Néfer ? questionna le forgeron.

— Il est mon ami.

— Ça ne suffit pas à l'innocenter ! Au fond, tu ne sais presque rien de lui et de son passé. Pendant son long voyage, quel homme est-il devenu ? En Nubie, il a forcément été confronté à la violence et il a sans doute appris à tuer. N'est-il pas revenu à Thèbes pour s'enrichir ? Au village, il a entendu parler des richesses déposées dans les tombes des pharaons lors de leurs funérailles. N'aurait-il pas songé à s'en emparer ?

— Ce serait monstrueux !

— Il n'est pas le premier à avoir eu cette idée et il ne sera pas le dernier. Et lui, il était mieux placé que quiconque pour la mettre à exécution ! C'est la raison pour laquelle il se déplaçait, la nuit, dans les collines dominant la Vallée des Rois... Mais il ignorait que Sobek était devenu le chef de la sécurité et qu'il avait mis en place un nouveau système de surveillance. Un garde l'a surpris, Silencieux l'a tué et il n'a pas trouvé de meilleur refuge que le village lui-même pour échapper à la police. Il a sous-estimé l'acharnement de Sobek qui a poursuivi son enquête et l'a finalement identifié.

— Ta fable est stupide, Obed !

— On la reprendra au tribunal, tu verras. Les faits s'emboîtent trop bien les uns dans les autres pour ne pas être crédibles.

— Ce n'est pas pour autant la vérité !

— Cette affaire sent mauvais : ni Néfer ni la confrérie ne s'en sortiront indemnes. Suis mes conseils et prends tes distances.

— Les artisans sont pieds et poings liés, mais ni toi ni moi n'appartenons à la confrérie. Si je tente un coup de force, serais-tu prêt à m'aider ?

— Sûrement pas ! Nous n'aurions aucune chance, et je tiens à mon travail. Néfer est en prison, et personne ne l'en fera sortir.

— Les parents de Claire sont-ils encore vivants ?

— Son père seulement.

— Connais-tu son métier ?

— Entrepreneur en bâtiment. C'est un homme compétent, à l'excellente réputation.

Grâce aux indications d'Obed le forgeron, Ardent n'eut aucune difficulté à trouver le domicile du père de Claire.

Pour le jeune homme, aucun doute : le coupable, c'était lui. Ne supportant pas le départ de sa fille, il s'était vengé de Néfer en fournissant de fausses preuves au chef Sobek pour faire accuser le séducteur. Se sentant abandonné et trahi, l'entrepreneur avait décidé de détruire le couple qui, en se retirant dans le village, lui échappait.

De gré ou de force, Ardent le traînerait devant le tribunal pour qu'il avoue son forfait et lave Néfer de tout soupçon. Ainsi, l'affaire serait vite réglée !

La matinée s'achevait, on rentrait du marché. Le jeune homme s'engouffra dans la maison dont la porte, donnant sur la rue, était ouverte.

Un chien noir lui barrait le chemin.

— Tranquille, l'ami... Je ne te veux aucun mal.

Bien campé sur ses pattes, le chien grogna en montrant ses crocs. Si Ardent avançait, il attaquerait.

Le colosse aurait pu lui rompre le cou, mais le courageux gardien lui était sympathique, et Ardent se mit à genoux pour le regarder les yeux dans les yeux.

— Viens me voir, je ne suis pas ton ennemi.

Dubitatif, le chien noir pencha la tête comme s'il voulait examiner l'intrus sous un autre angle.

— Approche, je ne te mordrai pas.

Claire apparut au sommet de l'escalier menant à l'étage.

— Ardent... Que désires-tu ?

Le jeune homme se releva.

— Je peux le caresser ?

— C'est un ami, Noiraud. Tu peux l'accueillir sans crainte.

Le chien cessa de grogner et accepta une caresse sur le haut du crâne.

— Claire... Je sais tout. C'est ton père, n'est-ce pas ?

— Mon père ? Je ne comprends pas !

— Il n'a pas accepté ton mariage et il a dénoncé Silencieux à la police. Il faut qu'il avoue.

La jeune femme eut un triste sourire.

— Tu te trompes, Ardent. Le malheur qui nous frappe a rendu mon père malade, très malade. Bien que mon départ l'ait peiné, il a éprouvé une grande fierté de me voir mariée à un Serviteur de la Place de Vérité, là où sont révélés des secrets de métier auxquels lui-même n'a pas eu accès. Quand je lui ai appris l'arrestation de Néfer, son cœur a faibli.

— Il est...

— Il vit encore, mais je sens que la mort est très proche.

38

Claire ne se trompait pas.

Une heure avant le début de l'audience préliminaire, son père rendit l'âme. Sa fille l'avait rassuré en lui affirmant que Néfer n'avait rien à se reprocher et que la justice finirait par triompher.

— Je dois m'occuper des funérailles, dit-elle à Ardent.

— Non, va au tribunal ; ton mari aura besoin de ta présence. C'est moi qui te remplacerai.

— Je ne peux pas accepter, je...

— Accorde-moi ta confiance, Claire. Ta place est auprès de ton mari.

— Tu ne sais pas à qui t'adresser, tu...

— Ne t'inquiète pas. C'est lors d'une épreuve aussi atroce que l'on reconnaît ses vrais amis. Je voulais sauver Silencieux en brisant les murs de sa prison, mais c'est impossible. Toi seule peux le soutenir et moi, je dois te venir en aide. Si ton père était un juste, il n'a rien à redouter du tribunal d'Osiris, alors que ton mari peut subir l'enfer à cause de celui des vivants.

Les paroles du jeune colosse étaient rudes, mais elles redonnèrent du courage à Claire. Elle n'avait pas le temps de s'apitoyer sur elle-même et n'avait d'autre solution que de continuer à se battre, même si ses armes étaient dérisoires.

— Moi, juré ?

— Mon cher Méhy, votre désignation a été approuvée par le vizir, révéla le maire de Thèbes. Comme il fallait un gradé, j'ai immédiatement pensé à vous.

— C'est une lourde responsabilité.

— Je sais, je sais... Mais ce n'est pas la dernière que vous exercerez ! Quand cet ennuyeux procès sera terminé, j'aimerais vous confier quelques tâches importantes. Mes gestionnaires vieillissent, il me faut du sang neuf.

— Comme je vous l'ai déjà dit, je suis à votre entière disposition.

— Parfait, Méhy. Et... votre beau-père ?

— Sa santé se dégrade.

— C'est fort ennuyeux... Avez-vous mis en place un système de surveillance ?

— Oui, comme convenu. Des hommes d'une discrétion exemplaire qui n'interviendront qu'en cas de nécessité absolue.

— Quel est l'avis du médecin ?

— Une maladie qu'il connaît mais qu'il ne peut pas guérir.

— Fâcheux, vraiment fâcheux... À propos de l'audience préliminaire, le vizir a ordonné qu'elle ait lieu sur la rive ouest, devant la porte du temple des millions d'années de Séthi, le père de Ramsès. Ici, sur la rive est, il craignait une trop grande affluence de badauds. Un cordon de police empêchera les curieux d'approcher et garantira la sérénité de la cour de justice.

Cette modification de dernière minute déplut à Méhy, mais elle ne changerait rien à l'issue des débats. Néfer le Silencieux servirait de bouc émissaire et la confrérie serait entraînée dans sa chute.

La délégation de la Place de Vérité était formée du vieux scribe Ramosé, du scribe de la Tombe Kenhir et du chef d'équipe Neb l'Accompli. La totalité des habitants du village avait souhaité s'organiser en procession pour se rendre au tribunal, mais Ramosé leur avait déconseillé ce coup d'éclat qui risquait de déplaire aux magistrats et de desservir l'accusé.

— Ne peux-tu demander audience à Ramsès ? demanda le chef d'équipe à Ramosé.

— Elle serait inutile, Pharaon doit laisser agir la justice. En tant que scribe de Maât, je me porte garant de la rectitude de la confrérie.

— Nous pourrions exiger de voir le vizir !

— Ce serait tout aussi inutile. À présent, le sort de Néfer est entre les mains du tribunal.

— Et s'il se trompe ?

— S'il n'existe pas de preuves ou si elles sont inconsistantes, Kenhir et moi-même exigerons l'acquittement.

Neb l'Accompli ne partageait pas l'optimisme de Ramosé. Il n'avait confiance que dans le tribunal de la Place de Vérité où la corruption n'avait pas de siège.

— Je suis persuadé que Néfer est innocent et que l'on cherche à nous nuire, affirma Kenhir.

— Ramsès le Grand nous protège, rétorqua Ramosé. L'œuvre de la Place de Vérité est vitale pour la survie de l'Égypte.

— Il se passe quand même quelque chose d'anormal, comme si un monstre tapi dans les ténèbres avait décidé d'en sortir pour répandre le mal.

— Si tel est le cas, nous saurons lui résister.

— Encore faudrait-il l'identifier ! S'il nous frappe dans le dos, nous serons morts avant d'avoir combattu.

Le doyen des juges de Thèbes déclara ouverte l'audience préliminaire concernant le cas de Néfer, Serviteur de la Place de Vérité, accusé de meurtre sur la personne d'un policier appartenant à l'équipe de nuit chargée de surveiller la Vallée des Rois.

— Sous la protection de Maât et en son nom, déclara le doyen, je demande à cette assemblée de considérer les faits et uniquement les faits.

Étaient présents les jurés qui, lors du procès, auraient à prononcer un verdict, la délégation de la Place de Vérité, et Claire, l'épouse de l'accusé, qui se tenait à la gauche du doyen. Néfer était encadré par deux soldats armés d'un gourdin et d'un poignard.

Il semblait calme, presque indifférent. Quand son regard croisa celui de son épouse, il se sentit prêt à affronter l'épreuve. Par sa présence, elle lui offrait une magie qui renforçait sa sérénité.

— Es-tu Néfer le Silencieux ? demanda le président du tribunal.

— C'est bien moi.

— Reconnais-tu être l'auteur d'un meurtre ?

— Je suis innocent du crime dont on m'accuse.

— Oserais-tu le jurer ?

— Sur le nom de Pharaon, je le jure.

Un long silence succéda à ce serment dont chacun perçut l'importance. Méhy était ravi ; après une telle déclaration, Néfer, reconnu comme parjure, n'échapperait pas à la peine de mort.

— La parole est à l'accusation.

Le chef Sobek s'avança et rappela les faits. Il déplora la rapidité de sa propre enquête et ses conclusions hâtives, et communiqua au tribunal la lettre anonyme, mais parfaitement informée, qui accusait Néfer. À partir de cette révélation, il avait réfléchi et conclu que Néfer, en effet, était un coupable plausible, d'autant plus qu'il ne disposait d'aucun alibi pour la nuit du crime. Élevé dans le village des artisans, il avait forcément entendu parler des richesses de la Vallée des Rois et avait conçu le projet insensé de s'en emparer. Surpris par un garde, alors qu'il tentait de repérer un itinéraire pour s'introduire dans le domaine interdit, il n'avait eu d'autre choix que de le tuer. Avec l'esprit calculateur qui le caractérisait, Néfer s'était ensuite réfugié dans le village où la police n'avait pas le droit de pénétrer.

— Cette grave accusation ne repose que sur un document anonyme, observa le doyen.

— À l'évidence, répondit Sobek, elle a été écrite par un artisan pris de remords et qui souhaite que la vérité éclate. De plus, les faits s'enchaînent de manière implacable.

Le doyen s'adressa à Néfer.

— Où te trouvais-tu la nuit du crime ?

— Je ne m'en souviens plus.

— Pourquoi es-tu revenu au village ?

— Parce que j'avais entendu l'appel.

L'administrateur de la rive ouest demanda la parole.

— La défense de Néfer est dérisoire ! Ce garçon est un aventurier, doté d'un sang-froid redoutable et capable du

CHRISTIAN JACQ

LA VIE QUOTIDIENNE DANS LA PLACE DE VÉRITÉ

Vallée des Rois, tombe de Seth-nakht et de Taousert.

MER MÉDITERRANÉE
Rosette
Damiette
Alexandrie
Port-Saïd
ISRAËL
JORDANIE
Ismaïlia
Pyramides de Guizeh
LE CAIRE
Memphis
Saqqarah
Fayoum
Eilat
Aqaba
Sinaï
Golfe de Suez
Golfe d'Aqaba
Nil
ARABIE SAOUDITE
Minîeh
Tell el Amarna
ÉGYPTE
Assiout
Désert Arabique
MER ROUGE
Abydos
Dendera
Karnak
Vallée des Rois
THÈBES
Louxor
OASIS DE KHARGEH
Esna
Edfou
Nil
Kom Ombo
Désert Libyque
Éléphantine
Assouan
(Haut barrage)
N U B I E
Lac Nasser
Abou Simbel
Ouadi Alfa
0
100 km
SOUDAN

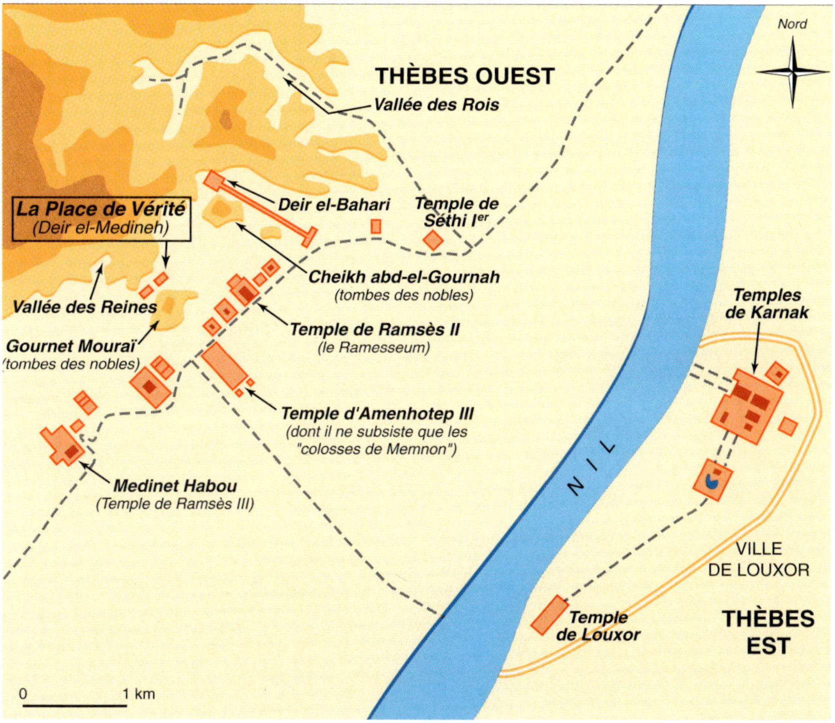
Nord
THÈBES OUEST
Vallée des Rois
La Place de Vérité
(Deir el-Medineh)
Deir el-Bahari
Temple de
Séthi Ier
Cheikh abd-el-Gournah
(tombes des nobles)
Vallée des Reines
Gournet Mouraï
(tombes des nobles)
Temple de Ramsès II
(le Ramesseum)
Temple d'Amenhotep III
(dont il ne subsiste que les
"colosses de Memnon")
Medinet Habou
(Temple de Ramsès III)
NIL
Temples
de Karnak
VILLE
DE LOUXOR
Temple
de Louxor
THÈBES
EST
0
1 km

LE SITE DE DEIR EL-MÉDINEH

À 726 kilomètres au sud du Caire, sur la rive occidentale de l'ancienne Thèbes, se trouve un petit vallon, bordé à l'ouest par les contreforts de la chaîne libyque, et à l'est par la colline de Gournet Mouraï. C'est là, dans le désert, assez loin des cultures, que fut construit " le Village " des artisans et des artistes chargés de creuser et de décorer les tombes des pharaons du Nouvel Empire (XVIIIe à XXe dynasties).

Le nom actuel du site, Deir el-Médineh, signifie " le couvent de la ville ". Il évoque l'occupation chrétienne des lieux, le temple ayant été reconverti en église avant la conquête musulmane.

C'était là, en effet, que régnait la déesse Maât, incarnation de la justesse, de la rectitude et de l'harmonie divine, et c'était elle qui inspirait le cœur et la main des peintres et des sculpteurs.

Les habitants du Village considéraient comme saints patrons et fondateurs de la confrérie le pharaon Amenhotep Ier (1551-1524) et sa mère Ahmès-Néfertari.

Il est à noter que l'on ne connaît toujours pas l'emplacement de la tombe de ce roi, honoré au Village lors d'une grande fête de l'hiver qui durait quatre jours.

Vue d'ensemble du village de Deir el-Médineh, " la Place de Vérité " dans son état actuel, avec les vestiges des demeures des artisans, leurs tombes, et le temple.

L'APPELLATION ANCIENNE ÉTAIT :

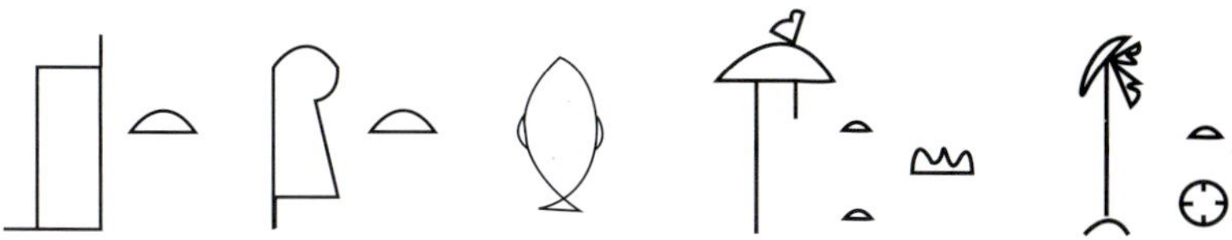

SET	MAÂT	HER	IMENTY	OUASET
LA PLACE	DE VÉRITÉ	À	L'OCCIDENT	(DE) THÈBES

La statue d'Amenhotep Ier était sortie de son sanctuaire lors d'une fête de l'été, le onzième jour du troisième mois de la saison **shemou**, et portée en procession à la Vallée des Rois.

On pouvait la consulter sur les questions les plus diverses pour qu'elle rende son oracle. C'est Thoutmosis Ier (1524-1518) qui, semble-t-il, donna une impulsion décisive à la confrérie. Pendant cinq siècles environ, du XVIe au XIe siècle av. J.-C., elle créera un nombre impressionnant de chefs-d'œuvre. Dans son dernier état, le Village occupait une superficie de 5 600 m^2. Il fut abandonné vers 1070, à la fin du règne de Ramsès XI, le dernier de cette illustre lignée. Le site subira occupations et pillages avant d'être exploré par les archéologues du XIXe siècle qui y découvrirent deux tombes intactes, celles des maîtres d'œuvre Sen-nedjem, en 1886, et Khâ, en 1906.

Dessin de J.-C. Golvin restituant le village de Deir el-Médineh. On distingue bien le village lui-même, clos de son mur d'enceinte et n'ouvrant sur l'extérieur que par une porte fortifiée. À l'extérieur du village, les tombes des artisans sont souvent surmontées d'une petite pyramide. On voit aussi le chemin au pied de la cime, qui mène à la Vallée des Rois.

La déesse Maât, souveraine de la Place de Vérité et protectrice de la confrérie. Le texte hiéroglyphique indique : " Maât, la fille de la lumière divine (Râ), la souveraine qui préside à la terre du silence. "

Relief peint de la tombe de Séthi Ier conservé au Musée égyptien de Turin.

Ce singe en prière est l'une des incarnations du dieu Thot, le maître des hiéroglyphes et des paroles sacrées, le patron des scribes et des dessinateurs.

Deir el-Médineh, tombe de Sen-nedjem.

À partir de 1921, l'égyptologue français Bernard Bruyère entreprit une exploration systématique du Village, puis le Tchèque Jaroslav Černý commença l'étude détaillée des papyrus et des ostraca (mot grec désignant des éclats de calcaire sur lesquels les artisans écrivaient et dessinaient, ces fragments de pierre servant en quelque sorte de brouillons).

La Place de Vérité était protégée par la Cime, pyramide naturelle et point culminant de la montagne thébaine, à 450 m ; là résidait un cobra royal femelle, " la fille de Râ, en son nom de Maât, au cœur de la région sacrée ". Déesse du silence, elle imposait le secret à ses fidèles, ouvrait les yeux des justes et châtiait les parjures.

Le Village était clos, entouré d'un haut mur, et ses voies d'accès gardées par une police spéciale répartie dans cinq fortins. Placée sous l'autorité directe du roi régnant, la confrérie bénéficiait donc d'une protection attentive, justifiée par l'importance vitale de sa tâche essentielle : créer la demeure d'éternité de Pharaon, " loin des yeux et des oreilles ".

LES SERVITEURS DE LA PLACE DE VÉRITÉ

" Les hommes de l'intérieur ", à savoir " les Serviteurs de la Place de Vérité ", étaient considérés comme l'équipage d'un bateau et répartis selon bâbord et tribord, chacun des deux côtés étant placé sous l'autorité d'un chef d'équipe.

Le Village était donc ressenti comme une barque voguant sur " les beaux chemins de l'éternité " pour y puiser l'inspiration nécessaire à une création lumineuse et conforme à l'harmonie de Maât.

Cet extraordinaire équipage compta, selon les époques, de trente à soixante hommes, avec un nombre plus important sous Ramsès IV qui comptait entreprendre de grands travaux mais n'y parvint pas ; il n'y avait plus que dix-huit artisans à la fin du règne de Ramsès XI.

Nous connaissons les noms des chefs des équipes de droite et de gauche, parmi lesquels Néfer-hotep et Paneb, deux des personnages principaux de " La Pierre de lumière ".

Représentation de la barque de Sokaris, dieu à tête de faucon qui symbolisait, notamment, le passage de l'existence mortelle à la vie impérissable. La barque est posée sur un traîneau et l'on voit, sur la chapelle qui le supporte, le pharaon représenté trois fois pour accomplir le rite de " soulever le ciel ".

Temple de Deir el-Médineh.

Célibataires, ou bien mariés avec ou sans enfants, les Serviteurs de la Place de Vérité étaient des maîtres d'œuvre, des architectes, des tailleurs de pierre, des sculpteurs, des dessinateurs et des peintres.

Il faut y ajouter des scribes, dont le " Scribe de la Tombe ", représentant du pouvoir central. Tous bénéficiaient d'une demeure de fonction à l'intérieur du Village, d'un salaire variant selon leur place dans la hiérarchie et d'une tombe dans la nécropole. Travail, vie familiale et dimension sacrée étaient ainsi associés.

Deux artisans au travail : l'un coupe à la hache les branches d'un arbre pour fournir à l'autre le matériau d'un sarcophage qu'il est en train de terminer.

Deir el-Médineh, tombe d'Ipouy.

Le ressuscité sort librement de sa tombe. Il franchit sa porte illuminée par le soleil de l'au-delà et il marche sur " les beaux chemins de l'éternité ".

Deir el-Médineh, tombe d'Inherkhâou.

La grande porte nord était surveillée en permanence par des gardiens vigilants; s'il était particulièrement difficile de pénétrer dans le Village, ses habitants pouvaient en sortir aisément pour rendre visite aux membres de leur famille restés à l'extérieur, faire des achats ou vaquer à quelque autre occupation.

Le "Journal de la Tombe", à savoir des notes quotidiennes prises par le scribe de la Tombe et dont une partie nous est parvenue, ainsi que des milliers d'ostraca retrouvés dans une fosse profonde d'une cinquantaine de mètres, permettent d'appréhender le mode d'existence des Serviteurs de la Place de Vérité. Ils travaillaient par périodes de huit jours, suivies de deux jours de repos ; la journée de travail était de huit heures, de 8h à 12h et de 14h à 18h. Mais il ne faudrait pas oublier les nombreux jours de fêtes, tant nationales que particulières au Village, et les congés accordés pour certains motifs, tels le brassage de la bière, la célébration d'un anniversaire, une obligation familiale et, bien entendu, la maladie, car la règle de la confrérie précisait que seul un homme en bonne santé pouvait travailler sur un chantier.

Certains artisans du village y fondaient une famille, ici évoquée par un petit garçon qui demeurera nu jusqu'à la prise du pagne, lors de la puberté, et par une petite fille, déjà coquette, qui tient fièrement une fleur de lotus et un canard. Tous deux portent encore la natte caractéristique de l'enfance.

Deir el-Médineh, tombe de Sen-nedjem.

un fonds commun de solidarité permettait de faire face aux divers désagréments, et la petite communauté bénéficiait des soins de son médecin particulier ; si ce dernier s'estimait incompétent, le malade se rendait chez un spécialiste, et ses dépenses lui étaient remboursées.

Résidait au Village une " femme sage ", " celle qui savait ", une guérisseuse et une magicienne capable de soigner les maux les plus fréquents, comme les infections oculaires ou les affections gynécologiques, ainsi que les blessures résultant d'accidents du travail. Nous savons aujourd'hui que les médecins égyptiens étaient capables de poser un diagnostic précis en écoutant " la voix du cœur " et en appréciant la plus ou moins bonne circulation de l'énergie dans " les canaux du corps ".

Ils disposaient d'une pharmacopée remarquable et prescrivaient des pratiques alimentaires visant à drainer l'organisme et à éliminer les forces pathogènes, sans oublier les règles d'hygiène comme la fumigation régulière des maisons.

Dans l'atelier du village, un sculpteur met la dernière main à un pilier djed, " stabilité ", symbole d'Osiris, face à un sarcophage dressé. L'acte est ritualisé, puisqu'un de ses compagnons lit des " formules efficaces " pour sacraliser le travail de la main.

Deir el-Médineh, tombe d'Ipouy.

Les Serviteurs de la Place de Vérité, leurs épouses et leurs enfants savaient lire et écrire, et une partie de leur correspondance avec l'extérieur a été conservée, notamment des lettres rédigées par des femmes qui demandent aux membres de leur famille restés " à l'extérieur " de ne pas s'oublier les uns les autres, se plaignent de paiements en retard ou insuffisants, ou bien écartent des soupirants trop empressés.

Un sculpteur, qui semble avoir l'épaule bandée, termine la corniche dorée d'une chapelle dans une position plutôt acrobatique et inconfortable. Ce monument était sans doute destiné à l'une des fêtes du village.

Deir el-Médineh, tombe d'Ipouy.

Le Village disposait d'une bibliothèque comprenant les grands textes classiques comme " les Maximes de Ptah-hotep ", les enseignements des pharaons à leurs successeurs , les contes de Sinouhé et du Naufragé, des chants d'amour et même une Clé des Songes dans laquelle on apprend que " rêver de devenir fonctionnaire signifie que la mort est proche ".

La distraction préférée des villageois était la musique.

La plupart des activités s'accomplissaient en chantant ou en écoutant des airs agréables, et il n'y avait ni fête ni banquet sans orchestre composé d'hommes et de femmes. Et l'on devait souvent écouter, sous le ciel étoilé, le chant du harpiste : " Ta place est parfaite dans l'Occident... Fais un jour heureux, celle que tu aimes est assise auprès de toi. Ne pratique pas le mal, Dieu le

La déesse Maât, tenant le signe de vie dans la main droite, enveloppe de ses ailes le dieu Ptah, patron des bâtisseurs, pour lui offrir le souffle créateur. Ainsi l'esprit et la main des artisans sont-ils animés par la rectitude et l'harmonie.

Vallée des Rois, tombe de Seth-nakht et de Taousert.

déteste. Souviens-toi de ce qui est heureux, toi dont le cœur est juste."

Fait remarquable, la Place de Vérité disposait de son propre tribunal, rigoureux comme l'équerre, le plus souvent composé de huit membres chargés de "distinguer la vérité du mensonge et de protéger le faible du fort". Les sages du Village, dont des femmes, traitaient des affaires publiques comme privées et pouvaient organiser interrogatoires et perquisitions. Ce tribunal servait de chambre d'enregistrement pour les actes juridiques divers, dont les déclarations de succession, chacun pouvant léguer ses biens à qui il le désirait.

Un harpiste âgé garde les yeux clos pour mieux se concentrer sur son art qui doit exprimer l'harmonie céleste.

Deir el-Médineh, tombe d'Inherkhâou.

LA VIE ÉCONOMIQUE

Les salaires étaient versés le 28 de chaque mois : cinq sacs d'épeautre et deux d'orge pour les chefs d'équipe, quatre d'épeautre et un demi d'orge pour les subordonnés. Tous les dix jours, du sel, des huiles, des onguents et des parfums pour l'ensemble des habitants ; chaque jour, plusieurs kilos de pain, des gâteaux, au moins trois cents grammes de poisson par personne, des légumes et des fruits frais, du lait et de la bière ; et selon les besoins, des vêtements et des sandales.

Chaque jour également, une centaine d'ânes et cinquante porteurs livraient de l'eau déversée dans deux réservoirs, l'un près de l'entrée nord, l'autre près du mur sud. Les villageois venaient y remplir leurs cruches, et ils disposaient d'autres réserves d'eau, dans des amphores piquées en terre, à l'abri du soleil. Il existait aussi un puits au nord-est du temple, utilisé pour les rituels.

Lors de grandes fêtes ou bien pour célébrer des événements importants, les pharaons avaient coutume de livrer à la confrérie des aliments de choix, notamment des grands crus.

Pendant que des caprinés dénudent un arbre, facilitant ainsi le futur travail du bûcheron, un porteur de sacs chemine en direction du village auquel il doit livrer son précieux chargement.

Deir el-Médineh, tombe d'Ipouy.

Étant considérés comme des travaux particulièrement pénibles, lessivage et blanchissage étaient confiés aux hommes. À Deir el-Médineh, c'étaient des auxiliaires qui s'en chargeaient.

Deir el-Médineh, tombe d'Ipouy.

Les artisans au travail : on les voit fabriquer des piliers djed, utiliser l'herminette, achever un coffre précieux, dessiner sur un vase et sculpter un sphinx.

Tombe thébaine de Nébamon.

Les villageois consommaient toutes les sortes de viandes, y compris du porc, et ils disposaient d'un vivier afin de ne jamais manquer de l'aliment de base, le poisson, frais ou séché.

Quant au grain, il était entreposé dans de profonds silos et dans de grandes amphores mises à la disposition des " maîtresses de maison ", selon l'appellation égyptienne.

Le poisson était l'aliment de base de la confrérie qui disposait même d'un vivier privé. Ici, on voit un pêcheur disposer ses prises dans un panier qu'il a consolidé.

Deir el-Médineh, tombe d'Ipouy.

Les pêcheurs étaient des auxiliaires chargés d'approvisionner le village ; ils savaient tendre des filets pour prendre les nombreuses espèces de poissons vivant alors dans le Nil, dont d'énormes perches.

Deir el-Médineh, tombe d'Ipouy.

Creusées en contrebas du Village et entourées de murs par souci d'hygiène, des décharges accueillaient détritus et déchets divers.

Afin que les Serviteurs de la Place de Vérité puissent se consacrer au maximum à leur art, ils bénéficiaient du concours d'auxiliaires, à savoir des blanchisseurs, des boulangers, des chaudronniers, des potiers, des tisserands, des coupeurs de bois, des forgerons, des pêcheurs et des jardiniers ; les maîtresses de maison pouvaient faire appel à des employées occasionnelles qui faisaient payer cher leur journée de travail au cours de laquelle elles préparaient du pain, du fromage ou d'autres nourritures, ou bien s'occupaient du bétail que possédaient les villageois et qui demeurait sur leurs terres, à l'extérieur de la Place de Vérité.

Notons aussi que les artisans étaient autorisés à exécuter, à leur guise, des commandes provenant de l'extérieur, par exemple des sarcophages, des lits, des coffres ou des chaises qu'ils échangeaient contre des produits de beauté, des vêtements ou d'autres biens.

LES MAISONS DU VILLAGE

Elles étaient toutes mitoyennes, et leur superficie moyenne était de 70 m^2, mais les célibataires occupaient des demeures plus petites, et les chefs d'équipe et le scribe de la Tombe avaient droit à un logement plus spacieux.

Seuls quelques animaux domestiques (chiens, chats, petits singes et oies) étaient admis dans ce Village coquet, composé de maisons blanches bien entretenues. L'aménagement de l'espace intérieur est constant : une première pièce dans laquelle on descendait par quelques marches, après avoir franchi une

Au cœur du village. Sur la gauche, la rue principale ; sur la colline de droite, en dehors de l'enceinte, les tombes des artisans.

Une évocation du paradis que les Égyptiens appelaient " le champ des roseaux " : un jardin luxuriant avec des palmiers et des palmiers doum, des centaurées, des mandragores et des coquelicots.

Deir el-Médineh, tombe de Sen-nedjem.

Incarnation du soleil, le chat combat victorieusement, avec son couteau, le serpent des ténèbres qui tente d'assécher le fleuve céleste et d'interrompre ainsi le flux vital.

Deir el-Médineh, tombe d'Inherkhâou.

porte peinte en rouge pour écarter les forces nocives, où se trouvait une sorte de lit rituel en briques, décoré du dieu Bès, " l'initiateur ", et des génies féminins. Ce dispositif symbolique évoquait la perpétuelle renaissance des Serviteurs de la Place de Vérité. Autre fonction importante de cette pièce : rendre hommage aux ancêtres de la confrérie, " les esprits lumineux et efficaces " dont la présence indispensable était concrétisée par des stèles et des bustes auxquels on faisait offrande chaque matin.

Le toit de la deuxième pièce, un peu plus vaste, était supporté par une ou plusieurs colonnes soit en pierre, soit formées d'un tronc de palmier plâtré. Le long des murs, des banquettes en briques ou en pierre servant de sièges, voire de lits.

Accompagné de son enfant, un couple " juste de voix ", éternellement jeune, vogue sur le fleuve de l'au-delà. Le gouvernail se manœuvre de lui-même et, grâce à l'œil peint à sa proue, la barque discerne elle-même son chemin.

Deir el-Médineh, tombe de Pached.

On trouve aussi une stèle dédiée à une divinité et une “ fausse porte ” permettant de communiquer avec l’invisible. De cette pièce partait un escalier conduisant à une cave où étaient conservés aliments et boissons.

Puis venaient deux pièces plus petites, utilisées comme salons ou chambres à coucher, et une cuisine, en partie à ciel ouvert et à laquelle était adjointe une seconde cave.

Existait-il, au moins dans certains cas, un étage ? En tout cas, toutes les maisons, au nombre de soixante-dix à l’époque de Ramsès II, se terminaient par une terrasse où l’on dormait volontiers à la saison chaude et où l’on goûtait la douceur des soirées.

De bonne qualité, le mobilier comprenait des sièges de tailles diverses, dont certains pliants, des lits bas, des nattes, des coffres de rangement au couvercle plat ou bombé, de robustes tables basses et des lampes, composées d’une base en calcaire et d’une colonnette en forme de tige de papyrus sur laquelle était posé un récipient en bronze rempli d’huile spéciale. Vaisselle de métal et de pierre équipaient les cuisines, et rien ne manquait ni aux Serviteurs de la Place de Vérité ni à leurs épouses, qui pouvaient s’acheter perruques raffinées, belles robes plissées et produits de beauté de première qualité.

Les maisons du Village ne sont pas des demeures banales ; en raison de la présence des divinités et des ancêtres, elles unissent le sacré et le profane, et elles associent le quotidien des habitants au surnaturel.

Cruche d'eau fraîche, pain et composition florale, dont un bouquet de lotus, l'un épanoui, les autres en bouton : par l'offrande, la vie continue à croître dans l'au-delà.

Vallée des Rois, tombe de Seth-nakht et de Taousert.

LES TOMBES
DE LA PLACE DE VÉRITÉ

Quatre cent cinquante sépultures non décorées, cinquante-trois décorées : tel est le bilan établi par les fouilleurs. Et il faut déplorer de nombreuses dégradations et des incendies qui nous privent de nombreux chefs-d'œuvre.

La nécropole de l'est était divisée en trois étages : dans la partie basse, les enfants morts en bas âge et les fœtus ; au-dessus, les adolescents ; dans la partie supérieure, les adultes, dont des personnes très âgées, la plupart inhumées avec des instruments de musique.

Les tombes les plus anciennes sont individuelles et rarement décorées ; avec l'extension du Village, notamment sous Ramsès II, on développa la nécropole de l'ouest et l'on créa de vastes tombes familiales après avoir remanié et agrandi des caveaux. Ainsi s'organisa un véritable réseau de catacombes, avec des escaliers, des couloirs et des portes.

Porte par où sort et entre l'âme lumineuse du juste, pyramide symbolisant un rayon de soleil pétrifié, lucarne où se trouvait une stèle dédiée à la lumière et aux ancêtres : tel était le dispositif architectural adopté pour couronner les tombes des membres de la confrérie.

Coiffés d'une perruque noire et vêtus de somptueux vêtements blancs, Inherkhâou et son épouse, entourés de leurs enfants, voient venir vers eux deux ritualistes. Le premier leur présente un coffre contenant une statuette de " Répondant " qui travaillera à leur place dans l'autre monde et une statuette d'Osiris au visage noir, le second une aiguière contenant l'eau purificatrice.

Deir el-Médineh, tombe d'Inherkhâou.

Une tombe complète ou, plus exactement, " une demeure d'éternité ", se composait de plusieurs éléments de dimensions variables. D'abord, une cour à laquelle on accédait en franchissant un pylône analogue à celui d'un temple ; on y plantait des arbres, on y aménageait un bassin et l'on y disposait stèles et statues où s'incarnait le **ka** du défunt, sa puissance créatrice immortelle. Après avoir traversé cette cour, les vivants atteignaient la chapelle surmontée d'une petite pyramide pointue,

Inherkhâou et son épouse, ravis, écoutent un harpiste qui leur recommande de " célébrer un jour heureux " pour l'éternité. Inherkhâou fut maître d'œuvre de la Place de Vérité sous Ramsès III, quelques années après les héros de La Pierre de Lumière.

Deir el-Médineh, tombe d'Inherkhâou.

évoquant le rayon de lumière que rejoignait l'âme du ressuscité. À l'intérieur de la lucarne creusée dans le massif de cette pyramide se trouvait une stèle montrant le ressuscité en adoration devant le soleil et la barque de lumière.

Le troisième élément de la tombe est le puits funéraire, ouvert soit dans la cour soit dans la chapelle ; ce boyau rectangulaire pourvu d'échelons de descente aboutissait à une porte qui donnait accès à l'ultime partie de la tombe, le caveau. Il pouvait se composer de plusieurs salles précédant la chambre de résurrection où était déposé le sarcophage contenant la momie.

Sen-nedjem et son épouse vivent dans les paradis de l'autre monde où ils travaillent en habits de fête et sans fatigue. L'éternité n'est pas un lieu d'inertie ; on continue à y œuvrer, mais sans peine.

Deir el-Médineh, tombe de Sen-nedjem.

Le plafond était souvent voûté pour évoquer les espaces célestes où l'être juste devenait une étoile ; lorsqu'elles sont peintes, les parois offrent d'admirables scènes, rarement consacrées à la vie quotidienne des villageois comme dans la tombe d'Ipouy. Elles montrent " les justes de voix ", hommes et femmes, franchissant les portes de l'au-delà sans avoir à craindre leurs redoutables gardiens parce qu'ils connaissent leurs noms, afin d'aller à la rencontre d'Osiris, le juge des morts, qui pèse leur cœur pour savoir s'il est en conformité avec Maât.

Les justes respirent des lotus, célèbrent de joyeux banquets en compagnie de leurs proches, sèment, labourent et moissonnent sans aucun effort dans les champs de l'au-delà, voguent dans la barque de Râ, se désaltèrent à l'ombre d'un palmier et triomphent du néant en évitant la " seconde mort " pour accéder à une vie en éternité faite d'incessantes transmutations.

Dans les rares tombes qui ne furent pas pillées, on a retrouvé des lits, des sièges, des nattes, des corbeilles contenant des nourritures momifiées comme du raisin ou des noix de palmier doum, des vases à onguents, des cannes, des outils comme équerre et niveau, bref l'ensemble des objets utilisés par les villageois pendant leurs différentes activités.

En les intégrant au processus d'immortalité, on leur conférait une valeur sacrée. Ainsi était affirmée une conviction essentielle depuis l'origine de la civilisation pharaonique : l'esprit et la matière ne doivent pas être dissociés, car cette dernière peut servir de support harmonieux à l'esprit.

Vue du village depuis les tombes de la nécropole de l'ouest. Au fond à gauche, le temple. Telle était la perspective qui s'offrait aux âmes des villageois reposant dans leur demeure d'éternité.

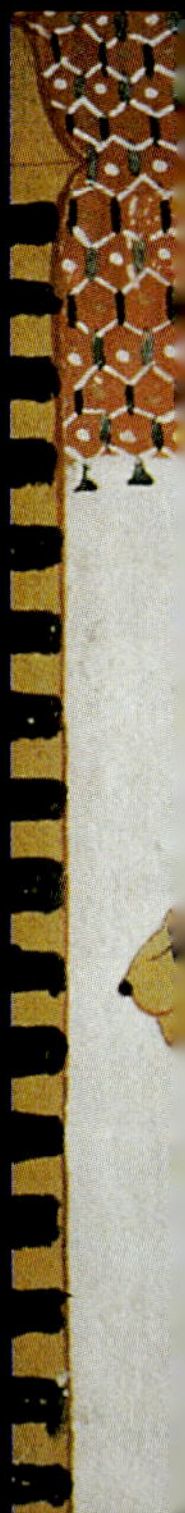

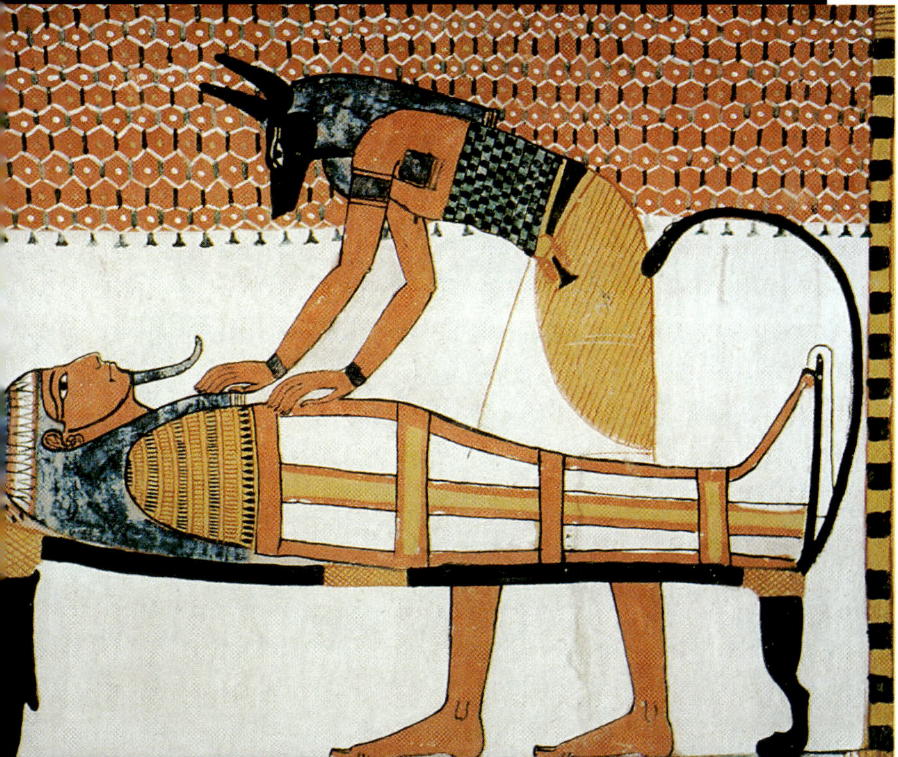

Anubis à tête de chacal termine la momification d'un maître d'œuvre dont le corps de résurrection est placé sur un lit à tête de lion, symbole de l'éveil.

Deir el-Médineh, tombe de Sen-nedjem.

LE TEMPLE DE LA CONFRÉRIE

Le temple que l'on admire aujourd'hui sur le site de Deir el-Médineh date de l'époque ptolémaïque, mais comme c'est le cas pour plusieurs édifices de l'Égypte finissante, consciente de vivre ses derniers moments dans un monde dominé par la Grèce puis par Rome, on constate un respect des anciennes traditions et la volonté de les transmettre.

Avec sa haute enceinte, son portail monumental, sa grande cour et sa structure architecturale, ce petit temple est un reflet fidèle de celui dans lequel les Serviteurs de la Place de Vérité célébraient leurs rites. Aucun ritualiste extérieur, en effet, n'y officiait ; les artisans étaient aussi des prêtres, et leurs épouses des prêtresses d'Hathor et de Maât, déesses auxquelles était dédié le sanctuaire.

Comme dans chaque temple égyptien, on passe progressivement de la pleine lumière de la grande cour à l'obscurité du sanctuaire où se révèle la lumière divine qui renaît chaque matin avec les rites de l'aube.

Pylône d'accès au temple de Deir el-Médineh. Au sommet de cette porte ouverte dans le mur d'enceinte se levait le soleil, ressuscité chaque matin.

De cette salle intermédiaire du temple de Deir el-Médineh, entre la grande salle à ciel ouvert et le sanctuaire, part le petit escalier qui conduit au toit.

Parmi les personnages représentés dans le sanctuaire, on remarquera l'hommage rendu à Imhotep, le créateur de la pyramide à degrés de Saqqara et le père spirituel de tous les architectes d'Égypte.

Les textes du temple préservent l'enseignement spirituel et symbolique dispensé aux Serviteurs de la Place de Vérité, notamment l'initiation aux mystères d'Osiris que l'on peut contempler dans la petite chapelle du sud.

L'initiation des Serviteurs de la Place de Vérité leur permettait de rencontrer la déesse Maât pour en vivre l'enseignement, dans leur cœur comme dans leurs créations.

Temple de Deir el-Médineh.

Au-dessus de la fenêtre du temple, une frise d'uraeus (cobras) surmontés de soleils forme une barrière de feu qui écarte les profanes du sanctuaire. La fenêtre laisse passer Chou, " l'air lumineux " qui anime la pensée et la main des artisans.

Temple de Deir el-Médineh.

En présence de Maât et de Thot, le cœur de qui prétend à la connaissance est pesé sur la balance divine. Pour être reconnu juste, il doit être aussi léger que la plume de Maât.

Temple de Deir el-Médineh.

On y verra la scène de la pesée de l'âme sur la balance de Maât, tandis qu'Anubis façonne un nouveau soleil auquel s'incorpore le ressuscité.

Sur le territoire de la confrérie avaient été construits de nombreux oratoires dans lesquels étaient invoquées des divinités comme Ptah, patron des bâtisseurs, Hathor, la souveraine de l'amour, ou Meresger, la déesse du silence ; les membres de l'équipage disposaient aussi de locaux où ils célébraient des initiations et discutaient de leurs projets.

À l'intérieur du disque solaire, deux formes de la lumière : sa puissance symbolisée par un homme à tête de bélier, et sa capacité permanente de transmutation incarnée par un scarabée.

Vallée des Rois, tombe de Séthi II.

LA VALLÉE DES ROIS, UN CHANTIER DE CINQ SIÈCLES

Si la confrérie a travaillé dans la Vallée des Rois et participé à la construction et à la décoration des "temples des millions d'années" de la rive ouest de Thèbes, et si certains de ses membres furent appelés à remplir des missions ponctuelles à l'extérieur, sa tâche principale consistait à créer la demeure d'éternité du pharaon dans la Vallée des Rois, l'un des sites les plus exceptionnels d'Égypte où reposèrent les Amenhotep, les Thoutmosis, les Ramsès et le célèbre Toutankhamon.

Dans la main du scribe dessinateur, la palette avec le matériel d'écriture et la " clé de vie ". Par ses œuvres, il fait naître les formes harmonieuses révélées par Maât.

Vallée des Rois, tombe de Seth-nakht et de Taousert.

Un Serviteur de la Place de Vérité maniant les deux outils fondamentaux : le maillet et le ciseau.

Deir el-Médineh, tombe d'Ipouy.

Parmi les secrets d'État que possédait la Place de Vérité figurait le plan des tombes royales. Dès sa première année de règne, le pharaon choisissait, avec le maître d'œuvre de la confrérie, l'emplacement de sa future sépulture. L'équipe de droite et l'équipe de gauche recevaient alors les outils que le scribe de la Tombe sortait de la chambre forte : grands pics, ciseaux de cuivre, herminettes et mèches qui produisaient de la lumière sans fumer pour ne pas noircir les parois de la tombe.

Les spécialistes vérifiaient la qualité de la roche, un calcaire excellent pour la sculpture, puis les artisans organisaient un atelier dans la Vallée elle-même.

L'œil complet est pourvu de bras qui portent une coupelle, d'où sortent deux mèches donnant la lumière grâce à laquelle peintres et dessinateurs pouvaient travailler dans les tombes.

Deir el-Médineh, tombe de Pached.

Devant Osiris assis sur son trône, une fleur de lotus sert de support aux " quatre fils d'Horus " correspondant aux viscères qui doivent être préservés pour renaître symboliquement.

Vallée des Rois, tombe de Seth-nakht et de Taousert.

Ce personnage féminin qui magnétise une étoile à cinq branches symbolise un moment du voyage du soleil. Du disque rouge qu'elle porte sur la tête jaillit un flux d'énergie.

Vallée des Rois, tombe de Seth-nakht et de Taousert.

Afin d'éviter trop de déplacements, ils dormaient dans des cabanes en pierre construites à " la station du col ", dans la montagne thébaine. Des chapelles et des stèles conféraient au lieu un caractère sacré.

Toutes les tombes royales répondent à une même symbolique, mais chacune est une œuvre originale avec un style particulier. Qui a eu la chance de visiter l'ensemble de ces demeures d'éternité a pu constater une variété de dessins et de couleurs, depuis le dépouillement de la tombe de Thoutmosis III dont le décor ressemble à un papyrus déroulé jusqu'au chatoiement de celle de Ramsès III.

Première étape : aplanir les parois en les plâtrant. Ensuite, tracer les " grilles " de proportions, puis les esquisses et procéder aux rectifications nécessaires à l'encre rouge. Enfin, peindre les inscriptions hiéroglyphiques et les scènes.

L'épouse d'un Serviteur de la Place de Vérité est somptueusement vêtue, maquillée et coiffée d'une lourde perruque surmontée d'un cône de parfum. Prête pour le banquet céleste, elle fait un geste de vénération.

Deir el-Médineh, tombe de Pached.

Malgré les dégradations, les couleurs apparaissent encore d'une extraordinaire fraîcheur. Des huiles de lin et de pavot, de l'essence de pistachier servaient de liant, et l'on utilisa des vernis, souvent incolores, pour fixer les couleurs dont la fabrication n'a sans doute pas livré tous ses secrets. Broyées, les poudres colorées étaient agglomérées en pains discoïdes épais dont le peintre délayait des parcelles en fonction de ses besoins ; les artistes de la Place de Vérité utilisaient des pigments ne fondant pas sous la chaleur, demeurant insolubles dans l'eau et inaltérables à l'air. Le célèbre bleu égyptien, d'après une découverte récente, est un complexe pigment de synthèse obtenu par la cuisson en moule d'un mélange de substances, entre 850 °C et 1100 °C, sans omettre des qualités de broyage variées pour obtenir des nuances entre turquoise et lapis-lazuli.

DEMEURE DE L'OR ET PIERRE DE LUMIÈRE

Parcourir les tombes de la Vallée des Rois permet donc de découvrir les sculptures et les peintures créées pendant cinq siècles par les Serviteurs de la Place de Vérité.

C'est dans un atelier réservé à quelques membres de la confrérie, " la demeure de l'or ", que l'on créait les statues et les œuvres les plus précieuses en leur donnant la vie. " Tu vois les mystères de la demeure de l'or, était-il dit à celui qu'on y admettait, tu vénères la puissance, tu contemples la barque primordiale où repose le Dieu des dieux, tu le vois dans sa forme secrète. "

Oiseau à tête humaine, le ba l'une des formes que prend u ressuscité pour faire un voyag incessant entre le ciel et sa demeure d'éternité.

Vallée des Rois, tombe de Seth-nakht et de Taousert.

Mère d'Amenhotep Ier, vénéré comme le fondateur de la Place de Vérité, Ahmès-Néfertari est souvent représentée comme une reine noire, autrement dit comme la mère spirituelle de la confrérie.

Deir el-Médineh, tombe d'Inherkhâou (fragment conservé au Musée de Berlin).

Un disque solaire entre ses cornes, la vache Hathor, au doux regard, est la protectrice de la Place de Vérité. Incarnation de l'amour céleste, elle offre le lait des étoiles à ses fidèles.

Vallée des Rois, tombe de Ramsès III.

Portant un masque en forme de tête du faucon Horus, un ritualiste de la Place de Vérité ouvre la bouche de la momie avec une herminette, un outil de menuisier.

Deir el-Médineh, tombe d'Inherkhâou.

Fait essentiel, " la demeure de l'or " est également le nom de la chambre du sarcophage des tombes royales, là où reposait le corps osirien du pharaon, support de sa résurrection.

On ne saurait mieux souligner l'importance de la tâche des Serviteurs de la Place de Vérité, authentiques alchimistes qui ont su spiritualiser la matière et rendre lumineux tout ce qu'ils ont façonné, dessiné et peint.

Ils savaient manier " la pierre de lumière " qui est au cœur de notre récit et, grâce à elle, ils ont transmis dans leurs œuvres une sagesse, un rayonnement et une harmonie qui ont vaincu le temps et nous touchent au cœur.

OUVRAGES GÉNÉRAUX

BIERBRIER, M ., The Tomb-Builders of the Pharaohs, 1982 (trad. française : Les bâtisseurs de Pharaon. La confrérie de Deir el-Médineh, avec préface de C. Jacq, Monaco, 1986).

BRUYÈRE, B., Mert Seger à Deir el-Médineh, Le Caire, 1930.

ČERNÝ J., A Community of Workmen at Thebes in the Ramesside Period, Le Caire, 1973.

ČERNÝ J., The Valley of the Kings, Le Caire, 1973.

DELLA MONICA, M., La classe ouvrière sous les pharaons, Paris, 1975.

FORNARI, A., et M. TOSI, Nella Sede della Verità. Deir el Medina e l'ipogeo di Thutmosi III, Milan, 1987.

GUTGESELL, M., Arbeiter und Pharaonen. Wirtschafts-und Sozialgeschichte im alten Ägypten, Hildesheim, 1989.

JANSSEN, J.J., Village Varia. Ten Studies on the History and Administration of Deir el-Medina, Leiden, 1997.

LESKO, L.L., Pharaoh's Workers. The Villagers of Deir el Medîna, Ithaca, 1994.

McDOWELL, A.G., Jurisdiction in the Workmen's Community of Deir el-Medîna, Leiden, 1990.

ROMER, J., Ancient Lives. The Story of the Pharaohs'Tombmakers, London, 1994.

VALBELLE, D., " Les ouvriers de la Tombe ". Deir el-Médineh à l'époque ramesside, Le Caire, 1985.

VENTURA R., Living in a City of the Dead, Freiburg, 1986.

POUR LES ÉTUDES DE DÉTAIL (PUBLICATIONS DE TOMBES, D'OSTRACA, ARTICLES DIVERS, ETC.), ON CONSULTERA DEUX OUVRAGES QUI DONNENT UNE BIBLIOGRAPHIE SYSTÉMATIQUE :

DEMARÉE, R.J., and J.J. JANSSEN, Gleanings from Deir el-Medîna, Leiden, 1982, ouvrage dans lequel on trouvera le travail de L.M.J. ZONHOVEN, A Systematic Bibliography on Deir el-Medîna, p. 245-298.

DEMARÉE, R.J., and A. EGBERTS, Village Voices, 1992, ouvrage dans lequel on trouvera le travail de B. HARING, A systematic Bibliography on Deir el-Medîna 1980-1990, p. 111-137.

ON Y AJOUTERA :

TOSI, M., La cappella di Maia. Un pittore a Deir el-Medina, Turin, 1994.

FISCHER-ELFERT, H.-W., Lesefunde im literarischen Steinbruch von Deir el-Medineh, Wiesbaden, 1997.

Vallée des Rois, tombe de Seth-nakht et de Taousert.

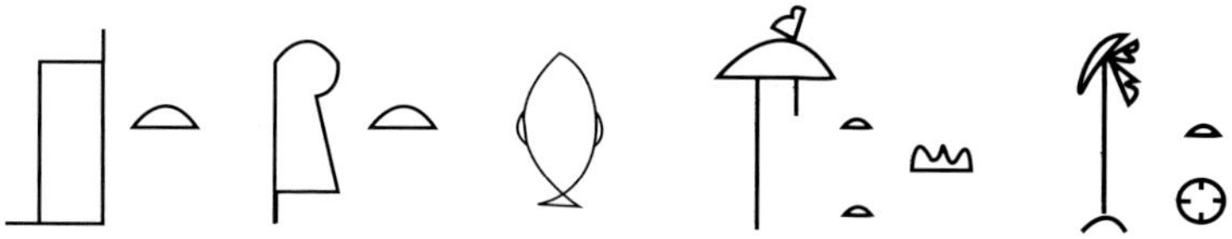

SET MAÂT HER IMENTY OUASET
LA PLACE DE VÉRITÉ À L'OCCIDENT (DE) THÈBES

Crédits photographiques

Actes Sud-Errance, Arles, Paris, 1999. Aquarelles de J.-C. Golvin, textes d'A. Gros de Beler, 8-9, 64. AKG Paris/S. Domingie : 10. Dagli Orti : 3, 21, 24-25, 36, 37, 39. Farida II, Inc. : 6, 12, 22, 28, 34, 42, 48. Institut Ramsès : 2, 13, 20, 30, 33, 35, 43, 43, 44, 45, 47, 49, 50, 52, 53, 55, 56, 58, 62. Institut Ramsès / Livet Jacques : 7, 11, 14, 15, 17, 18, 19, 23, 26, 27, 28, 29, 31, 40, 41, 51, 54, 57, 59, 63. Meunier Noël : 4, 5.

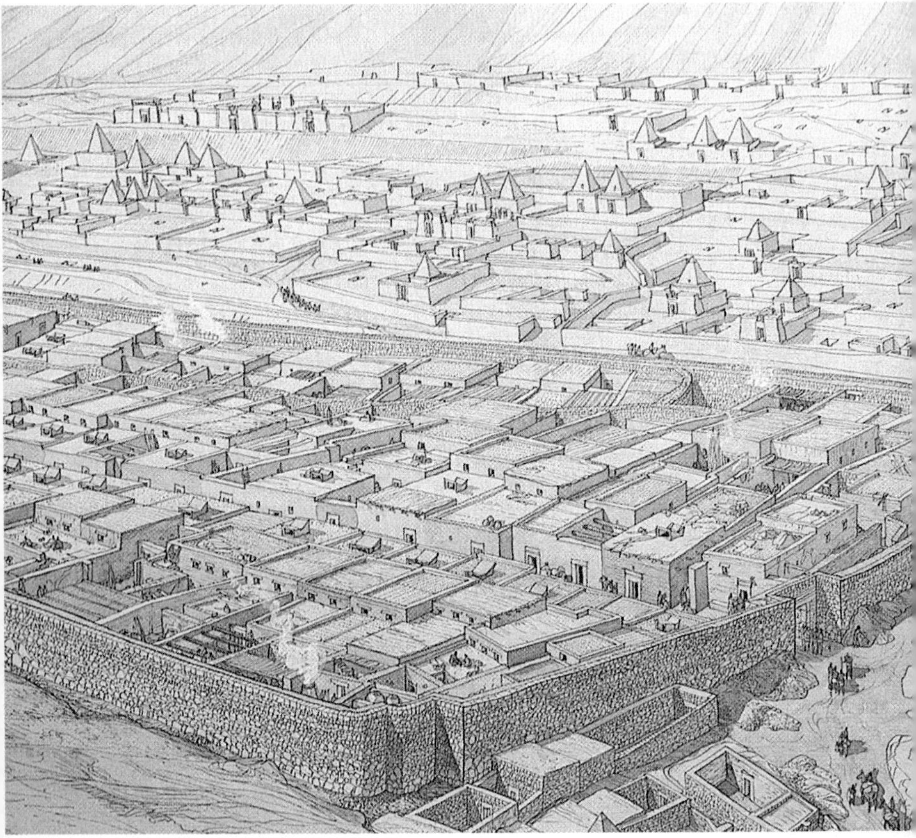

Voyage en Égypte ancienne (J.C. Golvin).

POUR LA PREMIÈRE FOIS, CHRISTIAN JACQ
NOUS RACONTE EN IMAGES LA VÉRITABLE HISTOIRE
DE CETTE « PLACE DE VÉRITÉ » OÙ SE DÉROULE SON ROMAN.
LÀ, NON LOIN DE LOUXOR, UNE CONFRÉRIE
D'ARTISANS A ÉTÉ CHARGÉE PENDANT CINQ SIÈCLES ENVIRON
DE CREUSER ET DE DÉCORER LES TOMBES DES PHARAONS
DU NOUVEL EMPIRE. UN VOYAGE EXCEPTIONNEL ET INÉDIT,
OÙ LA FICTION REJOINT LA RÉALITÉ.

pire. Qu'il comparaisse devant un jury qui le condamnera pour meurtre et parjure.

— Une preuve décisive manque, estima le doyen.

— Peut-être pas, objecta Sobek. L'un de mes hommes, qui patrouillait ce soir-là sur le lieu du crime, se souvient d'avoir aperçu un rôdeur.

On fit comparaître le policier qui, impressionné par le doyen et les jurés, eut la plus grande peine à s'exprimer, mais finit par admettre qu'il croyait bien avoir reconnu l'accusé.

Le doyen n'avait plus le choix.

— Je décide donc...

— Un instant.

— Qui ose m'interrompre ?

Une femme âgée, mince, aux magnifiques cheveux blancs, se présenta devant le président du tribunal.

— Néfer le Silencieux est innocent.

— Qui es-tu ?

— La femme sage de la Place de Vérité.

39

Des murmures parcoururent l'assemblée, stupéfiée par l'apparition de cette femme étrange qui avait l'allure d'une reine. Pour beaucoup, la femme sage de la Place de Vérité n'était qu'un personnage légendaire, doté de pouvoirs surnaturels. Comme elle ne sortait jamais du village, son existence même avait été mise en doute.

Le président du tribunal éprouva des difficultés à trouver ses mots.

— Comment... comment pouvez-vous être aussi affirmative ?

— Depuis que Néfer le Silencieux habite le village, je l'ai observé. Ce n'est pas un criminel.

— Votre avis n'est pas négligeable, estima le doyen avec prudence, mais seule une preuve...

— S'il est établi que Néfer ne pouvait pas se trouver sur la rive ouest la nuit du drame, ne serait-il pas définitivement innocenté ?

— Certes, mais lui-même est incapable de se souvenir de l'endroit où il se trouvait à ce moment-là.

La femme sage s'approcha du jeune homme qui admira la profondeur et la beauté de son regard.

— Donne-moi ta main gauche.

Elle la serra entre les siennes. Une chaleur à la fois douce et intense pénétra dans la paume de Néfer, monta le long de son bras et envahit sa tête.

— Ferme les yeux et souviens-toi.

L'âme-oiseau de Néfer entreprit un superbe voyage, volant au-dessus du Nil et des bateaux poussés par le vent. Puis elle fut irrésistiblement attirée par une palmeraie où se nichait un petit village proche d'Assouan, la Rive heureuse, où des enfants jouaient avec un petit singe vert.

— Oui, murmura-t-il, j'ai dormi à l'orée de ce village, enroulé dans ma natte, cette nuit-là. J'étais fatigué et morose, prisonnier de mon errance, sans aucun goût pour le monde extérieur... Mais c'était bien là, la Rive heureuse, et la pleine lune brillait.

Néfer ouvrit les yeux, la femme sage s'éloigna et s'adressa de nouveau au président du tribunal.

— Demandez au chef Sobek de se rendre immédiatement à cet endroit et d'y interroger les habitants.

Enfermé dans l'une des cellules du cinquième fortin, Néfer attendait sans impatience. À cause de l'intervention de la femme sage en sa faveur, les policiers se montraient particulièrement prévenants envers lui, de peur d'être frappés par un sortilège. Correctement nourri, autorisé à faire quelques pas au-dehors le matin et le soir, Néfer voyait Claire chaque jour.

Pour le rassurer, elle lui affirmait que tout se passait bien au village, mais il était persuadé que certains, doutant encore de son innocence, devaient lui mener la vie dure.

Enfin, au terme de deux semaines de voyage et d'enquête, Sobek ouvrit la porte de la cellule.

— Tu es libre et lavé de tout soupçon, Néfer. Plusieurs témoins t'ont bel et bien vu à la Rive heureuse, la nuit du crime. Ce n'est donc pas toi qui as tué le policier. À titre d'indemnité pour le préjudice subi, le tribunal t'accorde un coffre de rangement en bois, deux pagnes neufs et un rouleau de papyrus de bonne qualité. Quant à moi, je te présente mes excuses.

— Tu n'as fait que ton travail.

— Mais tu ne me pardonneras jamais...

— Pourquoi as-tu cru en ma culpabilité, Sobek ?

— J'ai agi deux fois à la légère : d'abord en supposant que le policier avait été victime d'un accident, ensuite en pensant que l'auteur de la lettre anonyme m'offrait l'identité de l'assassin et me permettait de réparer mon erreur. Si tu l'exiges, je demanderai ma révocation.

— Je ne l'exigerai pas.

Le Nubien se raidit.

— Je n'ai pas l'habitude qu'on s'apitoie sur mon sort...

— Ce n'est pas de la pitié. Tu as commis deux graves erreurs, en effet, et elles t'ont sans doute beaucoup plus appris que tous tes succès. À présent, tu seras d'autant plus méfiant et tu veilleras sur la sécurité du village avec davantage de lucidité.

Sobek eut le sentiment que Néfer le Silencieux était taillé dans un autre bois que la plupart des artisans de la confrérie. À aucun moment il n'avait élevé la voix et nul ressentiment ne semblait l'habiter.

— Demeure un problème grave, rappela le policier : qui a écrit cette lettre ?

— As-tu une piste ?

— Aucune, mais j'ai été ridiculisé et je suis rancunier. Il y a eu crime, c'est certain, et l'assassin est probablement l'auteur de ce document. Mais pourquoi a-t-il cherché à te détruire ?

— Je n'en ai pas la moindre idée.

— Je prendrai le temps qu'il faudra, promit Sobek, mais je ne laisserai pas cette énigme inexpliquée.

— Puis-je rentrer au village et retrouver mon épouse ?

— Tu es libre, je te l'ai dit, mais écoute-moi un instant encore : ne crois-tu pas que tu es en danger ?

— N'assureras-tu pas ma protection ?

— Je ne suis pas autorisé à pénétrer dans le village.

— Qu'aurais-je à y craindre ?

— Suppose que l'auteur de la lettre anonyme soit un membre de la confrérie... Il n'aura de cesse que de continuer à te nuire, voire de te supprimer. Et c'est dans le village même que tu seras le plus en danger.

— Mène ton enquête, Sobek, et identifie le démon qui se cache dans les ténèbres.

Le Nubien sentit que l'artisan ne prenait pas au sérieux ses avertissements mais il ne le retint plus, trop heureux de ne pas le voir déposer contre lui une plainte qui aurait mis fin à sa carrière.

À peine Néfer sortait-il du fortin qu'un chien noir bondit sur lui avec une telle fougue qu'il faillit le renverser. Après lui avoir posé les pattes sur les épaules et léché les joues, Noiraud entama une course folle autour de son maître et, la langue pendante, s'arrêta enfin pour se faire caresser.

Claire s'avança vers son mari qui la prit dans ses bras.

— Noiraud voulait être le premier à fêter ta libération... Quel bonheur de te retrouver !

— Pendant cette épreuve, je n'ai pensé qu'à toi. Je voyais ton visage, il effaçait l'angoisse et les murs de la cellule. Si tu n'avais pas été présente à l'audience, je me serais effondré.

— C'est la femme sage qui t'a sauvé.

— Non, c'est toi. Dès que je t'ai vue, j'ai su que les mensonges ne m'atteindraient pas.

— Mon père est mort, avoua-t-elle, et c'est Ardent qui s'est occupé des funérailles pour que je puisse être à l'audience. Ce garçon a un cœur d'or.

— As-tu revu la femme sage ?

— Non, et l'on m'a déconseillé de l'importuner. Il était temps que tu reviennes.

— Tu étais tenue à l'écart, n'est-ce pas ?

— Je ne me souviens de rien... Notre vie au village commence aujourd'hui.

Claire avait raison. À présent, Néfer savait que le bonheur était à la fois fragile comme les ailes d'un papillon et robuste comme le granit, à condition que l'on savoure chaque instant à la manière d'un miracle.

Accompagné de Noiraud, le couple se dirigea vers la porte principale.

— Je regrette de ne pas avoir assisté aux funérailles de ton père.

— Il t'admirait beaucoup, et j'espère l'avoir apaisé avant

le grand départ. Je lui avais promis que la justice serait rendue, elle l'a été.

— Ne possèdes-tu pas d'étranges pouvoirs ?

— Non, c'est ton amour qui m'a permis de ne pas perdre courage.

Le gardien les salua avec chaleur.

— Heureux de te revoir, Néfer ! Moi et mon collègue, on a toujours su que tu étais innocent. Il paraît qu'une fête se prépare, au village... Amusez-vous bien !

La porte s'ouvrit, Néfer et Claire rentrèrent dans leur nouvelle patrie.

Les deux chefs d'équipe à leur tête, tous les artisans s'étaient regroupés à l'entrée de la rue principale pour accueillir le couple et lui donner l'accolade. Les retrouvailles furent joyeuses, et l'on vida quelques amphores de bière douce en vantant les mérites de la femme sage.

— Puisque Néfer est de retour, dit Neb l'Accompli, l'heure est venue de procéder à l'initiation d'Ardent.

40

— Réveille-toi, dit Obed le forgeron à Ardent.

— Qu'est-ce qui se passe ?

— Ton ami Néfer a été libéré, et deux artisans viennent te chercher.

Ardent, qui avait dormi deux heures après une journée de travail intensive à la forge, se leva d'un bond.

— As-tu réfléchi ? demanda Obed.

— Le moment de mon initiation est arrivé !

Le forgeron n'insista pas. Pourtant, il était persuadé que le jeune colosse courait à sa perte.

— Où allons-nous ? interrogea Ardent.

Les deux artisans avaient un visage hostile.

— La première des vertus est le silence, répondit l'un d'eux. Si tu le désires, suis-nous.

La nuit était tombée, aucune lumière ne brillait ni dans le village ni aux alentours. D'un pas sûr, comme s'ils connaissaient la moindre aspérité du terrain, les deux artisans guidèrent Ardent jusqu'au seuil d'une chapelle de la nécropole creusée dans la colline bordant le flanc ouest du village.

Le postulant eut un mouvement de recul. Ce n'était pas la mort qu'il recherchait, mais une vie nouvelle ! Bien qu'il eût envie de poser dix questions, il parvint à tenir sa langue.

Les deux artisans s'écartèrent et disparurent dans les ténèbres, laissant Ardent seul face à la porte en bois doré, encadrée de montants en calcaire et surmontée d'une petite pyramide.

Combien de temps devrait-il encore attendre ? Si la confrérie croyait user sa patience, elle se trompait. À présent qu'il se trouvait devant la première porte, Ardent ne lâcherait plus prise.

Il était prêt à se battre avec n'importe quel adversaire, mais celui qui surgit des ténèbres lui donna la chair de poule : sur un corps d'homme, il avait une tête de chacal au long museau agressif et aux oreilles pointues ! Dans la main gauche, le monstre tenait un sceptre dont l'extrémité supérieure était un visage de canidé prêt à mordre.

L'homme à tête de chacal s'immobilisa à moins d'un mètre d'Ardent et lui tendit la main droite.

Ce n'était pas un monstre, si terrifiant fût-il, qui se mettrait en travers de son chemin ; aussi Ardent n'hésita-t-il pas, bien qu'il se souvînt des contes qui affirmaient que le chacal de la nuit n'apparaissait qu'aux morts.

— Si tu suis Anubis, indiqua l'étrange créature, il te mènera au secret. Mais si tu as peur, ne va pas plus loin.

— Qui que tu sois, remplis ta fonction.

— Cette porte ne s'ouvrira que si tu prononces les paroles de puissance.

L'homme à tête de chacal lâcha la main d'Ardent qui s'interrogea sur la conduite à adopter. Ces paroles, il ne les connaissait pas ! Fallait-il qu'il défonce la porte à coups de poing pour savoir ce qu'il y avait de l'autre côté ?

Avant qu'il ne prenne une décision radicale, Anubis réapparut, porteur d'une patte de bovidé en albâtre.

— Présente-la à la porte, ordonna-t-il à Ardent. Elle seule détient la parole de puissance, celle de l'offrande.

Le jeune colosse éleva la sculpture.

Lentement, la porte s'ouvrit. Apparut un homme à tête de faucon, vêtu d'un corselet d'or, et porteur d'une statuette en bois rouge représentant un personnage décapité, les pieds vers le ciel.

— Prends garde de ne pas marcher la tête à l'envers, Ardent, sinon, tu la perdras. Seule la droiture t'évitera ce triste sort. À présent, franchis le seuil.

Ardent pénétra dans une petite chapelle décorée de scènes qui montraient des membres de la confrérie en train de faire des offrandes aux divinités. Au centre de la pièce, le départ d'un escalier qui s'enfonçait dans les entrailles de la colline.

— Va au centre de la Terre, ordonna l'homme à tête de faucon, ouvre le grand vase qui s'y trouve, bois son eau pure afin de ne pas être consumé par le feu. Elle te fera découvrir l'énergie de la création.

Ardent descendit l'escalier, marche après marche, pour s'habituer à l'obscurité.

Il aboutissait à une crypte où avait été déposé un grand vase qu'il souleva en le prenant par les anses. L'eau qu'il contenait était fraîche et anisée.

Le jeune homme se sentit animé d'une vigueur nouvelle, comme au temps béni de l'inondation, lorsqu'on recevait l'autorisation de boire l'eau de la crue.

L'homme à tête de chacal et son compagnon à tête de faucon descendirent à leur tour dans la crypte et, avec des torches, éclairèrent un bloc d'argent et une cuvette du même métal, remplie d'eau. Ils l'utilisèrent pour laver les pieds d'Ardent avant de se disposer de part et d'autre du postulant et de verser le liquide purificateur sur sa tête, ses épaules et ses mains.

— Tu nais à une vie nouvelle, lui dirent-ils, et tu vas parcourir l'océan des énergies.

Au fond de la crypte, un passage conduisait à un caveau occupé par un sarcophage en forme de poisson, celui-là même qui avait avalé le sexe d'Osiris lorsque les parties du corps du dieu assassiné avaient été dispersées dans le Nil. Les deux ritualistes ôtèrent le couvercle et firent signe à Ardent de s'étendre à l'intérieur de l'énorme poisson incrusté de lapis-lazuli.

Il y vécut sa première métamorphose en percevant qu'il n'était pas seulement un homme mais appartenait à la création entière et se reliait ainsi à toutes les formes d'existence. Grâce au poisson de lumière, il se crut un instant capable de remonter à la source de la vie.

Mais le chacal et le faucon l'arrachèrent à sa méditation pour le faire remonter à la surface, sortir de la chapelle et entrer dans une autre, beaucoup plus vaste, où quatre flambeaux avaient été disposés en rectangle. À leurs pieds, quatre bassins d'argile mélangée avec de l'encens, remplis du lait d'une génisse blanche.

Plusieurs artisans étaient présents. Le chef d'équipe Neb l'Accompli prit la parole.

— C'est l'œil d'Horus qui nous permet de voir ces mystères et d'être en communion avec les bienheureux qui résident au ciel. Si tu désires vraiment devenir notre frère, tu devras travailler loin des yeux et des oreilles, et respecter notre règle, qui est notre pain et notre bière : elle s'appelle « la tête et la jambe [1] », car elle inspire à la fois notre pensée et notre action et sert de gouvernail à notre bateau communautaire. La règle est l'expression de Maât, la fille de la lumière divine, le principe de toute harmonie et le verbe créateur. Persistes-tu à demander ton admission parmi nous et désires-tu connaître l'étendue de tes devoirs ?

— Je persiste et je le désire, répondit Ardent.

— Sois vigilant pour accomplir les tâches que l'on te confiera, dit Neb l'Accompli, ne te montre jamais négligent. Recherche ce qui est juste, sois cohérent, transmets ce que tu auras reçu en l'incarnant dans la matière sans trahir l'esprit. Que le mystère de l'œuvre demeure caché tout en étant révélé ; sois silencieux et préserve le secret. Siège au temple si tu y es appelé, fais des offrandes aux dieux, au pharaon et aux ancêtres, participe aux processions, aux fêtes et aux funérailles de tes frères, cotise à notre fonds de solidarité, soumets-toi aux décisions de notre tribunal, ne tolère aucune malveillance. Ne te présente pas au temple si tu as agi contre Maât, si tu es en état d'impureté ou de mensonge. N'ajoute ni au poids ni à la mesure,

1. En égyptien, *tep-red*.

ne lèse pas l'œil de lumière, ne sois pas avide. Es-tu prêt à jurer sur la pierre que tu respecteras notre règle ?

— Je suis prêt.

C'est Néfer le Silencieux qui s'avança pour dévoiler une pierre taillée en forme de cube d'où semblait provenir une douce lumière.

— Sur ta vie et sur celle de Pharaon, t'engages-tu à respecter les devoirs que je viens d'énoncer ?

— Je m'y engage, affirma Ardent.

— Aujourd'hui, déclara le chef d'équipe, tu deviens Serviteur de la Place de Vérité, natif de la Tombe, et tu reçois ton nouveau nom : Paneb. Puisse-t-il durer comme les étoiles du ciel, n'être pas oublié pour l'éternité et préserver ta puissance jour et nuit. Que les divinités le rendent stable comme la vérité elle-même.

Tout en tenant dans la main gauche une canne à tête de bélier, incarnation du dieu Amon, Néfer inscrivit le nouveau nom d'Ardent sur son épaule droite avec un pinceau fin trempé dans l'encre rouge.

— Toi qui deviens artisan, reprit le chef d'équipe, sache toujours répondre à l'appel, travaille pour avoir accès aux formules de Thot, résoudre leurs difficultés et devenir expert en leurs secrets. Ainsi, tu accéderas à la contrée de lumière.

Paneb l'Ardent fut enduit d'huiles parfumées et d'onguents, puis revêtu d'une robe blanche et chaussé de sandales blanches. Sur sa langue, Néfer traça symboliquement l'image de Maât pour qu'elle ne prononce plus de paroles déviées.

Le chef d'équipe revoila la pierre et il éteignit les quatre flambeaux en les trempant dans les bassins de lait. Puis les artisans sortirent de la chapelle pour contempler les étoiles.

41

Quand l'aube se leva, Paneb l'Ardent et Néfer le Silencieux étaient toujours assis devant la porte de la chapelle où le premier venait d'être initié. Ils avaient contemplé les étoiles où vivaient à jamais les âmes des pharaons et des sages qui, depuis les origines de la civilisation égyptienne, avaient contribué à la bâtir.

— As-tu vécu les mêmes rites ? demanda Paneb à son ami.

— Exactement les mêmes.

— Et ton épouse ?

— Elle aussi, comme les autres femmes qui vivent au village. Elles appartiennent toutes à la confrérie des prêtresses d'Hathor, mais la plupart d'entre elles ne dépassent pas le premier échelon.

— Il y en a plusieurs ?

— Probablement...

— Chez les artisans aussi ?

— Bien entendu, mais l'essentiel, c'est que nous formons un équipage. Quelle que soit notre fonction, nous voguons tous sur le même bateau et chacun remplit à bord un rôle précis.

— Quel sera le mien ?

— D'abord, te rendre utile.

— Aux autres ?

— Utile à l'œuvre et, par surcroît, aux membres de la confrérie.

— Quelle est réellement cette œuvre, Néfer ?

— La construction de la tombe royale et tout ce qu'elle

implique. Grâce à elle, l'invisible est présent sur Terre et le processus de résurrection s'accomplit. Mais il nous reste beaucoup à apprendre avant de participer pleinement à l'œuvre.

— Je vais enfin dessiner et peindre !

— Le plus urgent, pour toi, c'est d'apprendre à lire et à écrire avec les enfants du village.

— Je ne suis plus un gamin ! protesta Paneb.

— L'écriture est la base de ton art, et tu n'as pas de temps à perdre. Kenhir est un professeur sévère, parfois tatillon, mais ses élèves sont bien formés.

— Puisqu'il faut en passer par là... Connais-tu la signification de mon nouveau nom ?

— Paneb signifie « le maître ». C'est le chef d'équipe Neb l'Accompli qui te l'a attribué pour te fixer un but impossible à atteindre. Il est persuadé que tu ne renonceras pas à devenir un maître et que tu brûleras ton énergie au fur et à mesure de tes échecs. Un jour, tu seras apaisé.

— Il sera déçu, le chef d'équipe ! Oui, je deviendrai un maître en mon métier et je mériterai mon nom. Il a cru me faire ployer sous un fardeau, mais il m'offre un feu qui ne s'éteindra qu'à ma mort.

À l'extérieur de l'enceinte, les auxiliaires s'attelaient à leur besogne. On déchargeait les ânes, on livrait l'eau nécessaire aux ablutions matinales.

Le soleil se levait sur la Place de Vérité, le territoire où Paneb l'Ardent allait vivre l'aventure dont il avait tant rêvé.

Enfin, il découvrait le village, bien à l'abri derrière ses hauts murs ! D'autres, moins élevés, étaient bâtis avec un soubassement de gros blocs pour faire obstacle aux torrents de boue et de pierraille provoqués par les orages, aussi rares que violents.

Situé à cinq cents mètres de la limite des plus fortes

crues qui ne le menaçaient donc pas, le village occupait tout l'espace de la petite vallée désertique, un ancien lit de torrent bordé de collines qui barraient la vue et protégeaient l'agglomération sacrée du regard des curieux. À égale distance du temple des millions d'années de Ramsès le Grand et de la butte sainte de Djêmé où sommeillaient les dieux primordiaux, « la ville », comme l'appelaient parfois les artisans, se présentait comme un lieu hors du monde, isolé de la vallée du Nil. À l'ouest, la falaise libyque ; au sud, un éperon rocheux contre lequel s'adossait le temple principal ; vers le nord, la sortie de la vallée et la pente douce en direction des cultures.

Deux nécropoles avaient été aménagées de part et d'autre du village. Celle de l'est avait été conçue en trois étages : l'inférieur pour les enfants, le médian pour les adolescents, le supérieur pour les adultes. Celle de l'ouest, également disposée en gradins, faisait face au soleil, et elle abritait les plus belles chapelles.

Ici, la vie, la mort et l'éternité étaient étroitement unies dans une harmonie à la fois naturelle et surnaturelle. Sur le territoire du village, il y avait aussi des sanctuaires, des chapelles de confrérie, des oratoires, des citernes, des greniers et d'autres bâtiments sacrés ou profanes.

— Viens, dit Néfer à Paneb, je t'emmène chez toi.

— Tu veux dire... que j'ai une maison ?

— Une petite maison de célibataire... Ne t'attends surtout pas à une merveille !

— Tu en as une, toi aussi ?

— J'ai eu plus de chance que toi, car elle est en meilleur état. Personne ne choisit : c'est le scribe de la Tombe qui nous attribue un domicile, et le chef d'équipe une place dans la chapelle de confrérie où nous nous réunissons.

— Qui la dirige vraiment ?

— Le scribe de la Tombe, Kenhir, et les deux chefs d'équipe, je devrais dire d'équipage, puisque notre confrérie est comparable à un bateau. Neb l'Accompli règne sur tribord, le côté droit, et Kaha sur bâbord, le côté gauche. Toi et moi avons été embauchés dans l'équipe du côté droit comme apprentis. Nous devons le respect aux compagnons et aux experts qui séjournent ici depuis de longues années et ont eu accès aux formules de connaissance.

— Combien sommes-nous ?

— Aujourd'hui, trente-deux artisans. Seize dans l'équipe de droite, seize dans celle de gauche. Il y en a eu davantage, autrefois, jusqu'à une cinquantaine. Mais se sont produits des décès et des départs vers d'autres horizons, et le pharaon préfère une équipe resserrée et cohérente. Ton admission comme la mienne relèvent du miracle ! En tant qu'apprentis, nous sommes tenus au silence pour tenter de devenir réellement « ceux qui ont entendu l'appel ».

— Dans quel corps de métier as-tu été engagé ?

— Celui des tailleurs de pierre qui ont pour mission de savoir utiliser le grand ciseau, capable de fendre la roche la plus dure, mais aussi de sculpter en finesse avec la petite herminette.

— On t'a laissé le choix ?

— Je ne possède pas tes dons pour le dessin, répondit Néfer, et j'ai toujours aimé tutoyer la pierre.

— Moi, ce sera le dessin, et rien d'autre !

— Et si le chef d'équipe te confie d'autres tâches ?

Le jeune colosse masqua mal son mécontentement.

— J'ai un but précis, personne ne m'en détournera !

— Neb l'Accompli n'est pas commode, précisa Néfer, et il n'aime pas qu'on discute ses ordres. Comme tu es le dernier apprenti, tu devras plier l'échine.

— Puisque tu es mon ami, tu sais que c'est impossible ! Tout chef d'équipe qu'il est, il ne me fait pas peur et il devra m'expliquer ce qu'il attend de moi. En Égypte, il n'y a pas d'esclaves, et je ne serai pas le premier.

Néfer n'insista pas, de peur d'attiser l'incendie. Les premiers pas de Paneb s'annonçaient difficiles.

Ce dernier découvrit avec curiosité le village lui-même, traversé par une rue principale nord-sud et un second axe perpendiculaire de moindre importance. À l'intérieur de l'enceinte, soixante-dix maisons blanches où vivaient les membres de la confrérie et leurs familles, et le scribe de la Tombe. Au nord, la plus ancienne partie habitée, datant de l'époque de Thoutmosis Ier.

Les deux amis passèrent devant la belle demeure de Ramosé qui y avait accueilli son successeur et fils spirituel, Kenhir, lequel disposait ainsi d'une salle à colonnes pour recevoir les artisans et d'un bureau parfaitement équipé.

Paneb sentit se poser sur lui le regard de ses collègues de l'équipe de droite qui était au repos. Une dizaine d'enfants, âgés de quatre à douze ans, lui emboîtèrent le pas en bavardant et en riant.

La rue principale aboutissait à une sorte de croisement, et les deux hommes se dirigèrent sur la droite, puis ils revinrent dans l'axe pour atteindre l'extrémité sud du village où se trouvait la maison attribuée à Paneb l'Ardent.

Ce dernier la contempla longuement.

Mais... c'est une ruine !

42

Les murs menaçaient de s'effondrer, les boiseries étaient rongées et les peintures écaillées.

— Cette maison n'est pas en excellent état, reconnut Néfer, mais elle présente l'avantage inestimable d'avoir été construite dans le village.

L'argument n'apaisa pas la colère de Paneb.

— Je veux voir immédiatement le scribe de la Tombe.

Sans se préoccuper des conséquences de sa démarche, le jeune colosse remonta la rue à vive allure et il pénétra dans la salle d'audience de Kenhir où ce dernier, assis sur une natte, déroulait un papyrus comptable.

— C'est vous qui m'avez attribué une masure inhabitable ?

Le scribe de la Tombe ne leva pas les yeux et continua à lire.

— Tu es bien l'apprenti Paneb ?

— C'est bien moi, et j'exige d'être correctement logé.

— Ici, gamin, un apprenti n'exige rien. Il écoute et il obéit. Vu ton caractère, tu auras beaucoup de mal à réussir, et ton chef d'équipe ne tardera pas à demander ton exclusion. Je serai le premier à lui donner raison.

— Ne dois-je pas être traité comme les autres artisans ? Eux, ils disposent d'un logement convenable !

— Pour le moment, tu n'es rien du tout. La confrérie t'a initié à tes premiers devoirs, mais qu'as-tu compris à la cérémonie ? Tu n'as même pas passé une seule journée dans le village et tu veux être installé comme un notable ! Mais pour qui te prends-tu ? Tu croyais peut-être que, sur ta bonne mine, on t'offrirait une superbe demeure, luxueusement meublée, avec une cave remplie de grands crus... Ignores-tu que tous tes collègues ont bâti ou réparé leur maison, sans gémir et sans protester ? Bénéficier d'un emplacement et de quelques murs, même branlants, c'est déjà une chance extraordinaire dont rêvent des centaines de candidats malheureux. Et toi, tu oses te plaindre ! À la vanité, tu ajoutes la bêtise.

Avec précaution, Kenhir continua à dérouler le papyrus tout en jetant un œil aux chiffres qui y étaient inscrits.

Paneb bouillonnait, hésitant à s'emparer du scribe, à le jeter hors de sa tanière et à saccager son matériel.

— Tu es encore là, apprenti ? Tu ferais mieux de rendre ta masure habitable, car personne ne t'aidera. Dans une confrérie comme la nôtre, celui qui n'est pas autonome n'a pas sa place.

Paneb tourna les talons, Kenhir respira mieux. Si le jeune colosse avait cédé à la colère, comment le scribe lui aurait-il résisté ?

Les marches du petit escalier de pierre menant de la rue au seuil de la première pièce étaient usées. À l'exception des assises inférieures de pierre qui avaient résisté au temps, le reste du gros œuvre, en briques sèches, était à reconstruire. Quant aux poutres, elles avaient tant souffert qu'il valait mieux les changer. À l'évidence, la masure n'avait pas été habitée depuis de nombreuses années, et il fallait d'abord la nettoyer de fond en comble.

Mais le discours du scribe de la Tombe avait plu à Paneb l'Ardent, et il venait de prendre conscience que cette ruine était sa première maison. Soudain, elle lui parut plus belle qu'un palais.

— Je suis prêt à t'aider, lui dit Néfer.

— D'après Kenhir, c'est interdit.

— Il y a la coutume, mais il y a aussi l'amitié.

— Je respecterai la coutume et je m'occuperai seul de la restauration.

— Certains aspects techniques risquent de t'échapper.

— Je commettrai des erreurs, mais ce sera mon chantier. En revanche, si tu m'invitais à déjeuner, je ne dirais pas non.

— As-tu supposé un seul instant que Claire t'avait oublié ?

Si la façade de la demeure attribuée à Néfer faisait illusion, l'intérieur exigeait une réfection complète. Il avait juste eu le temps d'aménager une petite cuisine où Claire préparait du bœuf bouilli et des lentilles au cumin. Les fumées s'évacuaient par un trou rond percé dans le toit.

Une nouvelle fois, Paneb fut frappé par l'extraordinaire beauté de la jeune femme dont le sourire lumineux obligeait les plus revêches à se montrer aimables.

— Bien que nous n'ayons pas encore de sièges, sois le bienvenu chez nous ! Je suis certaine que ta magnifique propriété t'a enthousiasmé.

Paneb éclata de rire.

— Tu me connais bien, Claire ! Hier, je dormais à la belle étoile ; aujourd'hui, je risque de périr écrasé sous le poids de vieilles briques qui s'écrouleront sur ma carcasse. Mais enfin, je suis ici, avec vous... et je meurs de faim !

Paneb l'Ardent dégusta le meilleur repas de sa jeune existence. Le pain était croustillant, la viande goûteuse, les lentilles moelleuses et la bière suave. Un fromage de chèvre compléta le festin.

— Demain matin, dit Claire, tu iras chercher tes rations.

— On mange comme ça tous les jours ?

— Beaucoup mieux lors des fêtes.

— Je comprends pourquoi il est si difficile d'entrer dans cette confrérie ! Un logement gratuit, de la nourriture à profusion, un métier passionnant... J'ai découvert le paradis sur terre.

— Sois quand même prudent, recommanda Néfer ; il est très difficile d'y entrer, en effet, mais très facile d'en sortir. Si ton chef d'équipe est mécontent de toi, ce n'est pas Kenhir qui te soutiendra. À eux deux, ils obtiendront ton renvoi immédiat.

— Comment t'entends-tu avec Neb l'Accompli ?

— C'est un homme rude, autoritaire, qui ne tolère aucune imperfection dans le travail. Pour être sincère, il ne t'apprécie pas beaucoup et il ne te permettra aucun écart.

— Est-il possible de passer dans l'autre équipe ?

— Je te déconseille d'entreprendre cette démarche. Elle déplaira fortement aux deux chefs d'équipe, et Kaha sera encore plus intransigeant que Neb l'Accompli.

— Entendu, je livrerai combat.

— Pourquoi entrevoir les rapports hiérarchiques comme une guerre ? interrogea Claire.

La question surprit Ardent.

— Il faut lutter à chaque instant, ici comme ailleurs. Le chef d'équipe tentera de me briser, il échouera.

— Et si son intention consistait à te former pour que tu accomplisses des œuvres majeures ?

— Je suis jeune, Claire, mais je n'ai plus aucune illusion. Entre les êtres, il n'existe que des rapports de force.

— Oublierais-tu l'amour ?

Paneb fixa son écuelle.

— Toi et Néfer, vous êtes un couple exceptionnel, mais vous ne pouvez pas servir de modèle. Tu es prêtresse d'Hathor, n'est-ce pas ?

— Depuis mon initiation, dit la jeune femme, je me rends à son oratoire chaque jour et je prépare les offrandes qui doivent être déposées sur les autels, dans le temple et dans les chapelles des tombes comme dans chaque maison. Au village, la vie est différente. Il y a des couples, des célibataires, des enfants, mais nos demeures sont aussi des sanctuaires et il n'existe d'autres prêtres et d'autres prêtresses que les artisans et leurs épouses. Dans nos fonctions respectives, le quotidien n'est pas séparé du sacré, et c'est la raison pour laquelle j'ai eu l'impression de sentir battre l'un des cœurs secrets de l'Égypte à l'abri des murs de ce village. Il nous est proposé d'expérimenter le mystère, d'en goûter la saveur, d'écouter sa musique, et ce destin-là nous appartient.

— À condition que les chefs d'équipe le veuillent bien...

— J'habite ici depuis peu de temps, ajouta Claire, mais je sais déjà que la persévérance est une vertu essentielle pour percevoir les lois invisibles de la Place de Vérité. Elle est une mère généreuse qui donne sans compter, mais notre cœur est-il assez ouvert pour l'accueillir ?

Les paroles de la jeune femme bouleversèrent Paneb l'Ardent. Elles déchirèrent un voile qui obscurcissait son regard et que l'initiation elle-même avait laissé intact. Bien qu'il eût entendu l'appel, il n'imaginait pas que ce modeste village fût un monde aussi vaste et qu'il contînt autant de trésors dont la véritable nature lui échappait encore.

— Dors-tu ici cette nuit ? questionna Néfer.

— Non, je dois m'occuper de ma maison. Sinon, Claire et toi aurez honte de moi.

— Je te répète que mon aide t'est acquise.

— Si je ne réussis pas seul, c'est moi qui aurai honte de ma médiocrité. J'avoue être idiot, par moments, mais j'ai quand même compris que la remise en état de cette masure était ma première épreuve.

43

Le travail en profondeur de Méhy donnait les résultats escomptés. Il ne lui fallut pas plus de trois mois pour obtenir le grade de commandant en chef des troupes thébaines dont la réorganisation administrative et militaire lui avait été confiée. Peu à peu, il parvenait à évincer les autres officiers supérieurs en utilisant son arme favorite, la délation, à laquelle il ajoutait une kyrielle de promesses qui enchantaient les oreilles des soldats : augmentation de la solde, possibilité de retraite anticipée, amélioration de l'ordinaire, modernisation des casernes. Lorsqu'elles n'étaient pas tenues, Méhy taxait la hiérarchie de négligence et d'hypocrisie, et il plaignait les malheureux qui avaient été abusés, tout en affirmant qu'il ne cessait de prendre leur défense auprès des autorités compétentes. En réalité, face à ces dernières, il traitait les soldats de racaille et les accusait de bénéficier de conditions de vie bien trop favorables.

La nomination du nouveau commandant en chef avait été bien accueillie, tant par le sommet que par la base, et Méhy entretenait son excellente réputation en invitant chaque soir à dîner une notabilité de Thèbes dont il avait étudié le dossier avec soin pour pouvoir la flatter avec un maximum d'efficacité. Chacun de ses hôtes repartait avec la certitude qu'il était un être exceptionnel et le commandant un homme dévoué et digne d'éloges.

De plus, Serkéta excellait dans le rôle de la parfaite maîtresse de maison, charmante et enjouée, suffisamment superficielle pour ne pas ennuyer et capable de jouer les petites filles pour attendrir de rugueux hauts fonctionnaires, émoustillés par ses minauderies. Régnant sur une escouade de servantes, Serkéta leur offrait un autre visage, celui d'une patronne agressive et sans cœur.

Méhy et Serkéta étaient devenus le couple à la mode, et ceux qui comptaient à Thèbes attendaient avec impatience d'être invités à leur table. Néanmoins, le commandant prenait soin de ne faire aucune ombre au maire de Thèbes qui était encore assez puissant et rusé pour lui briser les reins ; lorsqu'ils se rencontraient, Méhy jouait les modestes et n'affichait que des ambitions raisonnables et limitées. Il n'avait d'ailleurs pas l'intention de prendre la place de l'édile, trop empêtré dans des querelles de clans. Il valait mieux le manipuler tout en le laissant parader sur le devant de la scène. On ne conquérait un pouvoir durable qu'avec une vaste part d'ombre et en attribuant la responsabilité des échecs aux imbéciles qui croyaient le détenir.

Comme d'habitude, le banquet avait été réussi ; le scribe principal des greniers et son épouse, une riche Thébaine laide et prétentieuse, s'étaient gavés de viande et de pâtisseries, sans oublier le vin blanc frais des oasis qui, en leur montant à la tête, avait délié les langues. Ainsi Méhy avait-il obtenu quelques renseignements confidentiels sur la gestion des stocks de grains qu'il saurait utiliser à l'occasion.

— Ils sont enfin partis ! dit le commandant à son épouse en la serrant brutalement contre lui. Ceux-là étaient les plus pénibles de la semaine, mais ils ne jureront plus que par nous.

— Chéri, j'ai une grande nouvelle à t'apprendre.

— Un enfant de moi ?

— Tu as deviné.

— Un fils... Je vais avoir un fils ! As-tu fait les tests d'urine ?

— Pas encore. S'il s'agissait d'une fille, serais-tu déçu ?

— Sûrement. Mais tu me donneras un fils, j'en suis certain !

Soudain, l'enthousiasme de Méhy retomba, et son visage s'assombrit.

— J'aurais tellement aimé que ton père partageât notre joie... Hélas ! il va de plus en plus mal. J'ai dû modifier ses derniers rapports, tant ils contenaient d'aberrations. Son médecin lui a-t-il prescrit un traitement ?

— Sur mes recommandations, il n'ose pas parler à mon père de sa maladie qu'il est d'ailleurs incapable de combattre. Il se contente de lui soigner le cœur, qu'il juge trop faible. Les émotions fortes lui sont interdites.

— J'ai peur, Serkéta. J'ai peur qu'il ne commette une monstruosité qui ruinerait tous nos efforts, d'autant plus que nous allons avoir un héritier. Il faut songer à son avenir, mon amour.

— Rassure-toi, j'ai contacté un juriste auquel j'ai exposé notre problème. Sous le sceau du secret, bien entendu.

— Qu'en pense-t-il ?

— Nous avons déjà pris un certain nombre de dispositions légales qui interdiraient à mon père de dilapider ma fortune s'il perdait complètement la tête, mais c'est insuffisant. Seul un cas de folie déclarée me permettrait d'être la seule gestionnaire de nos biens.

— Maintiendrais-tu notre contrat de séparation de biens ?

— Tant que nous n'avions pas d'héritier, c'était la meilleure solution. À présent, c'est différent... Nous formons un excellent couple, j'attends un enfant de toi, et tu es un remarquable gestionnaire. Dès que mon père disparaîtra, ou bien s'il est reconnu irresponsable, j'annulerai ce contrat et nous partagerons tout.

Méhy embrassa goulûment Serkéta.

— Tu es merveilleuse ! Et je ne me contenterai pas d'un seul fils...

Serkéta avait longuement analysé la situation. Son père vieillissait, il utilisait des méthodes dépassées et n'avait plus le dynamisme nécessaire pour s'enrichir davantage. Le nouveau maître du jeu, c'était Méhy. Fourbe, menteur, cruel et habile, il ne cessait de progresser et de gagner du terrain. Avoir des enfants avec lui ou un autre, quelle importance ? Ce n'était pas Serkéta qui les élèverait, et Méhy aurait devant les yeux la preuve de sa puissance virile à laquelle il attachait une extrême importance.

En cas de divorce, Serkéta garderait au moins un tiers de la fortune et elle saurait attaquer son ex-mari en justice pour récupérer le reste. L'annulation du contrat de séparation de biens le convaincrait de la confiance aveugle d'une femme amoureuse, et il baisserait la garde. Voir Méhy croître et croître encore, récolter les fruits de ses manœuvres, puis le dévorer à la manière d'une mante religieuse... Avec la perspective d'un avenir aussi excitant, Serkéta ne risquait pas de sombrer dans l'ennui.

— Chaque jour, confessa le commandant, je prie les dieux pour que ton père guérisse. S'il lui arrivait malheur, je serais effondré.

— Je n'en doute pas un instant, mon amour ; mais je serai à tes côtés pour surmonter cette terrible épreuve.

Le commandant Méhy avait invité ses proches subordonnés et quelques notables à une chasse dans la forêt de papyrus inondée, au nord de Thèbes. L'administrateur principal de la rive ouest, Abry, était presque mort de peur. Il savait que l'endroit pouvait se révéler dangereux et que ses chances de survie seraient minces. Un hippopotame furieux renversait aisément une barque, un crocodile fonçait sur sa proie avec une promptitude redoutable, et les serpents d'eau ne manquaient pas !

Le haut fonctionnaire avait pris place à côté de Méhy qui, avec un bâton de jet, avait déjà fracassé le crâne d'un colvert. Tuer des oiseaux lui procurait un vif plaisir, et il se vantait de son adresse difficile à égaler.

— Nous pourrions converser ailleurs, estima Abry.

— Je me méfie de vos collaborateurs et de votre épouse, rétorqua Méhy. Depuis que Néfer a été innocenté, la Place de Vérité a retrouvé tout son éclat. S'attaquer à elle s'annonce périlleux.

— Tel est bien mon avis ! C'est pourquoi je vous propose de renoncer et de nous cantonner à nos activités officielles.

— Hors de question, mon cher.

— Mais pourquoi s'acharner ?

— Admirez cet endroit, Abry. La nature s'y exprime dans toute sa sauvagerie, avec une seule loi : tuer ou être tué. Seul le plus fort gagne.

— La pratique de Maât consiste justement à lutter contre cette loi.

— Maât n'est pas éternelle ! s'exclama Méhy en lançant un bâton de jet en direction d'un martin-pêcheur.

Il le rata de quelques centimètres.

— Je me suis énervé et j'ai manqué de précision, déplora-t-il. À la chasse, le sang-froid est la meilleure des armes. Vous voulez essayer ?

— Non, j'en suis incapable.

— Nous continuons, Abry, et vous m'aiderez. Ce petit

échec judiciaire n'a pas entamé ma détermination, et j'ai de nombreuses raisons de croire en notre succès.

— La Place de Vérité est plus imprenable qu'une forteresse de Nubie !

— Aucune forteresse n'est imprenable, il suffit de mettre en œuvre la bonne stratégie. Aujourd'hui, la confrérie se croit à l'abri de toute atteinte et elle poursuit ses travaux dans la plus parfaite sérénité. Là réside son point faible.

Une genette sauta d'une ombrelle de papyrus à une autre pour échapper aux chasseurs, tandis que des canards donnaient l'alerte en lançant des cris apeurés.

— De la patience, une battue systématique, et aucun d'eux ne nous échappera.

— C'est cela, votre stratégie contre la Place de Vérité ?

— En partie, mon cher... J'y ajouterai quelques autres ingrédients. Qu'avez-vous appris de nouveau ?

— Rien, depuis l'entrée de Néfer le Silencieux et de Paneb l'Ardent dans la confrérie.

— Paneb, « le maître »... Ses collègues lui ont fixé un beau destin !

— Je ne pense pas que ce genre de nom ait une réelle importance.

— Vous connaissez mal les artisans, Abry. Moi, je suis certain qu'ils ne laissent rien au hasard et que nous devons tenir compte du moindre indice. Avez-vous mis en place un système de surveillance qui vous alertera dès qu'un membre de la confrérie sortira du village pour partir en voyage ?

— C'est fait, mais aucun résultat pour le moment.

— Dès que l'événement se produira, avertissez-moi immédiatement.

— L'heure avance... Ne devrions-nous pas regagner la ville ?

— Je n'ai pas tué assez d'oiseaux.

44

— Écouter est meilleur que tout, disait le vieux sage Ptah-hotep qui vivait au temps des pyramides. Vous savez tous courir, nager et bavarder, mais vos derniers exercices d'écriture étaient lamentables parce que vous ne m'écoutez pas !

Comme chaque matin, Kenhir, le scribe de la Tombe, était d'une humeur massacrante. Il lui arrivait souvent de déléguer le travail d'éducateur au meilleur dessinateur de la confrérie, qui se parait alors du titre de « scribe », mais, depuis l'arrivée de Paneb, Kenhir faisait lui-même la classe, au grand désespoir des garçons et des filles, accablés de travail et de réprimandes.

— L'alphabet, vous le connaissez à peine et vous le dessinez très mal ! Quant aux hiéroglyphes qui valent deux sons, tout est à reprendre, et je ne parle pas de l'allure de vos oiseaux, en particulier la chouette et l'oisillon qui bat des ailes en tirant la langue ! Comment donner l'enseignement à qui ne veut pas l'écouter ? Il faudrait des centaines de coups de bâton pour ouvrir l'oreille que vous avez sur le dos.

Paneb l'Ardent intervint.

— Puisque je suis l'élève le plus âgé, c'est moi qui suis responsable des erreurs de la classe. J'ai le dos assez large pour recevoir la totalité des coups de bâton.

— Bon, bon... On verra ça plus tard. Asseyez-vous en scribe, trempez les pointes de vos roseaux dans l'encre noire délayée et écrivez les lettres mères sur vos ostraca.

Les ostraca étaient de petits éclats de calcaire, innombrables dans les parages du village. Certains, plus précieux, provenaient du creusement des tombes. Ils servaient de brouillons aux écoliers et aux apprentis dessinateurs qui n'étaient pas jugés dignes d'utiliser du papyrus, même usagé et de qualité inférieure.

Ce matériel rudimentaire émerveillait Paneb. Enfin, il avait un support et un outil pour pratiquer son art ! Et il se plaisait à tracer chaque hiéroglyphe avec une précision et une élégance qui surprenaient Kenhir. Le jeune colosse apprenait très vite, et l'on aurait même pensé que sa main connaissait les signes depuis toujours.

Kenhir examina les ostraca et il constata que les filles étaient décidément plus douées que les garçons.

— Vous n'êtes que des bâtons tordus que l'on a envie de jeter sur le sol où les frapperont la lumière et l'ombre ! Si un menuisier passe, disent les sages, il peut accorder de l'attention à ces misérables bâtons, les redresser et en façonner des cannes pour les dignitaires. Ce menuisier, c'est moi ! Quel que soit votre destin, vous sortirez de cette école en sachant lire et écrire.

Et l'exercice recommença, jusqu'à l'heure du déjeuner.

— Demain, annonça Kenhir, nous dessinerons les poissons. À présent, allez manger et tenez-vous correctement à table. Le chemin de la sagesse débute par la politesse et le respect d'autrui. Toi, Paneb, tu restes.

Les élèves se dispersèrent en piaillant.

— Tu as faim ?

— Oui.

— Moi aussi, mais il y a plus urgent.

Kenhir confia à Paneb un grand éclat de calcaire légèrement poli et un véritable pinceau de scribe. À ses pieds, il déposa un godet rempli d'une encre d'un noir profond.

Le jeune homme fut enthousiasmé.

— C'est... c'est magnifique ! Je n'oserai jamais dessiner là-dessus...

— Deviendrais-tu peureux ?

L'insulte fit bouillir Paneb qui réussit cependant à ne pas réagir.

— Dessine cinq fois les deux signes qui forment ton nom : PA, le canard qui prend son envol, et NEB, la corbeille apte à recevoir les offrandes et qui devient donc la maîtresse de ce qu'elle contient.

Sans précipitation, Paneb s'exécuta. Sa main ne trembla pas, et les signes apparurent, bien formés.

— C'est réussi, non ?

— Ce n'est pas à toi d'en juger. Comprends-tu pourquoi on t'a donné ce nom ?

— Parce que je ne dois jamais cesser de prendre mon envol vers le ciel et que la qualité de ma maîtrise dépendra de ce que j'aurai perçu et reçu.

— La maîtrise... Tu en es encore loin ! bougonna Kenhir. Dessine un œil, une tête vue de face, une autre de profil, des cheveux, un chacal et une barque.

Paneb prit beaucoup de temps, comme s'il vivait intérieurement chaque signe avant de le tracer avec une sûreté d'exécution stupéfiante pour un apprenti.

— Efface tout cela en grattant le calcaire.

Comment un esprit animé par le feu de Seth réussissait-il à se montrer aussi patient et méticuleux ? s'interrogeait Kenhir. Ce gaillard-là était un authentique mystère.

— Voilà.

— Recopie le texte de ce papyrus.

Kenhir déroula un superbe document dont l'écriture, petite et pointue, n'était pas facile à reproduire.

— Dois-je dessiner à l'identique ou interpréter à ma manière ?

— Comme tu voudras.

Paneb choisit la seconde solution.

Le travail qu'il accomplit ne comportait aucune erreur, et la lisibilité du texte avait été augmentée de manière notable. Sans nul doute, le jeune homme possédait une main de scribe qui, à la rapidité, ajoutait la clarté. Comme l'écriture de Kenhir, occupé à tracer des signes la journée durant, était devenue presque illisible, il éprouva une certaine irritation.

— Lis-moi ce texte.

— « Si l'acte d'écouter sans cesse pénètre celui qui écoute, celui qui écoute devient celui qui entend. Quand l'écoute est bonne, la parole est bonne. Celui que Dieu aime, c'est celui qui entend ; celui qui n'entend pas est haï de Dieu. C'est celui qui aime entendre qui accomplit ce qui est dit. Quant à l'ignorant qui n'écoute pas, il n'accomplira rien. Il considère la connaissance comme l'ignorance, l'utile comme le nuisible, il fait tout ce qui est détestable, il vit de ce qui fait mourir. Ne mets pas une chose à la place d'une autre, prends garde à rompre les entraves en toi, prends garde à ce que formule celui qui connaît les rites. »

— Tu sais lire, Paneb, et tu ne trébuches sur aucun mot. Mais comprends-tu ce que tu lis ?

— Je suppose que vous n'avez pas choisi ce texte-là au hasard... Estimez-vous que je n'écoute pas assez votre enseignement ?

— Nous verrons cela plus tard... Va manger. Et n'emporte pas le morceau de calcaire, il ne t'appartient pas.

Paneb s'éloigna, Kenhir regagna la maison de Ramosé où il avait élu domicile. La villageoise que ce dernier avait engagée comme cuisinière avait préparé une salade, des asperges et des rognons de veau.

— Pardonnez-moi ce retard, dit Kenhir ; mon cours a duré plus longtemps que prévu.

— Mon épouse est souffrante, confia Ramosé ; elle ne déjeunera pas avec nous.

— Rien de grave ?

— J'attends le diagnostic de la femme sage. Parviens-tu à apprivoiser Paneb ?

— C'est un garçon remarquable dont j'aimerais bien faire un scribe.

— Tu sais que sa vocation est autre.

— S'il se plie aux exigences de la science de Thot, Paneb deviendra un peintre exceptionnel. Mais aura-t-il la patience d'apprendre et de franchir les étapes une à une ?

— Tu as un faible pour lui, n'est-ce pas ?

— Il est animé par une force dont la confrérie a besoin. Qui saurait imaginer les œuvres qu'il porte en lui ?

— Je te fais confiance, Kenhir ; toi et le chef d'équipe Neb l'Accompli saurez le mener à maturité.

— Prévoyons de nombreux heurts et même un échec... Paneb l'Ardent est exigeant, excessif et violent, toujours prompt à se révolter. Le feu séthien qui l'habite est si puissant que nous ne parviendrons peut-être pas à le contrôler.

— Sait-il lire et écrire ?

— Aussi bien que vous et moi. En moins d'une année, il a maîtrisé un savoir que la plupart mettent dix ans à assimiler.

— Comment se comporte-t-il avec les enfants ?

— Comme un parfait grand frère. Il les protège, les rassure et ne refuse jamais de jouer avec eux. Son autorité est naturelle, et il n'a pas besoin d'élever la voix pour être obéi. Le pire, c'est qu'il aide les cancres à faire leurs devoirs sans tenir compte de mes mises en garde. Il faudrait le châtier, le menacer d'exclusion, le...

— Te souviens-tu de la règle des enseignants, de ceux qui instruisent les futurs scribes : « Être pour ses élèves un professeur patient et aux paroles douces, attirer leur respect en éveillant leur sensibilité, éduquer en suscitant l'amour. » Continue à former ce jeune colosse, Kenhir ; combats sans faiblesse ses imperfections, ne tolère aucun de ses égarements, et dévoile-lui peu à peu ce qui est admirable et impérissable.

45

Mosé, le trésorier principal de Thèbes, se fit enduire le crâne d'une lotion à l'huile de moringa pour stopper sa calvitie. Une remarque désobligeante de sa dernière maîtresse lui avait fait comprendre qu'il vieillissait et que son pouvoir de séduction s'atténuait. Mosé était entré dans une violente colère qui avait provoqué un malaise. Appelé en urgence, son médecin lui avait conseillé de se reposer et de ménager son cœur malade.

Comment écouter de tels conseils lorsqu'on ployait sous le poids des responsabilités ? Thèbes n'était que la troisième ville du pays, mais elle regorgeait de richesses, et le vizir exigeait une administration claire et efficace. Parfois, Mosé avait envie de se retirer à la campagne en compagnie de sa fille, Serkéta, et de goûter aux plaisirs du jardinage qu'il n'avait plus le temps de pratiquer.

Et voilà qu'elle venait de lui annoncer la naissance d'un enfant ! Quelle merveilleuse nouvelle, et quel beau couple elle formait avec Méhy ! Mosé aurait une vieillesse heureuse, entourée de plusieurs bambins auxquels il apprendrait la comptabilité et la gestion, en espérant qu'ils seraient aussi doués que leur père pour lequel les chiffres n'avaient plus aucun secret. L'agilité mentale de Méhy était tellement développée qu'elle inquiétait Mosé ; ne risquait-elle pas de le rendre indifférent à tout ce qui ne concernait pas sa carrière ?

À la réflexion, Mosé devait se méfier du nouveau commandant en chef des forces thébaines. S'il jouait parfois les modestes, notamment auprès du maire, c'était par calcul. Des hommes de cette nature, il en existait beaucoup ; mais Méhy ajoutait la cruauté à l'ambition, et il ignorait la pitié. Bien qu'il portât un masque épais, Mosé le percerait à jour, et il craignait de découvrir un arriviste qui n'avait épousé la douce et fragile Serkéta que pour s'emparer de sa fortune. À lui, son père, de la mettre à l'abri en la persuadant de ne surtout pas modifier le contrat de séparation de biens et de songer aussi à protéger ses enfants.

Son dernier entretien avec le maire de Thèbes, un ami de longue date, avait troublé Mosé. L'édile lui avait paru distant, presque suspicieux, et il n'avait évoqué ses projets immédiats que de manière floue, comme s'il s'adressait à un étranger. Mosé soupçonnait son gendre d'être intervenu de manière subtile pour ébranler sa position et se présenter comme son inévitable successeur ; si c'était bien le cas, Méhy devenait un concurrent redoutable et un manœuvrier de la pire espèce qu'il fallait empêcher de nuire.

L'intendant de Mosé annonça à son patron l'arrivée du couple qu'il avait invité à déjeuner.

Serkéta était pimpante, Méhy sûr de lui.

— Comment te portes-tu, ma fille chérie ?

— Ma santé est excellente ! Et la tienne, père adoré ?

— Je n'ai guère le temps de m'en occuper ; le vizir exige la situation comptable de la province de Thèbes pour la semaine prochaine et, comme chaque année, il me manque des rapports.

— Si je peux vous aider..., proposa Méhy.

— Ce ne sera pas nécessaire, mes techniciens feront des heures supplémentaires.

Pour la première fois, Méhy perçut de la méfiance, voire de l'hostilité, dans l'attitude de son beau-père. Mosé était-il plus lucide qu'il ne l'avait supposé ?

— Enfin un moment paisible, apprécia Serkéta. Ce soir, nous dînons avec le supérieur des troupeaux d'Amon, un personnage assommant qui ne parle que de vaches et de bœufs. Ne pourrais-tu intriguer pour le remplacer par quelqu'un de moins ennuyeux ?

Guettant la réaction de son gendre, Mosé n'avait pas écouté sa fille. Serkéta fut aussitôt persuadée que son père était victime de l'une des affreuses absences décelées par Méhy.

— Père, tu m'entends ?

— Oui... Je veux dire non. Qu'est-ce qu'il y a ?

— C'est sans importance.

— Chacun vante l'efficacité de vos équipes, dit Méhy, condescendant. Néanmoins, si la nécessité s'en fait sentir, vous pourrez compter sur moi.

— Je vais voir ce qu'a préparé ton cuisinier, annonça Serkéta, troublée.

— Excellente idée ! Méhy et moi t'attendrons en buvant un verre de vin, sous la treille.

L'endroit était charmant et se serait volontiers prêté à

une méditation paresseuse, mais le commandant ne pouvait plus se permettre de perdre du temps.

— Mon cher beau-père, j'ai une information confidentielle à vous transmettre.

— Me concerne-t-elle... directement ?

— Elle concerne très directement votre fonction. Vous savez sans doute que plusieurs commerçants syriens se sont installés à Thèbes, au début de l'année.

— L'autorisation leur a été accordée, en effet. Personne ne s'est plaint de leur comportement, et ils paient correctement leurs impôts qui sont dûment comptabilisés dans les recettes de la province.

— Ce ne sont que les apparences... La réalité est bien différente.

— Qu'as-tu découvert ?

— Au cours d'une mission de surveillance, un entrepôt fermé a intrigué l'un de mes hommes. Il a mené une enquête discrète dont je vous livre les résultats : les Syriens ont organisé un trafic de grains avec des paysans de la rive ouest.

— Tu en as la preuve ?

— La plus tangible qui soit : leur comptabilité occulte, dissimulée dans cet entrepôt.

— Tu t'en es emparé ?

— Je souhaitais vous réserver ce privilège.

Le déjeuner avait été écourté. Serkéta était rentrée chez elle pour préparer le banquet du soir, Méhy et Mosé avaient pris la direction du quartier des entrepôts. Mosé était de plus en plus nerveux à l'idée de mettre fin à un trafic de cette importance.

Le commandant semblait hésiter.

— Tu ne reconnais pas l'endroit ?

— Si, c'est bien le bâtiment en face de la ruelle, mais je me méfie. Ces Syriens pourraient être dangereux.

— Seraient-ils présents sur les lieux ?

— Je vais m'en assurer.

— Ne prends pas autant de risques, Méhy ! Oublies-tu que tu es le mari de ma fille et le père de son enfant ? Va chercher des soldats.

— Entendu, mais ne bougez pas d'ici et attendez-moi.

Mosé fixait l'entrepôt que lui avait désigné son gendre. Le contrôle des grains était pourtant l'un des plus rigoureux, et le trésorier principal de Thèbes ne comprenait pas comment les Syriens avaient réussi à le contourner. L'examen de la comptabilité occulte prouverait sans doute l'existence de complicités, et les sanctions seraient sévères.

L'endroit était désert, l'entrepôt semblait abandonné. Une parfaite cachette pour des documents compromettants.

La curiosité et l'impatience s'emparèrent de Mosé. Puisque Méhy tardait à revenir, il décida d'explorer les parages.

Personne.

Le cœur battant plus vite, il poussa la porte de l'entrepôt qui n'était même pas fermée. Passant par une fenêtre haute, un rayon de lumière éclairait un coffre rempli de papyrus. Au moment où il déroulait le premier, Mosé eut un choc.

Une très jeune fille s'avançait vers lui.

— Qui es-tu ?

Elle secoua ses cheveux, déchira ses vêtements et se griffa le buste et les bras avec ses ongles.

— Mais... tu es folle !

— Au secours, hurla-t-elle, on me viole !

Mosé la prit par les épaules.

— Tais-toi, petite menteuse !

Les appels au secours redoublèrent d'intensité.

La porte s'ouvrit à la volée, deux soldats apparurent, l'épée en main.

— Lâche cette enfant, misérable !

Paniqué, Mosé se retourna vers les hommes armés.

— Vous vous trompez... Je... Elle...

Une violente douleur au milieu de la poitrine empêcha Mosé de poursuivre. Il porta les mains à son cœur, ouvrit grand la bouche pour aspirer l'air qui lui manquait, puis il s'effondra, la tête la première.

Rhabillée à la hâte, la jeune fille s'était enfuie par une ouverture cachée dans le mur du fond.

Méhy entra.

— Qu'est-ce qui se passe, ici ?

— Le trésorier principal a tenté de violer une fillette, commandant. Elle a décampé et lui... Je crois qu'il est mort.

Méhy se pencha sur le cadavre. Comme il l'espérait, le cœur de son beau-père avait cédé.

— Le malheureux nous a quittés... Avez-vous assisté à la scène ?

— D'après les hurlements de la gamine, impossible de se tromper. Comme vous nous aviez ordonné d'intervenir en cas d'incident...

— Vous n'avez commis aucun impair, mais il faut oublier cette tragédie. Je veux que mon beau-père ait de belles funérailles et que sa réputation ne soit pas entachée. Il n'y aura aucun rapport, vous n'avez rien vu et rien entendu. En échange de votre obéissance, vous recevrez des étoffes et du vin.

Les deux soldats hochèrent la tête en signe d'assentiment.

La petite Syrienne que Méhy avait payée pour jouer la

comédie repartirait le jour même pour son pays avec un joli pécule. Grâce au décès de Mosé, le commandant devenait l'un des hommes les plus riches de Thèbes.

46

Néfer le Silencieux s'était vite habitué au rythme de la Place de Vérité : huit jours de travail suivis de deux jours de repos, auxquels s'ajoutaient de nombreuses fêtes d'État ou locales, les après-midi de liberté accordés par le chef d'équipe et des congés autorisés pour motifs personnels admis par le scribe de la Tombe. Les artisans débutaient à huit heures, déjeunaient entre midi et quatorze heures, et reprenaient le travail jusqu'à dix-huit heures. Plusieurs d'entre eux utilisaient leur temps libre pour satisfaire des commandes de l'extérieur en exigeant un bon prix.

Le labeur officiel ne remplissait que la moitié de l'année, et la confrérie ne le ressentait pas comme une pénible obligation ; les membres des équipes de droite et de gauche avaient pleinement conscience de participer à une aventure exceptionnelle, à une œuvre que Pharaon en personne considérait comme prioritaire.

Néfer partageait ce sentiment mais il vivait des moments difficiles. Son intégration à l'équipe de droite se heurtait à la mentalité de clan de ses collègues qui continuaient à l'observer avec méfiance. En tant que tailleur de pierre, il était en contact quotidien avec ses homologues, Féned dit « le Nez » parce qu'il avait toujours l'intuition du geste juste, Casa le Cordage, spécialiste du déplacement et du halage des matériaux, Nakht le Puissant et Karo le Bourru.

Quant aux trois sculpteurs, au peintre, aux trois dessinateurs, au charpentier et à l'orfèvre, ils lui adressaient rarement la parole, si ce n'est pour des banalités.

L'équipe de gauche partant au travail quand celle de droite se reposait et inversement, elles ne se fréquentaient guère. Chacun des deux chefs, Neb l'Accompli et Kaha, avait sa méthode et sa manière de gouverner sans qu'aucun esprit de compétition les opposât.

Chaque soir, Néfer nettoyait les outils, les comptait et les rapportait au scribe de la Tombe qui les enfermait dans la chambre forte du village avant de les redistribuer le lendemain matin. Tous les outils, en effet, appartenaient au pharaon, et nul artisan n'avait le droit de s'en approprier un seul. En revanche, les Serviteurs de la Place de Vérité étaient invités à créer leurs propres outils, utilisés lorsqu'ils fabriquaient des objets pour l'extérieur.

Néfer avait manié le pic en pierre, lourd de trois kilos et taillé en pointe, assez puissant pour attaquer les roches les plus dures. Il était souvent le dernier sur le chantier de la Vallée des Nobles où l'équipe de droite préparait une demeure d'éternité destinée à un scribe royale.

En observant ses collègues, le Silencieux avait appris à manier le maillet et le ciseau à la courte lame biseautée qu'il rendait plus efficace à l'aide d'un archet qui faisait tourner rapidement l'outil pour percer des trous. De la main gauche, il maintenait le ciseau en place avec une calotte percée d'une cavité dans laquelle s'emboîtait le manche en bois. Après bien des essais peu satisfaisants, il réussissait à jouer des deux outils comme d'instruments de musique, il ressentait leurs vibrations comme une mélodie et ne déployait aucun effort inutile.

Apprivoiser le couteau à la lame aiguisée sur trois côtés, le poinçon à manche court et à pointe carrée, et l'herminette en cuivre pour les finitions n'avait pas été plus facile, mais Néfer s'était montré patient afin de faire naître l'intelligence de ses mains.

Karo le Bourru l'apostropha.

— Vérifie si le bloc que je viens de niveler s'ajustera correctement au mur que nous montons.

La tâche était ardue, seul un tailleur de pierre expérimenté pouvait réussir. Karo le Bourru n'aurait pas dû la confier à un apprenti, mais Néfer ne protesta pas et tenta de se souvenir de la manière dont le chef d'équipe avait procédé, la veille. Aussi utilisa-t-il trois bâtons d'ajustage d'une longueur de douze centimètres et percés d'un trou en sifflet à l'une de leurs extrémités. Après s'être assuré qu'ils étaient parfaitement égaux, il les posa à la verticale sur la surface à vérifier et tendit entre deux d'entre eux une ficelle, le troisième bâton servant de point de repère. Insatisfait du résultat, Néfer se servit d'une râpe à calcaire pour ôter les aspérités.

— À quoi t'amuses-tu ? interrogea Karo le Bourru, visiblement courroucé.

— Tu m'as confié un travail, je l'accomplis.

— Je t'ai seulement demandé une vérification et tu as dépassé les bornes.

— Aurais-je dû me contenter du minimum ? Puisque j'ai constaté des imperfections, je tente de les effacer. Ce bloc sera correctement nivelé et il entrera dans la construction.

— C'est mon bloc, pas le tien !

Néfer posa ses outils et fit face à Karo, un homme trapu, aux bras courts et musclés. D'épais sourcils et un nez carré rendaient son visage agressif.

— Tu as plus d'expérience que moi, Karo, mais elle ne t'autorise pas à souiller l'œuvre que nous accomplissons.

Ce bloc n'est ni à toi ni à moi, mais à la demeure d'éternité à laquelle il est destiné.

— Trêve de discours ! Quitte le chantier et laisse-moi mon bloc.

— Cela suffit, Karo. Je suis un membre de cette équipe et je ne supporterai pas plus longtemps ce genre de vexation.

— Si notre comportement te déplaît, regagne l'extérieur.

— Je me moque de ton attitude, seule cette pierre m'intéresse. Je t'ai prouvé que je savais la niveler et l'intégrer dans ce mur. Que veux-tu de plus ?

Karo le Bourru s'empara d'un ciseau et devint menaçant.

— Nous n'avons pas besoin de toi, au village.

— Le village est ma vie.

— Tu devrais avoir peur, Néfer... Crois-moi, tu n'iras pas loin.

— Pose ce ciseau et sache qu'aucune peur ne m'empêchera de respecter mon serment.

Les deux hommes se défièrent longuement du regard. Karo posa l'outil sur la pierre.

— Alors, rien ne t'effraie ?

— J'aime mon métier et je me montrerai digne de la confiance que m'a accordée la confrérie, quels que soient les circonstances et les antagonismes.

— Je t'abandonne ce bloc... Termine-le.

L'artisan s'éloigna, Néfer supprima les dernières aspérités de la pierre sans se soucier de l'heure qui avançait. Ses gestes réguliers étaient doux comme la lumière du couchant.

— Ne serait-il pas temps de rentrer chez toi ? demanda le chef d'équipe.

— J'ai presque terminé.

— Des ennuis avec Karo ?

— Aucun. Il a son caractère, j'ai le mien ; si nous faisons l'effort nécessaire, nos relations s'amélioreront. Quoi qu'il arrive, le travail n'en souffrira pas.

— Viens avec moi, Néfer.

Neb l'Accompli emmena l'apprenti jusqu'à une remise où étaient entreposées diverses sortes de pierres.

— Que penses-tu de celle-là ?

— Un grès moyen, suffisamment tendre pour être travaillé avec des ciseaux de bronze mais trop poreux. Il ne provient pas de la meilleure carrière, celle du gebel Silsileh, et ne mérite pas d'entrer dans un monument royal.

— Tu as raison, Néfer, la carrière est essentielle : Assouan pour le granit rose, Hatnoub pour l'albâtre, Toura pour le calcaire, le gebel el-Ahmar pour le quartzite. La Place de Vérité ne tolère aucune carence dans ce domaine et devra toujours maintenir le même niveau d'exigence. Tu visiteras chacune de ces carrières et tu graveras dans ta mémoire leur niveau d'exploitation. As-tu réfléchi à l'origine de la pierre ?

— Je pense que les pierres sont engendrées dans le monde souterrain et qu'elles croissent dans le ventre des montagnes, mais elles naissent aussi dans l'espace lumineux, puisque certaines sont tombées du ciel. Un bloc paraît immobile et, pourtant, la main du tailleur de pierre sait bien qu'elle est vivante et porte en elle la trace de métamorphoses que notre œil ne sait pas voir, parce que le temps du minéral n'est pas celui de l'homme. La pierre est le témoin de mutations qui dépassent notre existence ; en les percevant, ne sommes-nous pas, à notre tour, les témoins de l'éternité ?

— Ce granit te plaît-il ?

— Une merveille... Il se laissera polir à la perfection et traversera les siècles.

— Aimerais-tu devenir sculpteur ?

— Apprendre à tailler la pierre peut prendre une vie entière, mais la sculpture m'attire.

— Le chef sculpteur Ouserhat estime n'avoir besoin de personne, et tu auras le plus grand mal à le convaincre de t'instruire. Mais si la pierre te parle, peut-être t'ouvrira-t-elle le chemin.

— C'est elle que j'écoute, et elle seule.

Neb l'Accompli fit mine de quitter le chantier mais, depuis un monticule, il observa le jeune homme. Dès le lendemain, il parlerait à son confrère Kaha de la nécessaire élévation de Néfer le Silencieux dans la hiérarchie de la Place de Vérité.

47

Claire ne pouvait rien désirer de plus. Elle vivait un amour profond et lumineux dans un village unique dont elle découvrait peu à peu les coutumes et les petits secrets, et elle servait chaque jour la déesse Hathor en préparant les bouquets de fleurs qui étaient déposés sur les autels et dans les oratoires.

Les femmes initiées n'étaient pas réparties en deux équipes comme les hommes ; au bas de la hiérarchie, Claire s'en trouvait bien et accomplissait joyeusement la tâche qui lui avait été confiée. Pourtant, les villageoises de la Place de Vérité n'échangeaient avec elle que des propos insignifiants et lui faisaient sentir qu'elle était encore une étrangère à laquelle on n'accordait aucune confiance.

Néfer et Claire, le soir venu, parlaient de leurs expériences respectives, et ils jugeaient tout à fait normale l'attitude des artisans et de leurs épouses. Ce village-là ne ressemblait à aucun autre, et il faudrait mener un long combat pour y être admis sans restrictions.

En célébrant Hathor, la déesse des étoiles qui faisait circuler dans l'univers la puissance amoureuse, seule capable d'unir entre eux tous les éléments de la vie, les prêtresses de la Place de Vérité contribuaient à maintenir l'harmonie invisible sans laquelle aucune création visible, répondant aux lois célestes, n'aurait été possible. Il revenait à la confrérie dans son ensemble, de même qu'aux ritualistes de tous les temples d'Égypte en commençant par Pharaon lui-même, d'entretenir chaque jour cette énergie subtile pour assurer au reste de la population la protection des dieux et la présence de Maât sur terre.

À son modeste échelon, Claire était heureuse de participer à cette œuvre primordiale, d'autant plus perceptible que le village lui avait voué son existence.

La porte de la demeure de Casa le Cordage était fermée. D'ordinaire, le matin, son épouse nettoyait le seuil et la première pièce de la maison, et elle prenait elle-même le bouquet des mains de Claire.

Inquiète, la jeune femme frappa.

Une petite brune lui ouvrit.

— Mon mari est malade, dit-elle avec hargne, comme si Claire en était responsable. Puisque la femme sage s'occupe de l'épouse du scribe Ramosé, je ne sais pas quand elle viendra.

— Je peux peut-être vous aider...

— Auriez-vous des notions de médecine ?

— Quelques-unes.

L'épouse de Casa le Cordage hésita.

— Je vous préviens : si vous êtes inefficace, je dirai à tout le monde que vous n'êtes qu'une prétentieuse !

— Vous n'auriez pas tort.

Le calme de Claire désarma la petite brune, qui lui laissa le passage.

Casa était allongé sur une banquette de pierres, un oreiller sous la nuque. De taille moyenne, les cheveux très noirs, il avait un visage carré, des yeux marron et d'énormes mollets.

— De quoi souffrez-vous ?

— Mon ventre... Il me brûle.

Claire examina le patient comme le lui avait appris le médecin-chef Néféret, en tenant compte du teint, de l'odeur du corps, de l'haleine mais surtout en palpant l'abdomen et en prenant le pouls pour écouter la voix du cœur.

— C'est grave ? s'inquiéta Casa.

— Je ne crois pas, car aucun démon ne vous menace. Vous souffrez de l'estomac à la suite d'un excès alimentaire. Pendant quelques jours, vous mangerez du miel, du pain rassis grillé, du céleri et des figues, et vous boirez de la bière très douce en petite quantité, mais à plusieurs reprises. La douleur s'estompera progressivement.

L'artisan se sentait déjà mieux.

— Prépare-moi tout ça, demanda-t-il à sa femme, et n'oublie pas de prévenir le scribe de la Tombe que je n'irai pas travailler aujourd'hui.

La petite brune dévisageait Claire avec suspicion.

— Désirez-vous que je dispose les fleurs sur votre autel ?

— Je m'en occuperai moi-même. Sortez, j'ai beaucoup à faire.

— Qu'Hathor vous protège et guérisse votre mari.

Claire comptait poursuivre sa distribution de fleurs, mais elle se figea. À un mètre d'elle, au milieu de la rue principale, se tenait la femme sage, à l'impressionnante toison blanche et aux yeux inquisiteurs.

— Qui t'a appris à soigner ?

— Le médecin-chef Néféret.

Un léger sourire anima le visage sévère de la femme sage.

— Néféret... Tu l'as donc connue.

— C'est elle qui m'a éduquée.

— Pourquoi n'es-tu pas devenue médecin ?

— Parce que Néféret m'a prédit qu'un autre destin m'attendait, et je l'ai écoutée.

— Sais-tu combattre les maladies les plus graves ?

— Quelques-unes.

— Viens avec moi.

Couverte de roses trémières, la demeure de la femme sage se trouvait à côté de celle de Ramosé. Ébahies, les voisines virent Claire y pénétrer à la suite de la propriétaire qui, depuis plus de vingt ans, n'avait ouvert sa porte à personne.

La jeune femme découvrit une grande pièce fleurant bon le chèvrefeuille. Sur des étagères, des pots et des vases contenant des substances médicinales. Le long des murs, des coffres remplis de papyrus.

— J'ai longtemps travaillé avec le médecin Pahéry, auteur d'un traité des troubles du rectum et de l'anus, révéla la femme sage. Il a imposé aux villageois une stricte hygiène quotidienne, la règle de base pour éviter la plupart des maladies. Nous disposons de toute l'eau nécessaire, et c'est le premier de nos remèdes. Sois intransigeante sur ce point et combats sans relâche la saleté ; les remèdes les plus actifs seront inutiles si l'hygiène est absente. As-tu peur des scorpions ?

— Je les redoute, mais Néféret m'a appris que leur venin contient des substances remarquables contre beaucoup de troubles.

— Il en va de même pour les serpents, et je t'emmènerai dans le désert pour capturer les espèces les plus redoutables et fabriquer nos propres produits. Un bon médecin est « celui qui maîtrise les scorpions », car cet animal est capable d'écarter les mauvais esprits et d'attirer les énergies positives que le praticien fixe dans les amulettes. Traiter le corps subtil est aussi important que guérir le corps apparent. Connais-tu la première des formules de guérison ?

— Je suis la prêtresse pure de la lionne Sekhmet, experte en ses devoirs, celle qui pose la main sur le malade, une main savante dans l'art de diagnostiquer.

— Montre-moi comment tu procèdes.

Claire posa la main sur la tête de la femme sage, sur l'arrière de son crâne, ses mains, ses bras, son cœur et ses jambes. Ainsi, elle entendait les paroles du cœur dans chaque canal d'énergie.

— Vous ne souffrez que d'affections bénignes, conclut-elle.

Ce fut au tour de la femme sage d'imposer les mains à Claire qui ressentit aussitôt une chaleur intense.

— J'ai davantage d'énergie que toi et je vais effacer toute trace de fatigue dans ton organisme. Dès que tu t'affaibliras, viens me voir et je te redonnerai la force qui te manque.

La séance de magnétisme dura plus d'une demi-heure. Claire eut l'impression qu'un sang régénéré coulait dans ses veines.

— Néféret a dû t'apprendre l'usage des plantes médicinales et des produits toxiques.

— J'ai passé des journées entières dans son laboratoire, et son enseignement s'est gravé dans ma mémoire.

— Tu auras accès à mes coffres qui contiennent des simples ; pour le reste, voici les pots à filtre que j'utilise.

La femme sage montra à Claire des récipients séparés en deux par un filtre ; dans la partie du haut, les drogues solides, dans celle du bas, les liquides.

— En chauffant, expliqua-t-elle, on provoque de la vapeur qui dissout les solides, lesquels se mêlent alors aux liquides. Dans certains cas, il ne faut pas chauffer mais broyer les solides dans l'eau, avec un mortier, et verser la solution obtenue dans un vase. Désires-tu que je t'enseigne ma science ?

Le visage de Claire s'illumina.

— Comment vous remercier...

— En travaillant dur et en te mettant au service de la confrérie. Sache que les chefs d'équipe, avec raison, n'autorisent pas un ouvrier malade à travailler, et que ce dernier est libre de se faire soigner soit au village, soit à l'extérieur. Dans ce dernier cas, il demande au médecin une note d'honoraires, et le scribe de la Tombe lui rembourse ses frais. Ne t'impose jamais et laisse chacun responsable de son choix.

— Dois-je comprendre... que je deviens votre assistante ?

— Seuls les supérieurs de la confrérie connaissent mon âge. Aujourd'hui, Claire, je te confie ce petit secret : la semaine prochaine, j'aurai cent ans. Selon les sages, il me reste quelques années pour méditer et me consacrer exclusivement à Maât. Puisque tu acceptes de me seconder, j'y parviendrai peut-être.

— Cent ans... C'est incroyable !

— Ce village contient des trésors inestimables. L'un

d'eux consiste à savoir que l'esprit n'est pas irrémédiablement condamné à la déchéance. On peut combattre son vieillissement en pratiquant une science qui consiste à le régénérer. Fais tes preuves, et nous en reparlerons peut-être.

48

Paneb l'Ardent poursuivait son apprentissage sous la direction implacable de Kenhir, avare de compliments. Le scribe de la Tombe estimait qu'un futur dessinateur de la Place de Vérité devait posséder une parfaite maîtrise de la langue hiéroglyphique et ne jamais hésiter sur le signe à tracer. Dès que son élève avait tendance à se montrer trop satisfait de lui-même, son professeur lui imposait un exercice plus difficile.

Kenhir continuait à être surpris par le saisissant contraste entre la puissance physique du jeune homme et la finesse d'exécution de ses dessins. Avec une infinie patience que son caractère emporté et violent ne laissait pas supposer, il pouvait déployer le talent d'un miniaturiste. Comme Paneb ignorait la fatigue et qu'il n'abandonnait jamais avant d'avoir donné pleine satisfaction à son instructeur, Kenhir avait demandé une boisson fortifiante à la femme sage afin de ne pas succomber devant son élève.

Ce matin-là, Kenhir n'avait proposé aucune épreuve nouvelle à Paneb qui s'était contenté de tracer à vive allure plus de six cents hiéroglyphes, du plus simple au plus complexe.

— Es-tu satisfait de ton existence au village ? demanda le scribe de la Tombe.

— Je suis ici pour apprendre et j'apprends.

— Tu n'as guère de contacts avec les autres membres de ton équipe, paraît-il.

— Je passe mes journées à l'école, mes soirées à préparer les exercices du lendemain et mon temps libre à rebâtir ma maison. Pour me distraire, je m'amuse à dessiner des portraits sur les morceaux de calcaire que je ramasse dans le désert. Donc, pas le temps de bavarder avec l'un ou avec l'autre.

— Des portraits... Des portraits de qui ?

— De vous et des autres élèves. Ils me paraissent plutôt amusants, mais je les détruis aussitôt achevés.

— Tant mieux... La première phase de ton éducation est terminée, Paneb. Le chef d'équipe te réclame, et je ne peux pas lui mentir en prétendant que tu n'es pas prêt. Pour toi, c'est l'heure du choix.

— Lequel ?

— Devenir scribe à Thèbes ou dessinateur dans la Place de Vérité. Si tu optes pour la première solution, je te recommanderai à des collègues et tu seras engagé dans l'administration. Je sais que tu te plieras avec difficulté aux règlements, mais ce léger désagrément ne compte pas face à la brillante carrière qui t'attend. Tu bénéficieras d'un logement de fonction et tu t'enrichiras année après année, des serviteurs te rendront l'existence facile, et l'on s'inclinera devant toi. Avec ta capacité de travail et ta mémoire extraordinaire, tu occuperas un poste de haute responsabilité. En revanche, ton avenir de dessinateur s'annonce des plus sombres, car tes confrères n'ont aucune envie de t'aider, bien au contraire. Ils se connaissent depuis longtemps et voient d'un mauvais œil l'arrivée d'un nouveau qui les retardera sur les chantiers.

— Nous appartenons à la même communauté, non ?

— Certes, mais ce sont des professionnels aguerris et des hommes rudes qu'il sera très difficile d'amadouer. À mon avis, quels que soient tes efforts et tes dons, ils te rejetteront et tu resteras un simple ouvrier, déçu d'avoir raté une belle carrière de scribe.

— Mes confrères seraient-ils à ce point cruels ?

— Pour eux, tu représentes une menace. Ils se défendront.

— Ce n'est pas une attitude très fraternelle...

— Les Serviteurs de la Place de Vérité ne sont que des hommes, Paneb.

— À vous écouter, mon chemin serait tout tracé.

— Si tu suis la voie de la raison, tu ne le regretteras pas.

— Un détail m'intrigue, professeur... Pourquoi un érudit de votre talent a-t-il accepté le poste de scribe de la Tombe au lieu de devenir un haut dignitaire thébain ? La Place de Vérité doit bien posséder quelques charmes pour vous avoir attiré.

Kenhir demeura coi.

— Ne soyez pas inquiet pour moi : j'affronterai les dessinateurs et je leur prouverai que j'ai ma place parmi eux.

En accord avec le chef d'équipe Neb l'Accompli, Kenhir avait tenté d'écœurer le jeune homme. Et il était heureux d'avoir échoué.

En parcourant la rue principale du village, Paneb eut l'impression de sortir d'un long sommeil. Depuis son admission dans la confrérie, il n'avait eu que deux objectifs : apprendre à dessiner les hiéroglyphes et rendre sa maison habitable. Le premier avait été atteint au-delà de ses espérances, au point d'occulter souvent le second.

Savoir lire et écrire donnait au jeune homme une formidable impression de puissance. Chaque fois qu'il dessinait une panthère, un faucon ou un taureau, il avait la sensation d'acquérir un peu des qualités de l'animal ; l'écriture faisait vivre l'abstrait, la lecture offrait l'enseignement des sages.

Deux années s'étaient écoulées comme un songe. Paneb n'avait fréquenté que Néfer et Claire, avec lesquels il ne parlait que de hiéroglyphes, et il avait passé l'essentiel de son temps auprès de Kenhir, soit à l'école avec les autres élèves, soit en cours privé. À présent, la stratégie de son professeur était évidente : lui, le scribe de la Tombe, avait tenté de former un autre scribe et de l'envoyer à l'extérieur !

Paneb saurait tirer la leçon de ce combat feutré qui n'avait pas été livré avec les poings mais avec la tête. Kenhir avait essayé de l'envoûter, de jouer sur sa vocation en la détournant et en faisant miroiter les innombrables avantages dont jouissait un bureaucrate.

Kenhir avait échoué. Sans dévier de son chemin, Paneb s'était emparé de son savoir et il maîtrisait à présent les signes de puissance indispensables à un dessinateur de la Place de Vérité. Leur magie était si intense qu'elle avait absorbé son énergie et son attention au point de lui faire oublier la plus belle création des dieux : les femmes.

Depuis qu'il s'était mis au travail, pas une seule fois Paneb ne les avait regardées ! Claire ne comptait pas, car elle était à la fois trop différente des autres et l'épouse de Néfer. Il la considérait comme une grande sœur qui l'apaisait et ne lui donnait que de bons conseils.

Comment avait-il pu se passer de femmes pendant aussi longtemps ? Fallait-il que la magie du rusé Kenhir fût efficace ! À l'avenir, il se méfierait de ce personnage retors, l'un des trois chefs de la confrérie. En l'attirant dans ses filets, ne l'avait-il pas privé d'amour ?

C'était jour de repos pour l'équipe de droite. Certains artisans dormaient, d'autres embellissaient leur maison, d'autres encore fabriquaient du mobilier pour le vendre à des acheteurs de l'extérieur. Jusqu'à présent, tous avaient ignoré Paneb qui le leur avait bien rendu. Bientôt, il affronterait les dessinateurs mais, en cette fin de matinée, il s'accordait un plaisir incomparable : regarder les femmes du village et les séduire.

Au lieu de rentrer chez lui à pas pressés pour s'occuper de sa demeure, il progressait lentement dans la rue principale et posait les yeux sur toute personne du beau sexe.

Avant d'y pénétrer, Paneb avait cru que la Place de Vérité était un lieu austère où les épouses des artisans demeuraient confinées chez elles ou dans des oratoires ; mais comme dans les autres villages d'Égypte, la plupart des femmes travaillaient ou déambulaient seins nus, et le regard de Paneb s'attardait plus volontiers sur les jeunes poitrines. Malheureusement, les femmes ne goûtèrent nullement ce petit jeu ; les unes lui jetèrent des regards noirs, les autres rentrèrent chez elles, furibondes.

La chasse ne s'annonçait pas facile, mais le jeune colosse ne doutait pas de sa réussite. Après cette abominable période d'abstinence, il ne ferait pas la fine bouche, qu'il s'agisse d'une vieille expérimentée ou d'une jeune débutante.

Il crut avoir trouvé sa proie quand une blondinette plutôt menue, jolie à croquer, l'observa avec tendresse. Mais il marcha trop vite dans sa direction ; apeurée, elle claqua sa porte.

— On jurerait que tu effrayes les filles, murmura une voix fruitée.

Paneb se retourna pour découvrir une superbe rousse d'une vingtaine d'années qui portait une robe verte à bretelles laissant les seins nus. Elle arborait une poitrine somptueuse, et chacune de ses formes attisait le désir.

— Mon nom est Paneb.

— Moi, je m'appelle Turquoise et je suis célibataire.

Qu'elle fût mariée ou non, il s'en moquait. L'essentiel, c'était qu'elle fût une femme.

— Tu souhaites bavarder un peu ?

— Pas du tout. J'ai envie de faire l'amour avec toi, et tout de suite.

Turquoise sourit.

— Tu es un véritable colosse...

— Et toi, une belle plante ! Nous devrions nous accorder à merveille et avoir autant de plaisir l'un que l'autre.

— Crois-tu que l'on parle ainsi aux femmes ?

— Nous avons assez parlé.

Il grimpa les quelques marches qui menaient à l'entrée de la petite maison de Turquoise, la serra dans ses bras et la gratifia d'un baiser de feu. Comme elle ne résistait pas, il l'entraîna à l'intérieur où régnait une douce pénombre et lui arracha son fragile vêtement.

Le parfum ambré de la jeune femme, sa peau blanche et sa manière de se lover contre lui le rendaient fou. Elle répondit à chacune de ses initiatives, et ils partirent ensemble pour un merveilleux voyage, à la découverte de leurs corps.

49

Comblés, les amants se reposaient enfin.

— Tu mérites bien ton nom, Paneb l'Ardent !

— Je n'avais pas encore connu une femme si excitante...

— Tes conquêtes seraient-elles innombrables ?

— À la campagne, les filles ne font pas d'histoires.

— Les sentiments ne semblent pas t'intéresser.

— Les sentiments, c'est bon pour les vieux. Une femme a besoin d'un homme, un homme d'une femme... Pourquoi tout compliquer ?

— Est-ce l'opinion de ton ami Néfer ?

— Tu le connais ?

— Je l'ai aperçu avec sa femme, Claire.

— Eux, c'est différent. Leur amour est un miracle qui les réunira jusqu'à la mort, mais je ne les envie pas. Il ne connaîtra plus d'autre femme, tu te rends compte ! À la réflexion, c'est plutôt une sorte de malédiction.

Paneb se redressa et s'appuya sur ses coudes.

— Toi, tu es vraiment superbe... Pourquoi n'es-tu pas mariée ?

— Parce que je préfère ma liberté, comme toi.

— Ça doit faire jaser, au village.

— Oui et non. Je suis la fille d'un tailleur de pierre de l'équipe de gauche qui a été veuf très jeune. J'ai été élevée par les uns et par les autres jusqu'à son décès, il y a trois ans. J'ai décidé de rester ici, dans mon village, et de devenir prêtresse d'Hathor. N'est-elle pas la déesse de l'amour, de toutes les amours ?

— Tu as eu beaucoup d'amants ?

— Ça ne te regarde pas.

— Tu as raison, peu importe ! À présent, ton seul amant, c'est moi.

— Tu te trompes, Paneb. Je suis une femme libre et je ne me soumettrai à aucun homme. Peut-être ne coucherai-je plus jamais avec toi.

— Tu es folle !

Il tenta de s'allonger sur elle, mais Turquoise se déroba.

— Sors de chez moi, ordonna-t-elle.

— Je pourrais te prendre de force !

— Tu serais expulsé du village dès ce soir et condamné à une longue peine de prison. Va-t'en, Paneb.

Penaud, le jeune colosse s'éclipsa. Que les femmes étaient compliquées, surtout quand elles refusaient de se soumettre ! Il avait perdu Turquoise, il en retrouverait d'autres. Son feu sexuel apaisé pour quelque temps, Paneb ne se préoccuperait que de l'achèvement de sa maison.

Comme les autres demeures de la Place de Vérité, elle lui avait été officiellement attribuée par le vizir, et sa modeste superficie de 50 m^2 tenait compte de sa situation de célibataire. Les couples bénéficiaient de 80 m^2 en moyenne, les couples avec enfants de 120 m^2. Mesurant de trois à sept mètres, les façades donnant sur l'artère principale étaient étroites et percées d'une petite porte vers laquelle descendait une volée de marches.

La construction reposait sur un socle de pierres jusqu'à une hauteur d'un mètre sur lequel avaient été édifiés des murs de briques crues recouvertes d'un enduit et de nombreuses couches de lait de chaux, finitions qui manquaient à la maison de Paneb, loin d'être aussi solide que les plus anciennes demeures du village, bâties directement sur le rocher.

Sans aider son ami qui tenait à travailler seul, Néfer lui

avait quand même donné quelques conseils afin d'éviter des erreurs fatales. Aussi Paneb s'était-il échiné à rendre très épais les murs extérieurs et avait-il séparé les pièces par des murs intérieurs moins épais et en briques que liait un simple mortier de terre. Ces cloisons supportaient les plafonds et la terrasse. La charpente était formée de troncs de palmiers à peine équarris et serrés les uns contre les autres ; les poser correctement n'avait pas été une mince affaire mais, grâce à sa force et aux indications précises de Néfer, Paneb avait réussi.

La disposition des fenêtres avait requis toute son attention, car elle devait assurer une bonne circulation d'air tout en préservant la chaleur pendant l'hiver et la fraîcheur l'été. Après un premier échec qui l'avait contraint à reprendre une partie du gros œuvre et à redonner encore de l'épaisseur aux murs extérieurs, Paneb avait obtenu un résultat satisfaisant.

Comme la plupart des autres villageois, il disposait, sur trois niveaux, de trois pièces principales, d'une cuisine, de deux caves, de commodités et d'une terrasse. Mais l'ensemble était vide et nu, et nul décor ne l'agrémentait. Le mobilier se réduisait à une simple natte, et il manquait peintures et autres ornements pour donner une âme à ce logis.

Paneb avait mille idées mais il n'était pas capable de les concrétiser, et seule la perfection l'intéressait. Pour l'heure, il se contentait des fleurs quotidiennement livrées aux prêtresses d'Hathor et que Claire était chargée de distribuer aux habitants du village pour qu'ils les déposent sur un autel, en hommage à la déesse.

Le moment était venu d'apprendre de nouvelles techniques qui permettraient à Paneb d'embellir sa maison et d'en faire la plus éblouissante de la Place de Vérité.

Un homme s'approchait.

Bien qu'un peu moins grand que Paneb, il avait à peu près la même carrure et il marchait en frappant lourdement le sol, comme s'il éprouvait des difficultés à déplacer sa masse musculaire.

— C'est moi que tu viens voir ?

— Tu es bien Paneb l'Ardent ?

— Comment t'appelles-tu ?

— Nakht le Puissant, tailleur de pierre.

— Joli surnom... Quels exploits as-tu accomplis pour le mériter ?

— Même si tu commençais aujourd'hui à soulever des blocs en ne t'arrêtant pas une seconde jusqu'à ta centième année, tu n'en manipulerais pas autant que moi.

— Je n'ai pas l'intention de devenir tailleur de pierre, mais dessinateur et peintre.

— La confrérie compte dans ses rangs un peintre exceptionnel et trois dessinateurs expérimentés. Ce sont eux qui décorent la demeure d'éternité de Ramsès le Grand, celles des membres de la famille royale et celles des nobles. À quoi un garnement de ton espèce pourrait-il leur servir ?

— J'ai été initié comme eux et j'appartiens à la même confrérie.

— Tu confonds la théorie et la pratique, mon garçon. Certes, tu as eu la chance d'être admis parmi nous, mais combien de temps y resteras-tu ?

— Aussi longtemps qu'il me plaira.

— Te crois-tu maître de ton destin ?

— Sur notre chemin, il y a des portes. Les uns les regardent, les autres y frappent avec l'espoir que quelqu'un leur ouvrira. Moi, je les enfonce.

— En attendant, tu vas m'obéir.

— Quels sont tes ordres, Nakht ?

— Il y a un mur de ma maison à restaurer, et je n'ai pas envie de m'épuiser. Puisque tu as acquis de l'expérience, c'est toi qui t'en occuperas.

— Il s'agit de ta maison, pas de la mienne. Règle le problème toi-même.

— Tu as été embauché pour servir, garçon.

— Servir l'œuvre, oui, mais pas des exploiteurs dans ton genre.

— Tu es trop insolent à mon goût... Une bonne correction te remettra dans le droit chemin.

L'adversaire était de taille, mais il n'effrayait pas Paneb, certain de se montrer plus rapide dans l'esquive comme dans l'attaque.

— Méfie-toi, Nakht, tu risques de prendre un mauvais coup.

— Approche, fanfaron, approche...

— Tu as bien réfléchi ? À ta place, je rentrerais chez moi me faire cajoler par mon épouse. Si elle te retrouve couvert de blessures, elle te délaissera.

Excédé, Nakht le Puissant tenta d'enfoncer son poing dans le ventre de Paneb. Mais ce dernier avait bondi de côté, et c'est lui qui atteignit son adversaire au flanc gauche, lui brisant une côte et lui arrachant un hurlement de douleur.

— Arrêtez ! ordonna Néfer qui arrivait en courant.

Lui qui venait apporter à son ami un gâteau aux figues préparé par Claire découvrait un spectacle affligeant.

Paneb lui obéit et baissa la garde.

Ce ne fut pas le cas de Nakht le Puissant qui se précipita sur son adversaire, la tête en avant.

50

Guidés par Karo le Bourru qui rythmait la marche avec un long bâton noueux, les artisans de l'équipe de droite se dirigeaient vers le local qui leur était réservé, au pied de la colline du nord, à la limite de la nécropole.

Néfer le Silencieux découvrit une sorte de petit temple auquel on accédait par un porche. Remplissant la fonction de gardien du seuil, le chef d'équipe Neb l'Accompli demanda à chaque artisan de s'identifier.

Ce rite achevé, chaque membre de l'équipe de droite pénétra dans une petite cour à ciel ouvert et s'agenouilla devant un bassin de purification de forme rectangulaire. Le peintre Ched le Sauveur y puisa de l'eau avec une coupe et la versa sur les mains tendues de ses confrères, paumes vers le ciel.

Ched fut purifié à son tour, puis les artisans pénétrèrent dans la salle de réunion dont le plafond, soutenu par deux colonnes, était peint en ocre jaune. Le long des murs, des stalles encastrées dans des banquettes de pierre. Trois fenêtres hautes dispensaient une lumière douce pendant la journée ; comme la nuit tombait, des torches avaient été allumées.

Des murets séparaient la salle de réunion d'un sanctuaire surélevé où seul pouvait pénétrer le chef d'équipe. Il se composait d'un naos abritant une statuette de la déesse Maât et de deux petites pièces latérales où étaient conservés des vases à onguent, des autels portatifs et d'autres objets rituels.

Neb l'Accompli prit place à l'orient sur le siège en bois

qu'avaient occupé avant lui les autres maîtres d'œuvre chargés de diriger l'équipe de droite.

— Rendons hommage aux ancêtres, ordonna-t-il, et prions-les de nous éclairer. Que la stalle de pierres la plus proche de moi demeure à jamais vide de toute présence humaine pour être réservée au *ka* de mon prédécesseur, vivant parmi les étoiles et toujours présent parmi nous. Que son exemple préserve notre unité.

Les artisans firent silence. Tous eurent le sentiment que les paroles de Neb l'Accompli n'étaient pas vaines et que les liens qui les unissaient étaient plus forts que la mort.

— Deux d'entre nous sont en conflit, déclara le chef d'équipe. Je dois vous consulter pour savoir s'il est possible de régler cette affaire ici même ou bien si nous devons la porter devant le tribunal de la Place de Vérité.

La tête enveloppée d'un linge humecté de myrrhe qui apaisait la douleur, Nakht sollicita la parole.

— J'ai été agressé par l'apprenti Paneb l'Ardent. Il m'a presque défoncé le crâne et je dois prendre plusieurs jours de repos, ce qui retardera le travail de l'équipe. C'est pourquoi il doit être sévèrement condamné par le tribunal.

— Il n'y a pas d'autre solution, approuva Karo le Bourru.

Paneb s'apprêtait à protester vigoureusement lorsque Néfer lui mit la main sur l'épaule pour l'empêcher de se lever.

— J'ai été témoin de l'affrontement entre Nakht le Puissant et Paneb, dit Néfer avec calme. Il était évident qu'ils allaient en venir aux poings et je suis intervenu pour faire cesser cette querelle. Alors que Paneb m'a écouté, Nakht a foncé sur lui, la tête en avant. Il a tenté de le prendre en traître, et Paneb n'a fait que se défendre en l'assommant.

— Ne parles-tu pas ainsi parce que Paneb est ton ami ? interrogea le chef d'équipe.

— S'il avait mal agi, je ne tenterais pas de justifier son comportement. Pour moi, il ne reste qu'un point à éclaircir : la cause de cet affrontement.

— Pas du tout, objecta Nakht ; mes blessures prouvent que je n'étais pas l'agresseur.

— Argument spécieux, estima Néfer ; si tu m'avais écouté, tu serais indemne. Mais qu'exigeais-tu de Paneb ?

— Je souhaitais simplement discuter avec lui, mais il m'a couvert d'insultes. C'est une attitude indigne d'un apprenti !

— Un tailleur de pierre a-t-il le droit d'exiger d'un apprenti qu'il sorte du chemin de la rectitude et trahisse son serment ?

Nakht le Puissant blêmit.

— Cette question n'a aucun sens ! Tu étais trop loin, tu n'as rien pu entendre, et puis... je n'ai rien exigé de lui !

— Je n'ai rien entendu, en effet, mais ton comportement ne peut s'expliquer qu'ainsi. Nous vivons dans la Place de Vérité, Maât est notre souveraine. Comment pourrais-tu continuer à mentir ?

Le ton de Néfer n'avait rien d'agressif. Il ressemblait plutôt à celui d'un père qui tentait de faire percevoir à son fils qu'il commettait une grave erreur mais que rien n'était encore irrémédiable.

Les arguments de Néfer tournèrent dans la tête de Nakht le Puissant à un rythme endiablé. Les regards de ses collègues lui parurent plus pesants que les couffins remplis de pierraille qu'il avait tant de fois soulevés, et les paroles de son premier serment, si lointaines, lui revinrent en mémoire.

— Je retire ma plainte contre Paneb, déclara-t-il en

baissant la tête. Ce n'est pas une petite querelle de ce genre qui peut remettre en cause notre fraternité... Entre nous, il arrive d'être un peu vifs, et ça n'a rien de grave. Nous nous sommes un peu accrochés parce que nous voulions mesurer nos forces. Il vaudrait mieux s'affronter lors d'une compétition de lutte...

— À ta disposition, dit Paneb.

— L'incident est clos, jugea le chef d'équipe. D'autres sujets à aborder ?

— Je suis mécontent de la qualité des derniers onguents qu'on m'a livrés, se plaignit Karo le Bourru. J'ai la peau fragile, et ceux-là me provoquent des rougeurs. Si l'on nous traite comme des moins que rien, nous ne tarderons pas à réagir !

— Je le signalerai au scribe de la Tombe, promit Neb l'Accompli, et la qualité des onguents sera surveillée de plus près.

— Nous allons bientôt manquer de pinceaux fins, déplora le peintre Ched. Je lance des mises en garde depuis plusieurs mois, mais elles restent lettre morte.

— Je m'en occupe. C'est tout ?

Personne ne demanda la parole.

— Nous avons un programme de travail très chargé, annonça Neb l'Accompli. Pendant que l'équipe de gauche achève l'immense demeure d'éternité des « fils royaux » de Ramsès le Grand dans la Vallée des Rois, nous avons reçu l'ordre de restaurer plusieurs tombes de la Vallée des Reines. Si des heures supplémentaires sont nécessaires, vous recevrez des sandales de première qualité et de belles pièces d'étoffe en compensation.

— On a aussi une fête à préparer, se plaignit Karo. Quand allons-nous avoir le temps de dormir ? Avec les chaleurs qui arrivent, le travail sera de plus en plus pénible. Surtout, qu'on ne manque pas d'eau fraîche !

— N'oublie pas la bière, ajouta Nakht le Puissant. Sans elle, on n'a plus de bras.

— En tant que dessinateur et vu l'ampleur de ce projet, ajouta Gaou le Précis, je demande que le laboratoire central soit particulièrement vigilant sur la qualité des couleurs qu'il nous livrera. Nous devrons respecter les contours et les teintes d'origine.

Ses deux collègues, Ounesh le Chacal et Paï le Bon Pain, développèrent les mêmes exigences.

Comme plus aucun artisan ne souhaitait s'exprimer, le chef d'équipe se leva, fit éteindre les torches et adressa une dernière invocation aux ancêtres.

Bien que le local fût plongé dans l'obscurité, Paneb remarqua une étrange lueur qui provenait du naos. Il aurait juré qu'une lampe était allumée à l'intérieur du petit sanctuaire et que sa lumière traversait la porte en bois doré.

Se croyant victime d'une hallucination, le jeune homme fixa l'incroyable phénomène, mais il n'eut pas le loisir de s'attarder car il dut suivre les artisans qui quittaient la salle de réunion.

— Tu as vu cette clarté bizarre ? demanda-t-il au peintre Ched.

— Sors en silence.

La nuit était douce, le village dormait. Dès qu'ils se trouvèrent à l'air libre, Paneb reposa sa question.

— Alors, tu l'as vue ?

— Il n'y avait que le rougeoiement des torches mourantes.

— Une lumière provenait du naos !

— Tu te trompes, Paneb.

— Je suis sûr que non.

— Va dormir, ça t'évitera de te laisser prendre par des mirages.

Paneb interrogea Paï le Bon Pain qui, lui non plus, n'avait rien remarqué d'anormal. Puis il chercha Néfer sans parvenir à le trouver. Son ami, qui avait réussi à l'innocenter et à lui épargner ainsi toute sanction, avait dû rentrer chez lui.

Non, impossible ! Néfer aurait certainement aimé lui parler.

L'équipe s'était dispersée, Paneb restait seul face à la porte close du local de la confrérie.

Qu'était-il arrivé à Néfer ?

51

Paneb avait attendu jusqu'à l'aube, espérant voir réapparaître son ami. À l'arrivée des prêtresses d'Hathor qui se dirigeaient vers le temple pour y éveiller la puissance divine, le jeune colosse, dépité, regagna son domicile.

Soudain, le village aux apparences si paisibles lui sembla inquiétant et hostile. Alors qu'il croyait en avoir discerné les lois, il se trouvait brutalement plongé dans l'inconnu. Son unique ami avait-il été victime d'un complot fomenté par de redoutables individus, décidés à éliminer tous ceux qui n'entraient pas dans leur moule ? Paneb avait défié Nakht le Puissant, Néfer avait défendu Paneb... Irréductibles, les deux amis devaient disparaître.

Mais Paneb l'Ardent ne se laisserait pas égorger comme une bête de boucherie. À lui seul, il était capable de mettre ce maudit village à feu et à sang !

Il s'apprêtait à partir en guerre quand on frappa à sa porte.

Méfiant, le jeune homme s'arma d'un bâton, prêt à fracasser la tête des artisans qui allaient tenter de s'emparer de lui.

Bras droit levé, il ouvrit sa porte et découvrit deux femmes, Claire et une petite blonde effarouchée. La première portait un buste en plâtre, la seconde un bouquet composé de tiges de lotus, de narcisses et de bleuets.

— Protection sur ton visage, dit-elle en utilisant la formule traditionnelle pour souhaiter une bonne journée. Ouâbet a souhaité m'assister pour que nous commencions à faire vivre ta maison.

— As-tu des nouvelles de Néfer ?

— Serais-tu inquiet ?

— Il a disparu !

— Rassure-toi, il est parti pour visiter un chantier naval afin d'y étudier les techniques des charpentiers.

— Seul ?

— Non, avec le chef d'équipe et quelques artisans.

— Tu en es certaine ?

Intriguée, Claire dévisagea Paneb.

— Tu as l'air bouleversé !

— Je croyais qu'on l'avait enlevé, qu'il avait été malmené, que...

— Tout va bien, sois tranquille ; il ne s'agit que d'un bref voyage à caractère professionnel. Qu'allais-tu imaginer ?

Paneb posa son bâton.

— J'ai eu peur pour lui, j'ai craint que la confrérie entière ne lui fût hostile.

— Apaise-toi, recommanda Claire ; voici un buste

d'ancêtre que tu vénéreras chaque jour en songeant aux Serviteurs de la Place de Vérité qui t'ont précédé.

— Dois-je le placer dans la première pièce, comme chez toi ?

— C'est la coutume, en effet.

Timide, Ouâbet la Pure donna les fleurs au jeune colosse.

— Leur parfum est doux au *ka* des ancêtres, commenta Claire ; si nous ne leur étions pas reliés, s'ils ne nous offraient pas leur force, nous ne pourrions pas survivre.

— Les ancêtres ne m'intéressent pas... Seul compte l'avenir.

— Tu ne bâtiras pas sans fondation, Paneb. Nos prédécesseurs ont façonné l'esprit de ce village et ils ont nourri son âme de leurs créations. Ce qu'ils nous ont transmis, nous devons le transmettre à notre tour. Si tu négligeais les ancêtres, tu deviendrais sourd et aveugle.

Occupé à méditer les paroles de Claire, Paneb ne s'était pas aperçu que Ouâbet la Pure le regardait d'un œil attendri.

Le buste de l'ancêtre négligemment posé dans un coin de la première pièce de sa maison, Paneb se restaura à la hâte puis se dirigea vers la demeure du peintre Ched qu'il considérait comme le supérieur des trois dessinateurs. Il exigerait de lui un programme de travail précis et ne se laisserait pas bercer par un vague discours.

Équipé d'un imposant matériel, Ched s'apprêtait à partir pour la Vallée des Reines. Doté d'une élégance naturelle, les cheveux et la petite moustache très soignés, les yeux gris clair et le nez droit, les lèvres fines, il semblait poser un regard dédaigneux sur ce qui l'entourait.

— Attendez-moi !

— T'attendre... Pour quelle raison ?

— Je vous accompagne à la Vallée des Reines, non ?

Le sourire de Ched était plus aiguisé qu'une lame.

— Tu perds la tête, mon garçon ; je vais procéder à des travaux de restauration d'une extrême finesse et je n'ai pas besoin d'un incapable.

— Je sais lire et écrire, et je dessine parfaitement les hiéroglyphes !

— Comme tous les habitants du village... Mais que sais-tu de l'art du Trait, des règles de proportion et de la nature secrète des couleurs ? Tu veux devenir dessinateur, paraît-il, et même peintre ! Ignores-tu que ce n'est pas toi qui dictes tes exigences à la confrérie ? Tu devrais apprendre à faire du plâtre, et ce sera sans doute ta meilleure occupation jusqu'à la fin de ton existence.

Les paroles de Ched étaient des couteaux qui s'enfonçaient dans la chair du jeune colosse.

— Autre élément essentiel que tu n'as pas perçu, poursuivit le peintre : la demeure qui t'a été attribuée n'est pas une maison de paysan ou de petit scribe, mais un sanctuaire. Tu n'as songé qu'à ton confort matériel, mais que sais-tu de la signification symbolique de chaque pièce, et où sont les peintures et les objets qui en donnent le sens ? Tu n'es encore qu'un homme de l'extérieur, mon pauvre Paneb, et je ne suis pas certain que tu possèdes l'intelligence et les talents nécessaires pour être un authentique Serviteur de la Place de Vérité. Suis au moins l'exemple de ton ami Néfer qui, lui, a déjà beaucoup progressé. Et n'oublie pas que la porte du village s'ouvre très facilement sur l'extérieur où tu obtiendras sans difficulté un travail à ta mesure.

Abasourdi, Paneb regarda le peintre s'éloigner sans pouvoir proférer une seule réplique. Envahi par la rage, il faillit se précipiter sur Ched pour lui arracher son matériel et le piétiner. Mais les reproches du peintre continuaient à le cingler comme des coups de fouet, avec d'autant plus de violence qu'ils étaient fondés.

Ched avait raison : il n'était qu'un paysan doublé d'un petit scribe. Mais pourquoi Néfer, son seul ami, ne l'avait-il pas aidé à en prendre conscience ? Et à quelle progression Ched avait-il fait allusion ? Pour en avoir le cœur net, Paneb décida d'interroger Claire.

Dans la rue principale, il croisa deux des trois dessinateurs, Ounesh le Chacal et Gaou le Précis, qui partaient pour la Vallée des Reines. Il les salua à peine, sentant peser sur lui l'ironie de leur regard.

La porte de la maison de Claire et de Néfer était fermée. Il frappa.

— Claire ! Je peux entrer ?

— Un instant, répondit-elle.

Étrange... Elle, d'ordinaire si accueillante, allait-elle rejeter Paneb en le traitant avec mépris, comme le peintre ? Il n'eut pas le temps de laisser prospérer ses idées noires, car la porte ne tarda pas à s'ouvrir.

— Néfer est-il rentré ?

— Pas encore.

— Je veux le voir.

— Il travaille sur un chantier.

— Pourquoi a-t-il choisi le bon chemin et pas moi ? Toi, tu dois le savoir !

— Entre, j'ai un travail à terminer.

Paneb découvrit avec stupéfaction le troisième dessinateur, Paï le Bon Pain, un homme rond, au visage jovial et aux joues rebondies. Son poignet droit était bandé.

— Une petite foulure, expliqua-t-il. Grâce aux soins de Claire, je reprendrai mon activité dans quelques jours.

La jeune femme s'assura que le bandage n'était pas trop serré.

— Pour le moment, Paï, repos complet. Ne sois pas inquiet, il ne restera aucune séquelle.

Paneb détaillait la première pièce d'un œil nouveau : une construction bizarre dans un angle, le buste de l'ancêtre sur un autel, un autre autel fleuri... Néfer avait bel et bien transformé sa demeure en sanctuaire.

— Le peintre Ched vient de me traiter d'incapable, mon seul ami disparaît, et je ne comprends plus rien ! Qu'est-ce qui se passe, Claire ?

— Tu dois simplement franchir une nouvelle étape, et c'est à toi de tracer le chemin.

— Le seul conseil que m'a donné Ched, c'est de devenir plâtrier !

— Il est excellent, observa Paï le Bon Pain.

Paneb bouillonnait.

— Toi aussi, tu te moques de moi !

— Désires-tu toujours devenir dessinateur ?

— Plus que jamais !

— Alors, comprends que ton premier chantier, là où tu dois faire tes preuves, c'est ta propre maison. Tu nous as montré que tu savais te débrouiller seul pour le gros œuvre et une réfection sommaire, mais c'est insuffisant. Il te faut tout apprendre du métier afin de ne pas commettre d'erreur lorsque tu œuvreras sur la paroi d'une demeure d'éternité.

— Tu n'as pas été plâtrier, toi !

— Bien sûr que si. Comment réussir un dessin sans un bon support ? Sa fabrication est le premier des secrets.

— Acceptes-tu de me l'enseigner ? interrogea Paneb, angoissé.

Paï le Bon Pain contempla son poignet.

— Je n'apprécie guère le repos forcé... On pourrait essayer.

52

Enceinte pour la deuxième fois, Serkéta attendait avec angoisse le résultat de ses tests. Quand elle avait accouché d'une fille, son mari était entré dans une violente colère et avait refusé de voir l'enfant qui serait élevé par des nourrices et ne paraîtrait jamais devant son père. Officiellement, le premier-né devait être un garçon. Méhy regrettait parfois de ne pas être grec ou hittite ; dans leur pays, la loi n'interdisait pas de supprimer les fillettes en surnombre.

Bénéficiant d'une parfaite irrigation sanguine et d'une bonne circulation de l'air dans le corps, Serkéta était assurée d'une grossesse paisible et d'un accouchement heureux ; mais seul comptait le sexe de l'enfant. Depuis deux semaines, elle urinait quotidiennement sur deux sacs, l'un contenant du blé, des dattes et du sable, et l'autre du sable, des dattes et de l'orge. Si le blé germait le premier, Serkéta donnerait naissance à une fille ; si c'était l'orge, à un garçon.

— Nous avons un résultat indubitable, lui annonça son gynécologue.

— Vous avez une mine superbe, mon cher Méhy ! s'exclama le maire de Thèbes. Les militaires ne jurent que par vous, et les grandes manœuvres que vous avez dirigées ont été fort appréciées de la population. Elle se sent protégée et à l'abri de tout danger.

— Le mérite en revient aux officiers et aux hommes de troupe dont la discipline est exemplaire.

— Mais c'est bien vous qui avez donné les ordres !

— En m'inspirant de vos recommandations, rappela Méhy.

Le maire apprécia cette précision.

— Vous êtes-vous remis de la mort de votre beau-père ?

— M'en remettrai-je un jour ? Il avait une telle personnalité et de telles compétences que son absence laisse un vide immense. Avec ma femme, nous évoquons sa mémoire chaque soir ; sans doute ne nous consolerons-nous jamais de sa disparition.

— Bien sûr, bien sûr... Mais il faut songer à l'avenir, et il n'y a pas de meilleur remède aux grandes douleurs qu'un travail acharné. Vous êtes compétent, consciencieux et méthodique ; cet ensemble de qualités fera de vous un excellent trésorier principal de notre bonne ville de Thèbes.

Méhy fit mine d'être surpris.

— C'est un poste d'une importance capitale ! Je ne sais pas si...

— C'est à moi de décider, et je sais que je ne me trompe pas. En devenant mon bras droit, vous serez responsable de la prospérité de notre chère cité. De mon côté, je prendrai un peu de recul.

Méhy savait que le maire avait surtout besoin de tout son temps pour démanteler les factions qui cherchaient à l'affaiblir et lutter contre les nombreux candidats prêts à prendre sa place.

— Vous me proposez une tâche exaltante, mais une raison majeure m'empêche d'accepter.

— Laquelle ?

— Il m'est impossible de succéder à mon cher beau-père... Pour mon épouse, le choc serait trop cruel.

— Rassurez-vous, je la raisonnerai ! Méhy, Thèbes a besoin de vous. En certaines circonstances, ne faut-il pas sacrifier nos sentiments à l'intérêt général ?

Méhy avait envie de danser de joie. Après s'être assuré le contrôle des forces armées, il prenait en main les finances publiques. Il serait désormais le meilleur soutien du maire qui, en bon stratège, avait délimité de façon claire leurs territoires respectifs. À Méhy une gestion saine et irréprochable, au maire le pouvoir représentatif. Ce dernier n'avait probablement pas cru que Méhy portait une affection éternelle à son beau-père, mais il ne pouvait pas soupçonner la vérité. Qu'un assassin demeurât impuni et prît même la place de sa victime prouvait au nouveau trésorier principal de Thèbes que la loi de Maât n'était qu'une fable inventée par de faux sages enfermés dans des temples, loin de la réalité. Le vieux monde des pharaons ne tarderait pas à disparaître pour être remplacé par un État conquérant, doté d'une foi inaltérable dans le progrès, et capable de s'imposer aux civilisations décadentes.

Pour parvenir à en prendre la tête, Méhy utiliserait les talents de son ami Daktair qu'aucun scrupule moral n'embarrasserait. Grâce à un clan d'hommes neufs dans son genre, sans aucune attache avec la tradition, l'Égypte se transformerait rapidement en un pays moderne où régnerait la seule loi que respectait Méhy : celle du plus fort. Un habile maquillage juridique et quelques déclarations publiques bien senties apaiseraient les consciences réticentes de certains hauts dignitaires, vite conquis par le bénéfice personnel qu'ils retireraient de la situation nouvelle. Quant au peuple, il était fait pour être soumis, et nul ne se révoltait longtemps face à une police et à une armée bien organisées.

Restait un obstacle de taille : Ramsès le Grand. Mais le souverain était très âgé, et sa santé de plus en plus fragile. En dépit de sa robuste constitution et de son exceptionnelle longévité, la mort finirait par avoir raison de lui. L'idée d'un attentat qui hâterait la disparition de Ramsès n'était pas à exclure, mais il nécessitait un nombre incalculable de précautions pour qu'une enquête ne puisse pas remonter jusqu'à Méhy. Il valait mieux gangrener l'entourage du futur pharaon, Mérenptah, avec l'espoir de faire avorter son règne et de mettre en place un homme de paille que Méhy contrôlerait.

Le temps jouait en sa faveur. Il ne devait surtout pas céder à l'impatience, au risque de commettre un faux pas fatal. Et l'objectif majeur restait la conquête de la Place de Vérité. Grâce aux secrets qu'elle détenait, Méhy deviendrait le seul maître des Deux Terres. Mais s'attaquer à elle, c'était se heurter de front à Ramsès ; jusqu'à ce que le rapport de force s'inverse, Méhy se contenterait d'offensives indirectes, sans oublier de saper les fondations de l'édifice.

Les seins nus, parfumée à l'oliban, les cheveux dénoués, les poignets et les chevilles ornés de colliers de cornaline et de turquoise, Serkéta sauta au cou de son mari.

— Tu rentres bien tard ! Je n'en pouvais plus de t'attendre...

— Le maire m'a retenu.

— C'est un homme fourbe et sans cœur... Méfie-t'en !

— Il vient de me nommer trésorier principal de Thèbes.

Serkéta s'écarta du commandant pour le contempler.

— Le poste de mon père... Magnifique ! Comme j'ai eu raison de t'épouser, Méhy. Tu es vraiment un homme remarquable.

— Bien entendu, je n'ai manifesté qu'un enthousiasme

modéré et je n'ai cessé de chanter les louanges de ton vénéré père en affirmant que tu serais sans doute chagrinée de me voir prendre sa place. Le maire interviendra auprès de toi pour te faire admettre que l'on ne peut pas vivre dans le passé et que je dois accepter cette nomination.

— Compte sur moi, chéri ! Je jouerai les filles éplorées et je finirai par me plier à la dure réalité de l'existence, tout en fleurissant chaque jour la tombe de mon pauvre père trop tôt disparu. Mais dis-moi... nous allons devenir encore plus riches !

— C'est certain, mais je devrai jouer serré pour que personne ne puisse m'accuser de détournement de fonds.

— Père ne te considérait-il pas comme un extraordinaire manipulateur de chiffres ?

— L'administration thébaine est lourde et compliquée... Il me faudra plusieurs années pour m'en rendre maître, mais j'y parviendrai.

— Et... ensuite ?

— Que veux-tu dire, Serkéta ?

— N'as-tu pas de plus hautes ambitions ?

— Il me semble que de telles perspectives de carrière ne sont pas si banales !

Serkéta enlaça l'officier supérieur.

— J'attends encore mieux de toi, mon chéri !

Méhy fit l'amour à son épouse avec sa brutalité habituelle, mais il ne lui dévoila pas ses véritables projets. Ni elle ni une autre femme n'avaient l'intelligence suffisante pour en percevoir l'ampleur, mais la fille de l'ex-trésorier principal de Thèbes serait une alliée fidèle et utile.

La tête sur le torse puissant de Méhy, Serkéta s'exprima d'une voix émue.

— J'ai fait les tests de grossesse chez le gynécologue...

— Les résultats ?

— C'est le blé qui a germé en premier.

— Cela signifie que...

— Malheureusement oui... J'attends une deuxième fille.

Méhy gifla sa femme à plusieurs reprises.

— Tu m'as trahi, Serkéta ! Il me faut un fils, pas des filles. Celle-là aura le même sort que la première. Envoie-la où tu veux, qu'elle ne paraisse jamais devant moi.

— Pardon, Méhy, pardon !

— Je me moque de tes excuses. Ce que je veux, c'est un fils. Et j'exige que, dès demain, tu signes en ma faveur un acte de renoncement à la totalité de tes biens dont je deviendrai le seul gestionnaire. Qui serait assez stupide pour avoir confiance en une femme qui ne procrée que des filles ? Je te laisse encore une chance, Serkéta, mais tâche de ne plus me décevoir. Si tu échoues encore, je te répudierai.

Le visage en feu, tassée contre des coussins, l'épouse de Méhy tenta de lutter.

— La loi te l'interdit... Et si je refuse de renoncer à ma fortune ?

Souriant, l'officier supérieur lui prit le menton.

— Je croyais t'avoir prouvé que l'on ne me résiste pas, ma chérie... Ou bien tu m'obéis sans discuter, ou bien tu deviens mon ennemie.

— Tu n'oserais quand même pas...

— Accouche de cette maudite fille, débarrasse-t'en, redeviens vite une épouse très attirante et donne-moi un garçon. Si tu y parviens, tu seras une femme comblée. En attendant, exécute mes ordres.

53

La chaleur était écrasante. Dans les collines entourant la Place de Vérité, la vie semblait interrompue. Même les scorpions demeuraient immobiles, alors qu'aucun souffle de vent ne parcourait les vallons pierreux brûlés par le soleil.

Paneb l'Ardent était le seul être vivant capable de se déplacer dans cette fournaise et d'y travailler en toute quiétude. Tête nue, il buvait peu se contentant de l'eau tiède d'une petite outre. Le jeune homme n'avait qu'une idée en tête : recueillir un maximum de gypse dans le vallon éloigné dont Paï le Bon Pain lui avait indiqué l'emplacement. À cause d'indications trop vagues, Paneb s'était égaré à deux reprises, mais il avait retrouvé le bon chemin.

D'ordinaire, il fallait au moins trois ouvriers bien bâtis pour accomplir cette besogne. Comme personne n'était disponible, Paneb n'avait attendu ni l'atténuation de la chaleur ni les ordres du chef d'équipe.

Les couffins remplis à ras bord, il les hissa sur ses épaules et retourna au village. Il les vida devant l'atelier où l'on préparait le plâtre, puis repartit pour le vallon. Et il trima ainsi jusqu'au coucher du soleil.

Ce fut Néfer le Silencieux qui l'accueillit à l'entrée du village.

— Toi, enfin ! s'exclama Paneb. Mais où étais-tu passé ?

— Le chef d'équipe m'a emmené travailler dans des carrières, puis sur un chantier naval pour y apprendre de nouvelles techniques de construction. Tu m'as l'air bien chargé...

— Il paraît que mon chemin passe par le plâtre. Pour en obtenir, il faut du gypse... Alors, je vais en chercher ! Comme on ne m'a pas précisé la quantité, j'épuiserai le vallon si nécessaire.

— Acceptes-tu un coup de main ?

— J'ai pris l'habitude de me débrouiller seul.

Les deux amis cheminèrent jusqu'à l'atelier. Paneb déversa le contenu de ses couffins et contempla le tas de gypse.

— Demain, je ferai mieux encore ; ce matin, j'ai perdu du temps à découvrir le bon endroit. Maintenant, j'ai soif !

— Je suis persuadé que Claire t'aura gardé un peu de bière fraîche.

Paneb vida une jarre de trois litres et dévora un succulent repas dont l'apogée était du pigeon farci.

— Tu as pris beaucoup de risques, observa Claire. L'endroit où tu t'es rendu est infesté de serpents et de scorpions.

— Ils avaient trop chaud... Ces bestioles ne sortent que la nuit.

— Je peux te donner un antidote.

— Pas nécessaire, je ne les crains pas. Quand j'ai une besogne, personne ne m'empêche de l'accomplir.

Paneb lança un regard de feu à son ami Néfer.

— Toi, tu as vu cette lumière étrange qui a traversé la porte du naos, dans notre salle de réunion.

— Oui, je l'ai vue.

— Pourquoi les autres refusent-ils d'en parler ?

— Je n'en sais rien.

— Et tu ne cherches pas à savoir !

— Le chef d'équipe vient de me confier une tâche tellement importante qu'elle occupe mon esprit jour et nuit.

— C'est un secret ?

— Pas pour un artisan de la Place de Vérité, répondit Néfer en souriant. Le pharaon demande une réfection et un agrandissement du sanctuaire qu'il a fait édifier dans notre village, au début de son règne. Neb l'Accompli m'a choisi pour mettre en œuvre le plan tracé par lui-même et le scribe Ramosé.

— C'est un grand honneur !

— Surtout une lourde responsabilité.

— Sois sincère, Silencieux... N'aurais-tu pas gravi plusieurs échelons dans la hiérarchie ?

— C'est vrai, Ardent.

— Et ça, tu ne peux pas m'en parler !

— Comme nous tous, je suis tenu au secret.

— Moi, je reste à la traîne !

— Tu suis un autre chemin, avec d'autres portes à franchir et selon le rythme qui t'est propre. Il n'existe aucune compétition entre nous, et il n'en existera jamais.

La journée s'annonçait aussi chaude que la précédente. Paneb l'Ardent s'apprêtait à reprendre le chemin du vallon au gypse lorsque le chef d'équipe lui barra le passage.

— Où vas-tu ?

— Chercher du gypse.

— Qui t'en a donné l'ordre ?

— Je dois apprendre à faire du plâtre pour obtenir une surface à dessiner. Donc, j'ai besoin de gypse.

Pour la première fois depuis son admission dans la confrérie, Paneb détailla son chef d'équipe : un homme grave, puissant, à la parole lente et au regard sévère. Le seul adepte de la Place de Vérité que le jeune colosse n'aurait pas aimé affronter en combat singulier.

— Tu n'as pas encore compris qu'ici personne n'agit à sa fantaisie.

— Il ne s'agit pas d'une fantaisie, mais d'une nécessité !

Neb l'Accompli croisa les bras.

— C'est moi qui décide des nécessités, et l'une d'elles vient brusquement de m'apparaître. Va chercher du gypse, Paneb, apprends à faire du plâtre puis occupe-toi de remettre à neuf les façades de toutes les maisons du village. Quand tu auras terminé, nous reparlerons de ta carrière de dessinateur.

Certains ouvriers étaient demeurés célèbres dans la mémoire du village pour avoir été capables de produire, par jour, un nombre incroyable de sacs de plâtre : cent quarante pour Lumineux du Matin, et deux cent cinq pour L'Homme du dieu Amon ! Mais Paneb l'Ardent, dès qu'il eut assimilé la technique enseignée par Paï le Bon Pain, réussit à en sortir quotidiennement deux cent cinquante de l'atelier à ciel ouvert où il trimait la journée durant.

Les besoins en plâtre de la communauté étaient très variables selon la nature des chantiers ; mais puisqu'il fallait redonner aux façades des maisons un blanc éclatant, Paneb produirait d'abord une énorme quantité de matière première avant de s'attaquer à un labeur qui lui prendrait plusieurs mois et ne l'enthousiasmait pas. Mais désobéir à un chef d'équipe l'aurait condamné à une exclusion immédiate du village. Aussi Paneb oubliait-il ses ressentiments pour brûler le gypse brut qu'il avait lui-même extrait du sol. Après calcination à une température de deux cents degrés, il le mélangeait à l'eau pour obtenir le plâtre des bâtisseurs qui s'appliquait sur un mur afin d'en effacer les irrégularités et d'obtenir une surface plane.

— Ton plâtre est meilleur que le mien, avoua Paï le Bon Pain. Tu maîtrises la technique de cuisson d'une manière incroyable !

— J'ai commencé à enduire un mur de plusieurs couches de lait de chaux et à plâtrer la façade la plus abîmée des maisons du village... Qu'en penses-tu ?

— Du bon travail, Paneb ! Continue comme ça. Sais-tu que l'un des nôtres a été plâtrier toute sa vie et qu'il fournissait aux dessinateurs des surfaces parfaitement lisses ?

— Tant mieux pour lui, mais ça ne me suffit pas. Ce plâtre n'est qu'une étape.

— Tu ne connais pas encore tous ses secrets... On l'utilise aussi pour lier les pigments auxquels tu auras peut-être accès si le chef d'équipe t'en juge digne. N'oublie pas qu'on peut également employer le plâtre comme lubrifiant lors de la pose de gros blocs.

Le jeune colosse ouvrait grandes ses oreilles.

— Avant tout, Paneb, songe à vérifier la qualité du produit obtenu.

— De quelle manière ?

Paï le Bon Pain exhiba un cône de calcaire.

— C'est une sorte d'éprouvette qui te permettra de tester ton plâtre et d'apprécier sa consistance en fonction de l'usage auquel tu le destines. Si tu cédais à la précipitation, tu commettrais de graves erreurs et tu serais contraint de tout recommencer.

Paneb ne prit pas l'avertissement à la légère. Il ne songeait qu'à se débarrasser au plus vite de la corvée qui lui avait été imposée et à pénétrer enfin dans le monde des dessinateurs.

— Quand tu étais apprenti, Paï, t'a-t-on ordonné de replâtrer toutes les maisons du village ?

— Uniquement la mienne, mais je ne dispose pas de ta puissance de travail ! Ici, on obtient les épreuves que l'on mérite.

Soudain, Paneb jugea Paï le Bon Pain moins sympathique qu'il n'en avait l'air. L'aide qu'il lui apportait était-elle spontanée ou agissait-il sur l'ordre du chef d'équipe ?

— Pose-toi les bonnes questions, lui recommanda Paï ; les mauvaises rendent stérile. Et souviens-toi de la maxime qui a guidé tous nos maîtres d'œuvre : agis pour celui qui agit.

54

Étonnés, les villageois regardaient Paneb progresser avec une régularité qui forçait l'admiration des plus blasés. Il s'attaquait à chaque façade avec la détermination d'un guerrier qui luttait pour sa vie et ne lâchait plus prise avant d'avoir obtenu une surface lisse d'un beau blanc brillant, rendu encore plus lumineux par le soleil. Grâce à Paneb l'Ardent, les demeures du village reprenaient vie.

L'œil ironique, les mains sur les hanches, l'épaule négligemment appuyée contre le chambranle de sa porte, la belle Turquoise dévisageait le jeune colosse.

— Te voici enfin chez moi... Je craignais que tu ne continues à m'éviter.

— Je dois m'occuper de toutes les maisons, mais la tienne est en excellent état.

— Ce n'est qu'une illusion... Seul un plâtre neuf lui redonnera de l'allure. Tu ne voudrais pas que je me plaigne au chef d'équipe ?

Paneb l'Ardent bondit sur la jeune femme, lui enserra la taille de son bras gauche, la souleva et la porta à l'intérieur.

— C'est du chantage ?

— Il y a une fissure dans la chambre à coucher, due à un excès de tension dans l'enduit au moment du séchage. Pour éviter qu'elle ne s'agrandisse, il faudrait ajouter de la paille au crépi.

— Je ne m'occupe que des façades.

— Pour moi, tu feras bien une exception.

Elle noua ses longues jambes fines autour de la taille d'Ardent et l'embrassa avec tant de fougue qu'il ne lui résista pas plus longtemps. Soulevant son délicieux fardeau, il grimpa les trois petites marches qui conduisaient à un lit[1] de briques bâti dans un angle de la première pièce. Il était plâtré et décoré de peintures représentant une femme nue à sa toilette et une joueuse de flûte à demi cachée dans des volubilis, uniquement vêtue d'un collier. Close et surélevée, cette couche était rendue confortable par des draps épais et des coussins sur lesquels s'allongèrent les amants.

— Tu te trompes d'endroit, Paneb.

— Ce n'est pas un lit ?

— Un lit rituel, placé sous la protection d'Hathor, et destiné à faire renaître chaque matin le jeune Horus afin qu'il lutte contre les forces du mal et préserve notre communauté de la destruction.

— Fais-moi naître à de nouveaux plaisirs, Turquoise.

La prêtresse d'Hathor renonça à la théologie et se laissa dévêtir par son amant dont l'enthousiasme l'enchantait. Trop occupé à caresser le corps parfait de la jeune femme, Paneb ne remarqua pas la figure de Bès peinte au chevet

---

1. Long de 1,80 mètre et large de 90 centimètres d'après les découvertes archéologiques.

du lit rituel. Bès, un nain barbu et rieur dont la fonction était de donner naissance à un Serviteur de la Place de Vérité dans son nouvel univers.

Abry, l'administrateur principal de la rive ouest, ne cessait de prendre du poids. De plus en plus surexcitée, sa femme rendait irrespirable l'atmosphère familiale. Elle lui reprochait son manque d'ardeur au travail, sa manière de s'habiller, sa coupe de cheveux, son goût pour les vins corsés... Bref, il n'existait plus entre eux le moindre terrain d'entente, et la grande brune prétextait de douloureuses migraines nocturnes pour faire chambre à part. Afin d'oublier son infortune conjugale, Abry se gavait de pâtisseries.

Il avait souvent songé au divorce, mais c'était sa femme qui possédait l'essentiel de la fortune, et il risquait de se retrouver à la rue. Comme elle ne le trompait pas et qu'elle gérait fort bien le patrimoine et leur maison, Abry n'avait aucun argument contre elle.

Impossible, comme naguère, de paresser au bord du plan d'eau, de s'accorder de longues siestes et de goûter les heures qui s'écoulaient à l'ombre des palmes puisque cette harpie ne lui accordait plus un moment de paix. Pourtant, elle aurait dû être satisfaite ! Comme l'avait annoncé Méhy, Abry avait été maintenu dans ses fonctions et n'avait perdu aucune de ses prérogatives ; mais ce miracle ne suffisait pas à son épouse dont il ne comprenait plus les exigences.

Et s'il n'y avait que cette folle ! Méhy était cent fois plus redoutable, en dépit de ses airs aimables et de ses paroles chaleureuses. Depuis plusieurs années, Abry assistait à l'ascension du nouveau trésorier principal de Thèbes avec un étonnement mêlé de crainte. Il avait d'abord cru que cet officier prétentieux serait rapidement brisé par ses supérieurs ou par des notables méfiants, mais Méhy avait su éviter les pièges et se montrer plus rusé que ses adversaires.

Aujourd'hui, les troupes thébaines ne juraient que par lui, en raison des nombreux avantages qu'il leur avait accordés et qu'il consolidait depuis sa nomination à la tête des finances publiques. L'homme fort de Thèbes, c'était Méhy. Il tissait sa toile jour après jour sans que personne ne s'en inquiète, comme si sa conquête du pouvoir était inéluctable. Le maire lui avait abandonné la gestion de la grande cité dont Méhy s'acquittait avec une compétence qui lui valait une excellente réputation auprès du vizir.

En raison de ses relations privilégiées avec le commandant, Abry aurait dû jubiler, mais c'étaient elles, précisément, qui le préoccupaient.

Quand il s'était engagé à remplir des tâches délicates, il espérait que Méhy serait éliminé et qu'il aurait donc bénéficié de son appui sans avoir le moindre service à lui rendre. Mais la situation avait évolué dans le sens contraire à celui qu'il espérait, et le commandant n'allait plus tarder à lui demander des comptes. Comme les pouvoirs de son encombrant allié s'étaient considérablement accrus, Abry ne pourrait continuer à prétendre que, malgré ses efforts constants, il ne parvenait à aucun résultat.

C'est pourquoi, après plus de deux années de trompe-l'œil, l'administrateur principal de la rive ouest avait décidé de donner satisfaction à son redoutable protecteur en s'attaquant à la Place de Vérité sous l'angle souhaité par Méhy.

Abry s'était levé tôt, avec l'espoir de prendre son petit déjeuner tranquille. Mais à peine savourait-il son yaourt matinal que la furie était apparue pour lui reprocher le rendement insuffisant de leurs terres à blé. Aussi avait-il avalé gloutonnement plusieurs gâteaux ronds avant de fuir sa propre maison pour se rendre au village des artisans.

Comment ces derniers acceptaient-ils de vivre dans un cadre pareil ? Ni jardins luxuriants ni palmeraies reposantes, seulement le désert et des collines arides où le soleil régnait en maître absolu. Et cette œuvre mystérieuse sur laquelle les adeptes de la Place de Vérité gardaient le secret depuis sa fondation. Abry n'enviait pas leur existence austère, à la fois si proche et si lointaine des bords du Nil et des plaisirs de la ville.

Quand la chaise à porteurs de l'administrateur principal de la rive ouest arriva au premier fortin, le policier nubien de service respecta strictement les consignes du chef Sobek. Il pria Abry de décliner son identité et le somma d'attendre que son supérieur fût averti de sa présence avant d'être autorisé à poursuivre son chemin. Les protestations d'Abry n'y changèrent rien.

Cette attitude confirmait ses craintes : Sobek avait bel et bien durci les mesures de sécurité et supprimé les passe-droits. Abry avait étudié son dossier, depuis ses premiers pas dans la police jusqu'à sa nomination à la Place de Vérité, pour aboutir à une conclusion inquiétante : Sobek semblait être un policier honnête, uniquement préoccupé de son travail. Nulle trace de corruption dans une carrière irréprochable. Le haut fonctionnaire n'avait donc aucun élément favorable à offrir à Méhy pour se débarrasser de ce Nubien intègre dont l'efficacité était un obstacle difficile à contourner. Néanmoins, Abry se rendait sur le terrain avec l'espoir de découvrir une faille.

Le chef Sobek vint à la rencontre d'Abry.

— Un problème ? demanda le policier.

— Dans le cadre de mes fonctions, je veux simplement m'assurer que tout va bien chez les auxiliaires.

— Allons-y.

Abry n'était pas autorisé à pénétrer dans le village et il ne pouvait franchir les fortins qu'accompagné du chef de la sécurité.

— Satisfait de votre poste, Sobek ?

— La tâche est ardue, mais prenante. S'il ne s'était pas produit ce crime inexpliqué...

— Toujours aucune piste ?

— Aucune.

— Les années ont passé, personne ne vous a rien reproché... Vous finirez par oublier.

— Jamais. C'est l'un de mes hommes qui a été tué, et je saurai un jour ce qui s'est réellement passé.

— Et si le coupable était... quelqu'un du village ?

— Je ne l'exclus pas, mais je ne possède aucun début de preuve.

Abry fit semblant de s'intéresser au travail des auxiliaires et visita leurs modestes demeures, bâties en dehors du village, avant d'être invité par Sobek à boire une bière fraîche.

— Vous n'êtes pas marié, me semble-t-il ?

— Non, répondit le grand Nubien, et je n'en ai ni l'intention ni la possibilité. Assurer la parfaite sécurité de la confrérie me prend tout mon temps.

— À la longue, l'existence risque de devenir pesante ! prédit l'administrateur. Ici, vous avez démontré l'étendue de vos capacités ; ne souhaiteriez-vous pas un autre poste, plus gratifiant et moins contraignant ?

— Ce n'est pas moi qui décide, mais le vizir.

— Lors d'une audience privée, je pourrais lui parler en votre faveur. Il devrait comprendre que vos qualités méritent mieux que ce labeur épuisant.

Sobek parut intéressé. Abry ne venait-il pas de déceler la faille ?

— Quel genre de promotion pourrais-je espérer ? demanda le Nubien.

— La direction de la sécurité fluviale de la région thébaine, par exemple. Vous deviendrez l'adjoint de l'actuel titulaire qui ne tardera pas à prendre sa retraite, puis vous lui succéderez.

— Qu'exigez-vous en échange ?

— Rien pour le moment, mon cher Sobek. Ce petit coup de pouce fera de nous des amis inséparables, bien entendu. Et entre amis, on se donne des informations et on se rend mutuellement des services, n'est-ce pas ?

Le Nubien hocha la tête.

Abry allait enfin donner d'excellentes nouvelles au commandant Méhy.

55

Paneb l'Ardent vivait une passion dévorante avec Turquoise, qui l'initiait aux plus subtils comme aux plus sauvages des jeux de l'amour. À la fin de sa journée de travail, quand le soleil descendait vers la montagne d'Occident, le jeune colosse se rendait chez sa maîtresse pour y savourer l'ivresse d'un plaisir inépuisable.

Les mois passaient, Paneb continuait à rendre éclatantes les façades des demeures du village, mais il ne dessinait plus que de pâles esquisses sur des morceaux de calcaire et il avait laissé sa propre maison à l'abandon. Passant toutes les nuits chez Turquoise, il ne voyait que rarement son ami Néfer qui travaillait dans l'atelier des plans sous la direction du maître d'œuvre Neb l'Accompli.

Comme celle du ciel ou du Nil, la beauté de Turquoise variait avec les saisons. Épanouie l'été, tendre à l'automne, farouche l'hiver, piquante au printemps, elle révélait à Paneb les chemins sans fin du désir.

Bientôt, le village entier resplendirait de blancheur. Le plâtrier aurait mené à bien la mission que lui avait confiée le chef d'équipe et il exigerait d'être enfin admis dans l'équipe des dessinateurs. En entrant ce jour-là chez Turquoise, il comptait fêter ce succès en lui faisant l'amour avec la fougue d'un bélier, mais il la trouva vêtue d'une longue robe rouge et parée de colliers et de bracelets de malachite. Une perruque de cérémonie rendait son magnifique visage presque sévère.

— Je participe à un rituel avec les prêtresses d'Hathor et je dois me rendre au temple, expliqua-t-elle.

— Tu me laisses seul ?

— J'espère que tu surmonteras cette épreuve, dit-elle en souriant.

— D'ordinaire, tu n'es occupée au temple que tôt le matin et en fin d'après-midi...

— Repose-toi, Paneb ; demain soir, tu n'en seras que plus ardent.

Turquoise sortit de chez elle avec une démarche si gracieuse que le jeune homme eut envie de se jeter sur elle et de la couvrir de baisers. Mais son allure de prêtresse, empreinte de dignité, l'en dissuada.

— Turquoise ! Acceptes-tu de m'épouser ?

— Je te le répète : je ne me marierai jamais.

Elle était partie, Paneb se retrouvait seul, stupide et inutile. D'un pas lourd, il se dirigea vers sa maison.

À quelques mètres du seuil, il perçut de délicieuses odeurs, comme si l'on avait répandu dans l'air des parfums envoûtants.

La porte était ouverte, une voix féminine fredonnait une chanson douce.

Paneb entra et vit la mince et frêle Ouâbet la Pure qui aspergeait le sol d'eau nitrée après avoir fumigé les pièces avec une poudre combustible composée d'oliban sec, de souchet, de camphre, de graines de melon et de noisettes. La fumée montait encore d'un petit brasero et tuerait les insectes.

— Que fais-tu chez moi ?

Surprise, la jeune femme s'interrompit.

— Ah, c'est toi... N'entre pas tout de suite, tu vas tout salir !

En hâte, elle apporta un bassin de cuivre rempli d'eau pour que Paneb se lave les pieds et les mains.

— Tu n'as plus rien à craindre des démons de la nuit, ajouta-t-elle ; j'ai répandu à chaque angle de chaque pièce de l'ail moulu et réduit en poudre avec de la bière. Quant à la graisse de loriot avec laquelle j'ai badigeonné les murs, elle fera fuir les mouches. Tu veux bien patienter un instant ? Je n'ai pas terminé le ménage de la chambre.

Ouâbet la Pure s'empara d'un balai dont les longues fibres de palmier rigides étaient repliées et assemblées par des écheveaux, et elle courut achever sa besogne.

Les bras ballants, Paneb ne reconnaissait pas son intérieur. Dans les deux premières pièces, hier encore meublées d'une seule natte, il y avait à présent des tabourets, des chaises pliables, des petites tables robustes hautes de cinquante centimètres, longues de soixante-dix et larges de quarante, des lampes sur pied, des récipients en terre cuite, plusieurs coffres de rangement à couvercle plat ou bombé, des paniers, des corbeilles et des sacs. La jeune femme avait planté un peu partout des crochets de suspension en bois auxquels elle avait accroché des couffins.

Paneb découvrit une chambre nettoyée et parfumée où avaient été installés deux lits de bonne qualité, l'un d'un mètre quatre-vingt-quinze de long et l'autre d'un mètre soixante-quinze, tous deux pourvus de solides croisillons pour maintenir des sommiers de joncs tressés sur lesquels avaient été disposés des nattes et des draps neufs. Avec une brosse en roseaux liés par un anneau, Ouâbet la Pure faisait briller le sol.

— Tu peux examiner la cuisine, il n'y manque presque rien. J'ai descendu des jarres d'huile et de bière dans la première cave et les conserves de viande dans la seconde. Il faudra que tu m'installes des planches dans la petite salle d'eau pour le matériel de toilette et que tu achètes une ou deux grandes marmites. Ensuite, nous verrons... Si tu me fabriquais assez vite une petite armoire en bois où je rangerais le miroir, les peignes, les perruques et les épingles à cheveux, je serais la plus heureuse des femmes. Et puis il ne faudrait pas oublier les toilettes... Je les ai désinfectées, mais les murets de briques qui enserrent le siège en bois sont un peu trop bas. Tu devrais prendre le temps de les rehausser et de vérifier le départ des canaux d'évacuation des eaux usées.

Paneb l'Ardent s'assit lourdement sur un robuste tabouret à trois pieds comme s'il venait de parcourir une distance épuisante.

— Mais qu'est-ce que tu fais ici...

— Tu le vois bien ; je mets un peu d'ordre.

— Tous ces meubles...

— C'est ma dot. Ils m'appartiennent et je les utilise comme bon me semble. Tu ne pouvais quand même pas continuer à vivre avec une seule natte, qui plus est dans un état lamentable ! Et j'ai l'impression que tu ne te nourris pas convenablement... Sans vouloir te vexer, tu as même un peu dépéri. Je ne te le reproche pas, puisque tu travailles davantage que n'importe quel ouvrier et que tu as embelli toutes les maisons du village. Personne ne te félicitera, mais les habitants sont satisfaits et la plupart te considèrent comme un plâtrier d'exception. Si tu les écoutais, tu ne changerais plus de métier.

Ouâbet la Pure était un curieux mélange de timidité et d'assurance. Sa voix semblait fluette, ses attitudes embarrassées, mais elle ne doutait pas du bien-fondé de ses démarches.

Et ses paroles firent comprendre à Paneb qu'il était tombé dans un nouveau piège. En maîtrisant la technique du plâtre et en défiant le village auquel il avait, certes, montré sa force et sa persévérance, n'avait-il pas une nouvelle fois négligé son idéal ?

— À cause du ménage, déplora Ouâbet la Pure, je n'ai préparé qu'un médiocre dîner : pain grillé, purée de fèves et poisson séché. Demain, je cuisinerai mieux.

— Je ne te demande rien ! s'exclama Paneb.

— Je le sais bien, mais quelle importance ?

— Écoute, Ouâbet, je suis amoureux de Turquoise et...

— Tout le village est au courant... C'est votre affaire.

— Tu comprends donc que je ne suis pas libre !

— Comment, pas libre ? Elle a toujours proclamé qu'elle ne se marierait pas et, toi, tu te contentes de faire l'amour avec elle sans vivre sous son toit. Donc, tu es libre.

— Je parviendrai bien à la convaincre de m'épouser.

— Tu te trompes.

— Je te prouverai le contraire !

— Tu ignores que Turquoise a fait un vœu à la déesse Hathor. En lui consacrant les pensées qui animent son cœur, elle jouira tout au long de son existence de la beauté accordée par la déesse, à condition qu'elle ne se marie pas. Une prêtresse d'Hathor ne brisera pas son vœu.

Le jeune colosse était effondré. Ouâbet la Pure ne manifestait aucun triomphalisme.

— Tu aimes Turquoise, tu lui plais, elle jouera avec toi

aussi longtemps qu'elle y prendra plaisir. Moi, c'est différent : je t'aime et je t'offre tout ce que je possède. Puisque nous allons vivre sous le même toit, nous serons mari et femme sans autre forme de cérémonie. Autant t'avouer que ma famille est formellement opposée à cette union et qu'elle refuse même d'organiser une petite fête pour la célébrer.

— Tu n'as pas le droit de négliger son opinion !

— Bien sûr que si. J'épouse l'homme de mon choix, et cet homme, c'est toi.

— Dès demain, je te serai infidèle.

— Le plaisir physique ne m'intéresse pas beaucoup. En revanche, j'aimerais te donner un fils... Mais c'est toi qui prendras la décision.

— Tu ne vas quand même pas t'imposer...

— Réfléchis, Paneb. Je te promets d'être une bonne maîtresse de maison, de rendre ton quotidien agréable et de ne te priver d'aucune liberté. Tu as tout à gagner et rien à perdre. Si nous buvions de la bière forte pour sceller notre union ?

— N'est-ce pas trop précipité ?

— C'est la meilleure solution pour nous deux. Quelle que soit ta destinée, tu dois habiter dans une maison propre et bien tenue. Je serai ta servante, tu ne me remarqueras même pas.

Dépassé, Paneb l'Ardent accepta de boire, et le breuvage ne lui éclaircit pas les idées. Il mangea pourtant de bon appétit et dut admettre que la couche préparée par Ouâbet la Pure était beaucoup plus confortable que sa vieille natte.

Lui, marié à une femme qu'il n'aimait pas et amoureux d'une autre qu'il ne pourrait jamais épouser... La tête lui tournait. S'il ne chassait pas immédiatement Ouâbet la Pure de cette chambre et de sa maison, elle se présenterait le lendemain comme son épouse légitime, alors qu'il ne savait même pas s'il resterait dans une confrérie qui le réduisait à l'état de plâtrier.

Espérant qu'il était victime d'un cauchemar, mais conscient de sa lâcheté du moment, Paneb s'endormit.

56

Quand Paneb se réveilla, Ouâbet la Pure avait disparu. Elle avait plié les draps et roulé sa natte. Soulagé, le jeune colosse emprunta l'escalier qui conduisait à la terrasse où il faisait bon dormir lors des chaudes nuits d'été.

Libéré, le jeune homme goûta avec gourmandise les rayons du levant avant de vérifier la large ouverture aménagée au nord et abritée par un appentis de forme triangulaire. Elle servait de manche à air en assurant sa bonne circulation dans la maison dont certains murs comportaient de petites baies faciles à occulter quand le soleil dardait.

Finalement, il s'en sortait bien. Ouâbet la Pure avait compris que ce mariage était impossible mais elle lui avait laissé une maison admirablement nettoyée et désormais pourvue d'un beau mobilier. Avait-il le droit de le conserver ? Non, il lui rendrait la totalité. C'était sa dot, il ne pouvait pas en disposer.

Des babillages d'enfants l'intriguèrent. De la terrasse, Paneb vit une dizaine de gamins se présenter à sa porte avec de fragiles cagettes de roseaux fraîchement coupés dont les ligatures étaient en moelle de papyrus. À l'intérieur, de grosses noix de palmier-doum.

Le jeune homme descendit leur ouvrir.

— Que voulez-vous ?

— Nous t'offrons un cadeau pour fêter ton mariage, dit une fillette délurée qui déclencha une cascade de rires.

— Mon mariage ? Mais...

— Elle est gentille, Ouâbet, et tout le village sait que vous habitez sous le même toit.

— Vous vous trompez ! Elle est partie ce matin et...

Apparut Ouâbet la Pure, portant sur la tête un panier rempli de provisions. Radieuse, elle se déplaçait avec souplesse malgré son fardeau.

— Tu es déjà réveillé, mon cher mari ? Je suis allée chercher des légumes et des fruits frais. La délicatesse de ces enfants n'est-elle pas touchante ?

Effondré, Paneb songea au plâtre et aux dernières façades qui l'attendaient.

Abry, l'administrateur principal de la rive ouest, avait pris le bac réservé aux hauts fonctionnaires pour se rendre à Thèbes. Au débarcadère, un char de fonction était en permanence à sa disposition, et il l'emmena jusqu'à la somptueuse villa où venaient d'emménager le commandant Méhy et son épouse Serkéta.

Abry se présenta au portier qui ordonna à un serviteur d'aller prévenir son maître tandis que le majordome conviait le visiteur à se laver les pieds et les mains avec de l'eau parfumée avant de pénétrer dans une pièce de réception dont le plafond, orné d'entrelacs végétaux rouge et bleu, était soutenu par deux colonnes de porphyre.

Abry avait eu le temps d'apercevoir le bassin aux lotus, le jardin planté de palmiers, de sycomores, de figuiers, de caroubiers et d'acacias, la pergola et sa pièce d'eau, la grande cour bordée de silos et d'étables et dont le centre était occupé par un puits. La vaste et luxueuse demeure ne devait pas comporter moins de vingt pièces, sans compter les logements des domestiques.

La réussite de Méhy était éclatante et son ascension loin d'être terminée. Devant tant de richesses, Abry prit peur ; il comprit que l'homme qui l'avait choisi comme allié était un personnage redoutable dont l'envergure ne cessait de croître.

— Le trésorier principal vous recevra dans sa salle de massage, annonça le majordome.

Abry respira mieux. Au moins, Méhy ne l'éconduisait pas. Cette fois, il ne faudrait pas le décevoir et, au contraire, lui fournir la preuve d'une franche et entière collaboration.

Guidé par le majordome, l'administrateur traversa une splendide salle à quatre colonnes dont la décoration était consacrée à la pêche et à la chasse dans les marais, puis fut introduit dans la salle des onctions, bordée d'une banquette en maçonnerie recouverte de nattes multicolores de première qualité. Sur des étagères, une quantité impressionnante de fioles et de vases à onguents en ivoire, en verre et en albâtre, en forme de lotus, de papyrus, de grenade, de grappes de raisin ou de nageuses nues poussant devant elles un canard aux ailes articulées dont le corps servait de récipient.

Méhy était allongé sur le ventre. Un masseur lui pétrissait le dos tandis qu'un manucure lui nettoyait les ongles avec une brosse en « cheveux de dattier », ainsi qu'on appelait les filaments à la base des feuilles.

— Asseyez-vous donc, mon cher Abry, et pardonnez-moi de vous recevoir dans cette tenue, mais mon emploi du temps est surchargé, et je ne souhaitais pas remettre cette entrevue. Avez-vous de bonnes nouvelles ?

— D'excellentes... mais confidentielles.

— Mon manucure a terminé ; quant à mon masseur, il est sourd et muet.

Le manucure s'éclipsa, le masseur continua.

— Voilà bien longtemps que nous n'avons pas eu l'occasion de faire le point, remarqua Méhy. Nous étions l'un et l'autre occupés à mener nos carrières respectives, à la fois différentes et convergentes.

— Tel est bien mon avis... Et je vous félicite pour la manière dont vous gérez les finances de notre chère cité. Votre beau-père serait fier de vous.

— Ce compliment me va droit au cœur, Abry ; je songe souvent à ce cher homme et à sa fin prématurée.

— Vos responsabilités sont de plus en plus lourdes et multiples... Peut-être vous incitent-elles à négliger, voire à oublier les desseins que nous avions évoqués.

— En aucune façon, répondit Méhy d'une voix tranchante.

— Vous désirez donc toujours détruire la Place de Vérité ?

— Mes intentions n'ont pas varié et notre pacte non plus. Mais je ne suis pas certain que tu l'aies respecté.

Le brutal tutoiement fit tressaillir Abry.

— J'ai fait le maximum, croyez-moi, mais mes efforts n'ont pas été couronnés de succès. Les secrets de cette confrérie sont beaucoup mieux gardés que je ne le supposais. Et une maladresse aurait déclenché la fureur du vizir ou de Pharaon en personne.

— S'il est un avis qui compte à Thèbes, c'est le mien. Je t'avais promis que tu conserverais ton poste, et j'ai tenu parole. Devant ton peu d'empressement à me satisfaire, je pourrais modifier ma position et faire savoir aux plus hautes autorités de l'État que l'administrateur principal de la rive ouest est incompétent.

Blême, Abry bredouilla.

— Vous savez bien que c'est inexact... Je fais correctement mon travail, personne ne s'en plaint, et je...

— Il me faut des alliés efficaces. Ne parlais-tu pas d'excellentes nouvelles ?

Perdant ses moyens face à Méhy, Abry avait presque oublié qu'il disposait enfin d'arguments convaincants.

— Il s'agit du chef Sobek... J'ai étudié son dossier à fond.

— Qu'y as-tu découvert d'intéressant ?

— Malheureusement rien... J'avoue avoir été découragé, car ce policier me semblait incorruptible. Alors, j'ai pris une initiative : je me suis rendu au village sous le prétexte d'inspecter les installations des auxiliaires. Mon seul but était de mieux connaître ce Sobek.

— Excellent, mon cher Abry ! Résultats ?

— C'est un policier très consciencieux qui accomplit sa tâche avec une extrême rigueur.

— Nous le savions déjà. Quoi de nouveau ?

— Sobek affirme être satisfait de son sort, mais ce n'est qu'une apparence. En réalité, il commence à se lasser d'un travail pénible qui lui prend tout son temps et l'empêche de fonder une famille.

Méhy se redressa et, d'un geste vif, congédia son masseur.

— Ce pourrait être passionnant, mon cher Abry, estima le commandant en se regardant dans un miroir en cuivre dont le manche était une jeune fille nue. Es-tu allé plus loin ?

— Beaucoup plus loin. Je lui ai proposé un poste plus gratifiant à la direction de la police fluviale de Thèbes, avec la certitude que vous n'auriez guère de peine à le lui obtenir.

— Exact... Mais lui as-tu fait comprendre qu'une telle générosité devait être payée de retour ?

— Bien entendu.

— Quelle fut sa réaction ?

— Je crois qu'il est prêt à nous aider, de la manière qui nous conviendra.

— C'est vraiment une excellente nouvelle !

Méhy posa le miroir et peigna ses cheveux noirs dont il était très fier. Constatant la satisfaction de son puissant protecteur, Abry commença à se détendre.

— Je vais préparer cette nomination en douceur, annonça Méhy ; quand elle sera acquise, tu interrogeras Sobek qui nous confiera tout ce qu'il sait sur la Place de Vérité et sur les mesures de sécurité prises pour la protéger. Mais n'oublie pas que je t'avais confié une seconde mission.

— Je ne l'oublie pas, soyez-en sûr ! Mais voici longtemps qu'aucun artisan n'est sorti du village pour séjourner à l'extérieur de manière durable.

Le regard de Méhy se fit féroce.

— C'est bien difficile à croire... Je pense plutôt que tu n'as mis en place aucun système de surveillance et que les artisans ont circulé tout à fait librement.

— Les hommes que j'avais engagés ont manqué de vigilance, je l'avoue, mais c'est une tâche très délicate !

— Ma patience est épuisée, Abry. À présent, j'exige des résultats.

57

Depuis que Néfer avait été appelé par le chef d'équipe pour préparer le nouveau sanctuaire du *ka* de Ramsès le Grand, Claire ne partageait plus que de rares moments d'intimité avec son mari. Après l'initiation aux secrets du chantier naval, Néfer le Silencieux avait franchi de nouveaux degrés dans la hiérarchie des bâtisseurs au prix d'une rigueur appréciée de chacun.

Les autres adeptes croyaient que le jeune homme assimilait les techniques avec beaucoup d'aisance et qu'il n'avait que peu d'efforts à fournir pour prouver sa maîtrise grandissante ; seule son épouse savait qu'il n'en était rien et qu'il devait ses compétences à un labeur acharné. Mais ce dernier ne lui pesait pas, car Néfer évoluait dans un monde en parfaite harmonie avec son être. Il était né pour la Place de Vérité, les dieux l'avaient façonné afin qu'il s'y accomplisse et qu'il la serve.

En dépit de l'ampleur du travail et des exigences du quotidien, les années s'étaient écoulées avec la douceur du miel. Pendant que Néfer se formait auprès des tailleurs de pierre et des sculpteurs, Claire recevait l'enseignement des prêtresses d'Hathor et de la femme sage. Les premières lui offraient la dimension des rites et des symboles, la seconde celle des sciences traditionnelles et la perception des forces invisibles.

Comme chaque matin, depuis la terrasse de sa demeure, Claire contemplait le village des artisans tapi au fond de son vallon, surplombé par un éperon rocheux considéré comme le pied de la sainte cime et tout au long duquel avaient été bâtis de petits sanctuaires dédiés aux divinités et à la mémoire des pharaons défunts qui avaient protégé la Place de Vérité, notamment Amenhotep Ier, Thoutmosis III et Séthi, le père de Ramsès. La ligne sinueuse de ces oratoires épousait le bas de la falaise, et chacun de leur naos était adossé à la montagne d'Occident où, chaque nuit, s'accomplissait le mystère de la résurrection, hors des regards humains.

Pas un instant Claire ne regrettait d'avoir quitté la rive est et l'existence banale à laquelle l'avait préparée son éducation. Comme Néfer, sa vraie patrie était aujourd'hui ce modeste village qui ne ressemblait à aucun autre. Elle y avait appris que le bonheur d'une communauté reposait sur la circulation des offrandes et sur leur qualité. En donnant au lieu de prendre, s'établissait une solidarité qui parvenait à vaincre les divergences d'opinions, les inimitiés et les égoïsmes. Et c'était aux prêtresses d'assurer cette présence permanente de l'offrande et de lutter contre la tendance naturelle à l'avidité.

Claire aimait le dynamisme des premiers moments du jour et le jaillissement de la lumière hors de la montagne d'Orient ; elle avait le sentiment que la vie se recréait d'elle-même et que la création, avec l'aube, prenait un nouvel essor, porteur de merveilles inespérées.

Soudain, une silhouette attira son attention.

Sa superbe crinière de cheveux blancs animée par la brise, la femme sage progressait avec difficulté dans la rue principale du village. Elle avait de plus en plus de mal à marcher mais elle n'utilisait pas encore de canne. Dès qu'elle l'aperçut, Claire descendit ouvrir sa porte pour l'attendre sur le seuil.

La femme sage l'avait précédée. Comment avait-elle pu

franchir aussi rapidement la distance qui la séparait de son but ?

— Tu es prête, Claire ?

— J'allais chercher les fleurs à la porte principale.

— Une autre te remplacera. Toi, tu me suis.

Sentant que la femme sage ne lui répondrait pas, Claire évita de la questionner et se contenta de lui emboîter le pas. Son guide semblait avoir retrouvé sa vigueur d'antan pour traverser le village et emprunter le chemin qui conduisait à la Vallée des Reines.

La femme sage s'immobilisa devant sept grottes creusées dans le roc et disposées en arc de cercle, face au nord.

— Ici règnent Meresger, la déesse du silence, et Ptah, le dieu des bâtisseurs. Choisis l'une des sept grottes, Claire ; tu y demeureras en méditation jusqu'à ce que l'on vienne te chercher.

L'épouse de Néfer le Silencieux pénétra dans la première grotte sur sa gauche. Il s'agissait d'un petit oratoire où avait été dressée une stèle dédiée à Ptah, qui avait façonné l'univers avec le Verbe. Claire s'assit en scribe et goûta la fraîcheur et le silence du lieu.

Au milieu de la matinée, une prêtresse la fit passer dans la deuxième grotte où régnait la déesse de la cime d'Occident, sous la forme d'un cobra bienfaisant. À midi, dans la troisième grotte, Claire but du lait face à un bas-relief montrant l'allaitement du pharaon par la déesse mère. Dans la quatrième, elle vénéra la puissance créatrice d'Hathor, déesse des étoiles, et dans la cinquième, son *ba*, sa capacité de sublimation qui emmenait au ciel les pensées de ses fidèles. Le soir tombait quand Claire découvrit, dans la sixième grotte, une représentation du pharaon offrant des fleurs à Hathor ; et c'est à la lueur d'une torche qu'elle vit, dans la septième, le roi Amenhotep Ier et sa mère Ahmès-Néfertari, dont la peau était noire pour symboliser la renaissance hors de la mort, accueillir une nouvelle adepte. Les peintures étaient si expressives qu'elles rendaient vivants les bienfaiteurs de la Place de Vérité.

Sous la lumière argentée du soleil de la nuit, Claire fut invitée à sortir sur le parvis jonché de fleurs de lotus. Une prêtresse lui offrit du pain et du vin.

Comme si elle jaillissait de la roche, la femme sage lui fit face.

— Tu te trouves entre les deux lions, Claire, entre hier et demain, entre l'Occident et l'Orient. Jusqu'à présent, tu as reçu mon enseignement ; l'heure est venue de créer ton propre chemin, de communier avec les êtres de lumière présents dans l'invisible et de naître à ta véritable nature. Le désires-tu ?

— Si telle est la voie droite pour servir la Place de Vérité, qu'il en soit ainsi.

— Bois ce vin et mange ce pain en pensant que chacun de tes gestes, même le plus modeste, doit être conscient. Sinon, ton existence ne serait qu'un jeu d'ombres. Osiris a été tué par les forces des ténèbres, mais la science d'Isis l'a ressuscité. Son sang est devenu le vin, son corps le pain. L'être humain n'est pas Dieu, mais il peut participer au divin à condition de franchir les portes du mystère. Si tu en as le courage, suis-moi.

Claire n'hésita pas.

La femme sage gravit un sentier si abrupt que sa disciple éprouva des difficultés à la suivre. Soudain, la nuit devint très noire comme si la lune refusait de briller. Mais un étrange halo de lumière nimbait la chevelure de la femme sage et permettait à Claire de ne pas la perdre de vue.

L'ascension lui parut interminable et de plus en plus malaisée, mais elle ne renonça pas. Pas une fois son guide, qui progressait sur un chemin en bordure du vide, ne s'était retourné. Enfin, la femme sage s'arrêta au sommet d'une crête, et Claire vint à sa hauteur.

— Le village dort, les rêves traversent les corps et les divinités continuent à créer, sans lassitude et sans fatigue. C'est leur œuvre que tu dois percevoir, pas celle des hommes que le temps détruira. Écoute, Claire... Écoute les paroles de la montagne sacrée.

Le silence était total. Pas un chacal n'émettait sa plainte, pas un oiseau de nuit ne faisait entendre son chant, comme si la nature entière avait conclu un pacte. Pour la première fois, Claire vit le ciel. Non pas le ciel apparent avec ses constellations, mais sa forme secrète, celle d'une femme immense formant une voûte à l'intérieur de laquelle étincelaient les étoiles, les portes de la lumière. Les mains et les pieds de Nout, la déesse du ciel arc-boutée, touchaient les extrémités de l'univers. Tout ce qu'avait appris Claire depuis son admission dans la Place de Vérité prit une dimension nouvelle, en harmonie avec ce cosmos féminin où la vie renaissait sans cesse d'elle-même.

— Viens à la rencontre de tes alliés, recommanda la femme sage.

Alors, elle quitta le promontoire pour descendre dans un vallon très étroit cerné par les falaises et elle s'assit sur une pierre ronde que les vents et les orages avaient modelée. Les ténèbres s'atténuèrent et la lune sembla concentrer sa clarté sur cet endroit désertique. Grâce à elle, Claire les vit.

Des serpents.

Des dizaines de serpents de tailles et de couleurs variées.

Un rouge au ventre blanc, un autre rouge aux yeux jaunes, un blanc à la queue épaisse, un blanc au dos parsemé de taches rouges, un noir au ventre clair, une vipère souffleuse, une autre qui semblait avoir une tige de lotus dessinée sur la tête, une vipère à cornes et des cobras prêts à attaquer.

Morte de peur, Claire ne s'enfuit pas. Si la femme sage l'avait amenée ici, ce n'était pas pour lui nuire.

Claire fixa les reptiles l'un après l'autre, alors qu'ils entamaient une sorte de ronde autour d'elle. Dans leurs petits yeux vigilants, elle ne discerna aucune hostilité.

La crinière de la femme sage brillait dans la nuit. Quand elle tendit les bras vers le sol, dans un geste d'apaisement, les reptiles se glissèrent sous la pierre ronde.

— Tu n'auras pas de meilleurs alliés, dit-elle à Claire. Ils ne mentent pas, ne trichent pas et portent en eux le venin qui te servira à préparer des remèdes contre les maladies. Avec moi, dans la montagne, tu apprendras à leur parler et à les appeler en cas de nécessité. Les serpents sont les fils du dieu Terre, ils connaissent les énergies qui la traversent car ils étaient présents quand les dieux primordiaux la façonnèrent. Ils te feront comprendre que la peur est une étape nécessaire et qu'un mal peut se transformer en bien. Acceptes-tu le don des serpents ?

Claire prit le bâton que lui tendait la femme sage. Quand il se transforma en long serpent doré dont la bouche semblait sourire, la jeune femme ne lâcha pas prise.

58

La taverne ouverte près du principal marché de Thèbes accueillait des commerçants égyptiens et étrangers qui venaient se rafraîchir et palabrer. L'atmosphère y était joyeuse, on y parlait négoces et bénéfices. Avec son embonpoint et sa barbe, Daktair passait pour un marchand syrien en quête de bonnes affaires. Ici, il ne risquait pas de rencontrer un scientifique du laboratoire central ou un haut dignitaire ; c'est pourquoi il avait fixé rendez-vous dans cette taverne à l'un des auxiliaires de la Place de Vérité qui y travaillait comme blanchisseur.

L'homme aux épaules rondes s'assit en face de Daktair. Il y avait suffisamment de brouhaha pour que personne ne puisse les entendre.

— J'ai commandé la meilleure bière, dit le savant.

— Vous avez ma poudre de lavage ?

— Il y en a un sac entier sur le dos de l'âne qui t'attend dehors. J'ai encore amélioré son efficacité.

— Tant mieux, apprécia le blanchisseur. Si vous saviez à quel point mon métier est pénible... Le pire, ce sont les linges souillés par les règles des femmes. Elles sont très exigeantes et me les refusent si leur blancheur n'est pas éclatante ! On voit qu'elles n'ont jamais à les laver. Grâce à votre produit, je gagne du temps et je peux m'occuper de mon potager.

— C'est notre petit secret...

— Surtout, pas un mot à mes supérieurs ! Ils doivent continuer à croire que je travaille comme mes collègues mais que je suis le meilleur.

— Entendu, mais il faut me rendre un petit service.

— Lequel ? interrogea le blanchisseur, brusquement inquiet. Je suis un homme pauvre et je ne peux pas vous verser des sommes exorbitantes !

— Je ne souhaite que quelques renseignements.

Le blanchisseur baissa les yeux.

— Il faut voir quoi... Je ne sais pas grand-chose, moi...

— Es-tu déjà entré dans le village ?

— Je n'en ai pas le droit.

— D'autres auxiliaires ont-ils réussi ?

— Non, les gardiens sont inflexibles. Comme le chef Sobek a encore renforcé les mesures de sécurité, aucun homme de l'extérieur ne se risquerait à forcer le passage. Les gens du village se connaissent tous... Un intrus serait immédiatement repéré, expulsé et condamné.

— La curiosité ne serait-elle pas la plus forte ?

— Sûrement pas ! Chacun sa place. Nous, les auxiliaires, on se contente de la nôtre.

— D'après la quantité de linge que toi et tes collègues lavez, vous devez bien avoir une idée assez précise du nombre d'habitants et de la proportion d'hommes et de femmes.

Le blanchisseur fixa Daktair.

— C'est possible... Mais il nous est recommandé de tenir notre langue.

— Que désires-tu ?

— Trois sacs gratuits de votre poudre de lavage.

— C'est très cher.

— Le renseignement que vous demandez est confidentiel... Je prends de gros risques. Si l'on apprenait que j'ai parlé, je perdrais ma place. Tout compte fait, ça fera plutôt quatre sacs.

— Je n'irai pas plus loin.

— Entendu comme ça.

Les deux hommes topèrent, tels d'honnêtes commerçants.

— À mon avis, les artisans sont au nombre d'une trentaine, et, comme il y a quelques célibataires, on peut compter entre vingt et vingt-cinq femmes.

— Beaucoup d'enfants ?

— À ce qu'on raconte, la moyenne est de deux enfants

par couple, mais certaines prêtresses d'Hathor n'en veulent pas.

« Une toute petite communauté, pensa Daktair, elle ne devrait pas être difficile à détruire. »

La réfection des façades du village était terminée, et leur blancheur étincelait sous le soleil. Fier de lui, Paneb l'Ardent avait acquis la maîtrise du plâtre tout en sentant l'ennui le gagner. Il n'accomplissait plus que des gestes répétitifs, sans passion et sans âme, puisque cette technique n'avait plus aucune découverte à lui offrir.

Le jeune colosse s'était accommodé de la présence d'Ouâbet la Pure qui faisait le ménage et la cuisine à la perfection et ne lui reprochait aucune de ses heures amoureuses avec Turquoise. L'épouse officielle de Paneb était la discrétion même et elle savait ne pas importuner son mari. Lorsqu'elle conversait avec les autres femmes, elle n'émettait aucune critique envers son jeune époux et souhaitait à chacune de connaître un bonheur comme le sien.

Demain, Paneb affronterait les dessinateurs et même le chef d'équipe s'il le fallait. S'estimant vainqueur de l'épreuve qui lui avait été imposée, il manifesterait ses exigences et n'accepterait plus de vagues discours. Un bon repas nourrirait sa force de conviction.

Mais une nouvelle surprise l'attendait : vêtue d'une robe blanche, le cou orné d'un collier de cornaline et le front ceint d'un bandeau floral, Ouâbet la Pure n'avait plus l'allure d'une modeste maîtresse de maison.

— Entre en silence, recommanda-t-elle.

Irrité, Paneb poussa la porte de sa maison pour découvrir Claire et Néfer en méditation devant deux bustes en calcaire installés dans une niche creusée dans le mur de la première pièce. L'un évoquait le dieu Ptah, l'autre la déesse Hathor. Coupés horizontalement juste au-dessous du thorax, dépourvus de bras, la poitrine couverte d'un collier large, les bustes des ancêtres avaient un regard grave et profond.

Claire fit brûler des pastilles d'encens sur un petit brasero portatif qu'elle tendit à Paneb.

— Honore nos ancêtres par le feu, lui demanda-t-elle. Grâce à leur présence dans chacune de nos demeures, les dieux peuvent se manifester. À toi de vivre avec leur puissance et non dans leur dépendance. Ils se manifestent de mille et une façons, ils peuvent nous rendre aveugles ou nous ouvrir la vue. Puisse la flamme qui brûle en toi ne rien détruire.

Pendant que Paneb encensait les ancêtres, Claire versa un peu d'eau sur les fleurs et les fruits qu'elle avait disposés sur un autel.

— Il était temps de sacraliser cette demeure, observa Néfer ; viens dans la seconde pièce, j'y ai déposé un cadeau.

Le Silencieux avait encastré dans le mur une stèle rectangulaire en calcaire à la partie supérieure cintrée. Haute d'une trentaine de centimètres, elle représentait un ancêtre qui portait le nom d'« esprit efficace et lumineux de Râ ». Au-delà de la mort, il naviguait éternellement dans la barque du soleil en s'identifiant à lui et en rayonnant pour les habitants du village.

— C'est toi qui as sculpté cette stèle ? demanda Paneb.

— Te satisfait-elle ?

— Une vraie merveille ! L'ancêtre tient le signe de la vie dans la main droite, n'est-ce pas ?

— Il nous la transmet si nous savons entendre sa voix. Écouter est meilleur que tout, disait le sage Ptah-hotep, et c'est le cœur qui nous en rend capables. Si nous suivons ses directives, il fera de nous des êtres droits. Et si nous ne dissocions pas notre cœur de notre langue, nos entreprises aboutiront.

— Les miennes aussi ?

— C'est grâce au cœur qu'existe toute connaissance et c'est grâce à lui que nous percevons la lumière de nos ancêtres et le parfum du lotus qu'ils respirent : voilà ce que m'a appris notre chef d'équipe. Cette stèle est l'un des multiples points de contact entre l'autre monde et le village, entre les dieux et les vivants. Le visage d'un ancêtre est le rayon de soleil qui illumine notre journée au milieu des pires difficultés.

— Encore faut-il que le cœur nous obéisse et qu'il ne nous soit pas hostile, objecta Paneb, impressionné par le caractère solennel des paroles de Néfer. Le mien est plutôt bondissant, et je ne suis pas sûr de pouvoir le contrôler.

— Si nous dînions ? proposa son épouse.

Les deux couples partagèrent les nourritures qu'avait préparées Ouâbet la Pure, ravie de recevoir les amis de son mari. Ils rirent en évoquant les travers des villageois, sans oublier les leurs, puis, au terme du repas, Claire disposa des lampes aux quatre angles de la chambre afin qu'aucun démon ne trouble le sommeil des époux.

Ainsi la sacralisation de la maison était-elle achevée.

Ses hôtes remercièrent Ouâbet la Pure pour son accueil mais, au moment de partir, Néfer s'aperçut que Paneb semblait contrarié.

— Je n'ai pas l'intention de passer mon existence à écouter, avoua-t-il. Je veux dessiner, et il faudra bien que l'on m'écoute, moi !

— Le dos ne se brise pas parce qu'il s'incline, lui répondit Néfer.

59

La femme sage réveilla Claire et Néfer au milieu de la nuit.

— L'épouse du scribe Ramosé est au plus mal, annonça-t-elle. Je n'ai plus aucun espoir, mais nous pouvons atténuer ses souffrances.

Claire s'habilla à la hâte.

— Viens avec nous, Néfer, demanda la femme sage qui accusait le poids de la fatigue. Ramosé désire te parler.

Le trio chemina en silence jusqu'à la plus belle maison du village, dont l'intérieur était éclairé par des lampes à huile. La femme sage et Claire allèrent dans la chambre, le scribe Ramosé pria Néfer de s'asseoir en face de lui.

— Ma femme va mourir, dit-il d'une voix à la fois triste et sereine. Nous avons passé toute notre vie ensemble et nous avons connu le bonheur ici, dans ce village. Je ne la laisserai pas entreprendre seule le grand voyage, c'est pourquoi je ne lui survivrai pas longtemps. La vieillesse est mauvaise, Néfer ; le cœur sombre dans la torpeur, la bouche devient hésitante, les yeux se ferment, les oreilles sont frappées de surdité et les membres privés de vigueur. La mémoire défaille, les os sont douloureux, le souffle court. Que l'on soit debout, assis ou couché, on est en proie à la souffrance, et le goût pour les merveilles de l'existence disparaît. Pourtant, jusqu'à aujourd'hui, chaque aube nouvelle m'avait apporté la joie car je voyais vivre le sacré dans la Place de Vérité. Mais sans mon épouse, je n'aurai même plus la force de vous regarder partir au travail, toi et tes frères en esprit. Être tenu à l'écart de la mort est mauvais pour les hommes ; elle est un passage étroit qui nous mène au tribunal d'Osiris, et c'est lui qui juge de la qualité de notre cœur. Bien que tu sois jeune encore, songe déjà à préparer ta demeure d'éternité dans la nécropole du village, car la demeure de la mort est destinée à la vie. Il me restait une œuvre à accomplir en compagnie de Neb, une œuvre à laquelle nous avons, lui et moi, décidé de t'associer : la recréation de l'édifice dédié au *ka* royal. J'aimerais que Ramsès le Grand le vît terminé avant de rejoindre ses prédécesseurs dans la Vallée des Rois Promets-moi d'y travailler sans relâche.

— Je m'y engage.

— C'est dans la rectitude et l'amour de Maât que se trouve le vrai bonheur, Néfer ; Maât est ce qu'aiment Dieu et Pharaon, la justesse de l'acte créateur. Grande est Maât, durable et efficace ; elle n'a pas été altérée depuis l'origine et, quand tout aura disparu, elle seule subsistera. C'est pourquoi le principal devoir de Pharaon est de mettre Maât à la place du désordre et de l'injustice. Accomplis Maât, et elle te sera dévoilée, elle qui est la nourriture des dieux au goût de miel. La lumière divine vit de Maât, la justesse grâce à laquelle tu distingueras le bien du mal. Construis ton chemin avec la lumière de la Place de Vérité, Néfer, et n'oublie pas le sourire de Maât.

Le visage grave, la femme sage et Claire sortirent de la chambre de l'épouse du scribe de Maât.

— Elle ne souffre plus, dit la femme sage, et elle demande son mari.

Paneb l'Ardent marcha d'un pas décidé vers la demeure du peintre Ched. C'était lui, le chef des dessinateurs, et c'était lui qu'il fallait convaincre de lui ouvrir enfin les portes du métier. Depuis son entrée dans la confrérie, le jeune colosse avait accepté de rudes épreuves en se montrant à la hauteur des tâches qu'on lui avait confiées. Les années s'étaient écoulées, et il n'avait pas progressé dans l'art qui lui tenait à cœur. Brûlant toujours de la même passion, il ne supporterait plus d'atermoiements.

Soudain, il s'immobilisa.

Quelque chose n'allait pas. D'ordinaire, avec les premiers rayons de soleil, le village s'animait, on remplissait les citernes, on prenait le petit déjeuner sur les terrasses... Mais ce matin-là, la vie s'était interrompue. Pas un bruit, pas un rire d'enfant, personne dans la rue principale.

Paneb courut jusqu'à la maison de Néfer et de Claire, mais ils ne se trouvaient pas chez eux. Toutes les demeures étaient vides.

L'Ardent sortit du village par la petite porte ouest et il vit les villageois rassemblés devant l'une des tombes de la nécropole.

— Enfin te voilà ! murmura Ouâbet la Pure.

— Je me suis levé plus tard que d'habitude, ce n'est pas une affaire d'État !

— Tais-toi donc, nous sommes en deuil.

— Qui est mort ?

— Le scribe de Maât, Ramosé, et son épouse. On les a retrouvés côte à côte, main dans la main, paisibles.

C'était à Kenhir, successeur et fils adoptif de Ramosé, de diriger les funérailles. Dès qu'il avait appris le décès du couple, le scribe de la Tombe avait envoyé un artisan chercher les momificateurs qui transformeraient les dépouilles mortelles en corps osiriens.

En hommage à Ramosé et à sa femme, aimés de tous, la Place de Vérité prenait le grand deuil. Pendant un mois lunaire, les hommes ne se raseraient plus et les femmes ne se coifferaient plus. Chaque jour, au temple comme dans les maisons, les villageois imploreraient les ancêtres d'accueillir les défunts dans les paradis célestes où circulait la barque de lumière et où la table du banquet était éternellement servie.

Les artisans cessèrent tout travail pour achever le mobilier funéraire du scribe de Maât, et le peintre Ched le Sauveur termina le papyrus du « Livre de sortir dans la lumière » qui serait déposé sur la momie pour lui permettre de répondre aux gardiens des portes de l'autre monde et de prononcer les formules de connaissance indispensables à la résurrection.

Sous la direction de Didia le charpentier, un homme de grande taille aux gestes lents, Paneb mit la dernière main aux deux lits funéraires. Il ajusta les quatre pieds carrés en bois, reliés par de solides tirants, et la paroi de soutien verticale à l'extrémité du pied du lit, pendant que Didia façonnait des chevets en acacia sur lesquels reposerait la tête des momies.

— Vous avez tous l'air déprimé, remarqua Paneb. Ramosé était-il un personnage si important ?

— Pharaon lui avait attribué le titre de « scribe de Maât » ; peut-être aucun autre scribe de la Tombe n'aura-t-il le droit de le porter.

— Vous n'avez pas confiance en Kenhir le Bougon ?

— Kenhir est Kenhir, et c'est déjà beaucoup.

— Ta réponse ne m'éclaire pas !

— Travaille au mieux, mon garçon, et la lumière viendra... si elle le désire.

Le jour de la mise au tombeau, les artisans et leurs épouses agirent en qualité de prêtres et de prêtresses, sans nul concours extérieur. Kenhir et les deux chefs d'équipe psalmodièrent les formules rituelles devant les deux momies dressées dont ils avaient ouvert la bouche, les oreilles et les yeux.

Puis les artisans déposèrent les corps osiriens dans des sarcophages en bois ornés de figures de divinités protectrices et de symboles comme la clé de vie, le nœud magique d'Isis ou le pilier « stabilité » incarnant Osiris ressuscité.

Se mit alors en route la lente procession des porteuses et des porteurs d'offrandes qui équiperaient la demeure d'éternité de cannes, de palettes de scribe, d'outils de constructeur, de vêtements rituels, de lits, de chaises, de tabourets, de coffres contenant des bijoux et des onguents, de tables d'offrandes et de petites figurines en bois, « les répondants », qui continueraient à déplacer les matériaux de construction dans l'autre monde à l'appel du ressuscité.

Les viscères du défunt avaient été introduits dans quatre vases à l'effigie des fils d'Horus, un homme qui protégeait le foie, un faucon les intestins, un babouin les poumons et un chacal l'estomac. De l'autre côté de la mort serait reconstitué un corps de lumière auquel il ne manquerait aucun élément.

L'émotion de Néfer était perceptible. Claire sentit qu'un trouble le hantait.

— Que redoutes-tu ? lui demanda-t-elle.

— Pourquoi les dernières paroles de Ramosé me furent-elles adressées, à moi et non à son fils adoptif Kenhir ou bien au chef d'équipe ?

— Ramosé était la bonté même, mais il remplissait la fonction de scribe de Maât et il n'agissait pas au hasard. Il connaissait l'heure de sa mort, et c'est bien toi qu'il a choisi, et nul autre, pour délivrer son dernier message.

— Je ne comprends pas sa décision.

— Ne t'a-t-il pas fixé une tâche précise ?

— J'en ai déjà parlé à Neb l'Accompli.

— Comment a-t-il réagi ?

— Dès la fin de la période de deuil, je me mettrai à l'œuvre sans relâche.

Depuis la nuit passée dans la montagne en compagnie de la femme sage, le regard de Claire déchiffrait des parcelles d'avenir. Pour elle, le comportement du scribe Ramosé n'avait rien d'obscur.

Les funérailles s'achevaient. Bien que chacun fût persuadé que le tribunal d'Osiris reconnaîtrait le scribe de Maât et son épouse comme des justes, la tristesse était pesante. Ne plus pouvoir leur parler, solliciter leurs conseils, ne plus avoir leur sagesse comme guide seraient de lourds handicaps.

Seul Paneb l'Ardent n'en avait cure. La période de deuil lui avait paru interminable, d'autant plus que même Turquoise avait refusé de faire l'amour avec lui. Ceux qui étaient morts étaient morts, et ils ne reviendraient plus du royaume d'Osiris ; la vie continuait, et les lamentations ne résolvaient aucune difficulté.

Paneb tapa sur l'épaule de Néfer.

— Il n'y a plus d'autre cérémonie, après celle-ci ?

— Chaque jour, un prêtre et une prêtresse honoreront le *ka* des défunts.

— Donc, demain, l'existence reprendra son cours normal ?

— D'une certaine manière...

— Admets-tu que j'aie de légitimes revendications à formuler ?

— De quel ordre ?

— Apprendre enfin les secrets du dessin !

— Pour le moment, je t'embauche.

— Je ne suis pas tailleur de pierre.

— Il me faut terminer au plus vite un travail important, et j'ai besoin de toutes les énergies.

60

Le lendemain de la mort de Ramosé, Kenhir s'était lavé trois fois les cheveux, son plaisir favori. Comme l'épouse du scribe de Maât était également décédée, il héritait de la totalité des biens de son protecteur et, notamment, de sa fabuleuse bibliothèque qui regroupait les plus grands auteurs comme Imhotep, l'architecte de la pyramide à degrés de Saqqara, le sage Hordedef du temps des grandes pyramides, le vizir Ptah-hotep dont on ne cessait de recopier le célèbre enseignement, le prophète Néferti ou l'érudit Khéty qui avait rédigé une « satire des métiers » pour vanter les avantages d'être scribe.

En prenant possession de la belle demeure de Ramosé, Kenhir s'était brutalement senti vieillir. Lui qui avait passé le cap de la cinquantaine sans perdre de sa vigueur ressentait soudain le poids de la solitude. Certes, Ramosé lui avait délégué de nombreuses responsabilités et il exerçait pleinement sa fonction de scribe de la Tombe ; mais Kenhir consultait fréquemment son prédécesseur et, quoiqu'il déplorât la bonté excessive de Ramosé et sa trop grande compréhension des faiblesses humaines, il tirait grand profit de ses avis. Désormais, il gérerait seul le village, et les discussions avec les deux chefs d'équipe, qui ne partageaient pas toujours ses idées, promettaient d'être rudes.

C'était une jeune fille de quinze ans, Niout la Vigoureuse, qui s'occuperait de lui faire le ménage et la cuisine. Kenhir espérait la payer le minimum, mais elle avait exigé un salaire convenable avec une force de caractère telle que le scribe de la Tombe avait dû s'incliner. Dans un premier temps, il avait songé à congédier cette petite peste, mais elle s'acquittait si bien de ses tâches ménagères, sans oublier d'épousseter les nombreux papyrus, qu'il avait finalement choisi de la garder.

Kenhir ne manquait pas de projets. D'abord, asseoir son autorité de manière indiscutable en faisant comprendre aux deux chefs d'équipe qu'il était bien le scribe de la Tombe et qu'aucune décision ne pouvait être prise sans son accord ; ensuite, ne plus autoriser aux artisans un certain nombre d'incartades indignes de la Place de Vérité. Responsable devant le vizir de la qualité du travail accompli par la confrérie, Kenhir tenait quotidiennement le Journal de la Tombe où il notait, de son écriture laide et presque illisible, les activités de chacun, les motifs d'absence, la nature et la quantité des matériaux et des outils livrés au village. Lui seul savait réellement tout ce qui s'y passait et il ne se montrerait pas aussi tolérant que Ramosé face aux petites infractions. Avec lui, la discipline ne serait pas un vain mot.

Kenhir savait ce que la plupart des artisans pensaient de lui ; on le jugeait vaniteux, cassant, égoïste et trop imbu de ses pouvoirs, mais personne ne contestait ses compétences. Beaucoup ignoraient qu'il savait se critiquer lui-même et reconnaître ses erreurs, à condition qu'il fût le seul à s'adresser des reproches.

Kenhir accueillit les deux chefs d'équipe dans la salle de réception de sa nouvelle demeure. Sentant qu'ils étaient gênés, Kenhir trancha aussitôt dans le vif.

— Cette maison était celle de Ramosé, mon prédécesseur. Aujourd'hui, avec le consentement de la confrérie, elle m'appartient. C'est donc ici qu'auront lieu nos entretiens et nos séances de travail. Que nous vénérions la mémoire du scribe de Maât ne doit pas nous empêcher de poursuivre l'œuvre de la Place de Vérité.

Les deux chefs d'équipe acquiescèrent.

— Comme il se doit, ma première décision consiste à vous demander de creuser ma propre demeure d'éternité, dans la partie sud de la nécropole. Qu'elle soit vaste et splendide pour célébrer la fonction dont je suis dépositaire.

— L'équipe de gauche s'en chargera, dit Neb l'Accompli. Mes tailleurs de pierre sont occupés à bâtir le sanctuaire du *ka* de Ramsès.

— Entendu, bougonna Kenhir, mais je me montrerai impitoyable avec les paresseux. Être admis dans ce village n'implique que des devoirs et aucun passe-droit. À quelle tâche est affecté Paneb l'Ardent, après avoir terminé la réfection des façades de nos maisons ?

— Néfer le Silencieux l'a engagé comme assistant.

— Paneb ne veut plus devenir dessinateur ?

— Il se soumet aux exigences du moment.

— Excellent ! Puisse-t-il continuer dans cette voie.

Après avoir été reçu par le vizir auquel il avait affirmé que la disparition de Ramosé ne changerait rien à la règle de vie de la Place de Vérité, Kenhir reçut les chaleureuses félicitations d'Abry, l'administrateur principal de la rive ouest, qui l'invita à déjeuner. Ils s'installèrent sous une tonnelle ombragée où des serviteurs leur apportèrent du vin rouge du Delta, de la salade à l'huile d'olive et des cailles farcies.

— Nous regrettons tous ce cher Ramosé, déclara Abry.

— Avec trois tombes dans la nécropole du village, rappela Kenhir, sa mémoire ne sera pas oubliée.

— Mais il faut penser à l'avenir... Et l'avenir, c'est vous ! Depuis trop d'années, vous viviez dans l'ombre de Ramosé sans pouvoir exprimer pleinement votre riche personnalité. Malgré la peine que vous cause son décès, il faut admettre qu'il vous ouvre des perspectives.

Kenhir mangeait de bon appétit.

— Lesquelles, au juste ?

— Je ne doute pas un seul instant de votre pleine et entière réussite, d'autant plus que l'appui des autorités vous est acquis. Mais l'existence dans ce village fermé ne doit pas être drôle tous les jours...

— Ça, vous pouvez le dire !

Abry avait peine à cacher sa stupéfaction. De la part du scribe de la Tombe, il s'attendait à une vive dénégation et à des protestations indignées.

— Je ne souhaite mon poste à personne, continua Kenhir. Il n'y a aucun scribe qui travaille plus que moi et pour de bien maigres avantages.

L'administrateur était ravi. Jamais Ramosé l'incorruptible n'aurait prononcé de pareilles paroles ! Avec sa corpulence, son allure pataude et ses yeux malins, Kenhir était sans doute un arriviste qui ne serait pas inaccessible à certaines propositions.

— Ce travail... il vous est impossible d'en parler ?

— Je suis tenu au secret, mais je peux vous assurer qu'il présente bien peu d'intérêt ! Si vous connaissez de jeunes scribes ambitieux, conseillez-leur d'éviter la Place de Vérité.

— Pourquoi avez-vous accepté ce poste ?

— Un malheureux enchaînement de circonstances, expliqua Kenhir. J'ai suivi de longues et difficiles études, et j'espérais qu'elles me mèneraient loin, peut-être même à la gestion d'une partie du domaine de Karnak. Quand j'ai rencontré Ramosé, j'ai été séduit par son intelligence et son savoir, qu'il m'a transmis avec générosité ; comme lui et son épouse ne pouvaient pas avoir d'enfants, ils m'ont adopté à condition que j'assume la fonction de scribe de la Tombe. Au début, j'étais heureux et flatté ; ensuite, j'ai déchanté. Et dire que ce poste est l'un des plus enviés d'Égypte !

— Si je peux vous être utile...

— Je dois résoudre mes problèmes seul sans en parler à quiconque, sinon au vizir.

— Ce secret est bien pesant... Ne faudrait-il pas l'abolir ?

— Nous sommes un pays de traditions, et il n'est pas facile de les modifier.

Abry sentait que le scribe de la Tombe était prêt à des concessions, voire à des confidences, mais il ne fallait surtout pas le bousculer. Qui, mieux que Kenhir, procurerait des informations essentielles sur la Place de Vérité ? Si Abry devenait son ami, il aurait un avantage imprévu sur le commandant Méhy et commencerait à desserrer l'étreinte.

— Vous êtes un homme extrêmement sympathique, Kenhir, et je n'aime pas vous voir plongé dans de tels ennuis.

— C'est la loi du village ! Un tracas succède à un autre, et l'on n'en a jamais fini.

— Des tracas... de quel ordre ?

— Je n'ai pas le droit d'en parler.

— Quelle solitude doit être la vôtre !

— Je reprendrais volontiers du vin... Vous devez posséder une excellente cave.

— Puis-je vous offrir quelques amphores de rouge d'Athribis ?

— Avec plaisir, Abry ; elles me changeront de l'ordinaire.

— Face à tant de difficultés, quels sont vos projets ?

Kenhir prit un long temps de réflexion.

— En ce qui concerne la Place de Vérité, impossible de les évoquer. Mais j'ai des desseins personnels.

L'administrateur exultait intérieurement. Avec la mort de Ramosé, le village des artisans avait perdu son âme. Et le scribe de Maât avait bien mal choisi son héritier, un fonctionnaire aigri et bougon qu'il ne serait pas trop difficile de corrompre.

— Ces desseins sont-ils secrets, eux aussi ?

— Plus ou moins. J'espère même que l'un d'eux bénéficiera d'une certaine notoriété !

— Acceptez-vous de me le dévoiler ?

Kenhir se raidit.

— Me promettez-vous une totale discrétion ?

— Bien entendu !

— J'ai l'intention d'écrire, avoua Kenhir. Les noms des grands auteurs perdurent au-delà de leur mort bien qu'ils n'aient pas construit de pyramide. Leurs enfants, ce sont leurs textes, leur épouse la palette du scribe. Les monuments les plus solides s'effondrent, mais l'on se souvient des livres. Un bon livre édifie une pyramide dans le cœur du lecteur, il est plus durable qu'une sépulture dans l'Occident. Ce que formulent les grands auteurs s'accomplit, ce qui sort de leurs lèvres reste dans les mémoires. Ils dissimulent leur pouvoir magique, mais on en bénéficie en les lisant.

Kenhir se leva.

— Je ne peux m'attarder. Ne répétez ces confidences à personne, recommanda le scribe de la Tombe à un Abry frappé de stupeur, et n'oubliez pas de me livrer le vin rouge.

61

C'est à la caserne principale de Thèbes, où le commandant Méhy essayait un nouveau char dont la caisse avait été renforcée, qu'Abry lui rendit compte de son entretien avec le scribe de la Tombe.

— Je n'ai pas réussi à lui extirper le moindre renseignement, mais il ne faut pas désespérer.

Nerveux, Méhy était d'une humeur exécrable.

— Ressemble-t-il à Ramosé ?

— Pas du tout, soyez rassuré.

— Mais il s'agrippe néanmoins à ses secrets comme un singe au tronc d'un palmier !

— Ce n'est qu'une apparence... Kenhir ne cesse de se plaindre du poids qui pèse sur ses épaules et des perpétuels ennuis que lui causent les villageois.

— Quelles sont ses ambitions ?

Abry parut gêné.

— Il ne m'en a révélé qu'une seule...

— Laquelle ?

— Écrire.

Furieux, Méhy frappa d'un poing excédé le flanc d'un cheval noir qui hennit de douleur.

— Tu te moques de moi !

— Non, commandant ! Kenhir a fait l'apologie des écrivains, dont l'œuvre lui paraît plus durable que les constructions en pierre.

— Ce bonhomme est complètement fou.

— Quoi qu'il en soit, son insatisfaction doit être exploitée.

— Espérons que cette piste-là ne tournera pas aussi court que celle du chef Sobek !

— Que s'est-il passé ?

— C'est tout simple, mon cher Abry. J'ai proposé au vizir la mutation de Sobek et son avancement comme adjoint à la direction de la sécurité fluviale de Thèbes. Le premier impair de ma carrière, à cause de ton idée stupide ! Seuls Pharaon et le vizir peuvent décider d'un changement d'affectation du chef de la police de la Place de Vérité, et ils n'ont besoin d'aucun conseil, d'autant plus que Sobek donne entière satisfaction. Tu m'as fait commettre un faux pas, Abry, et ce n'est pas avec les délires de Kenhir que tu effaceras cette erreur. Tâche de la réparer, et vite.

— À toi, dit Néfer le Silencieux à Paneb l'Ardent.

Juste avant la pose d'un gros bloc qui venait terminer l'assise supérieure du mur, le jeune colosse utilisa un fil à plomb pour vérifier une dernière fois la rectitude de l'ouvrage. Puis Nakht le Puissant et Karo le Bourru firent coulisser le bloc sur un lit de lait bien gras, Féned le Nez se servit d'un doigt en bois afin de lisser le joint et Casa le Cordage, fidèle à la méthode enseignée par Imhotep lorsqu'il avait édifié la première pyramide, passa entre les pierres une lame de cuivre recouverte d'un abrasif qui améliorerait l'adhérence.

Depuis qu'il travaillait à la construction du sanctuaire de Ramsès le Grand sous la direction de son ami, Paneb vivait des journées exaltantes. Son extraordinaire capacité à ne pas ressentir la fatigue faisait merveille et, comme il ne connaissait presque rien à l'art de bâtir, il acceptait sans rechigner les ordres des tailleurs de pierre.

Paneb appréciait la méthode qu'utilisait Néfer pour organiser le chantier. Fidèle à son surnom, il parlait peu et n'élevait jamais la voix, même lorsqu'il était mécontent. Il donnait des indications précises, à partir du plan du chef d'équipe, puis laissait aux artisans une grande liberté dans l'application. Matin et soir, il réunissait ses collègues et leur demandait un avis sans nuance sur la qualité du travail accompli. Ouvert à la critique, Néfer la réfutait avec calme lorsqu'elle lui semblait infondée, sans en tenir rigueur à celui qui l'avait émise. Il aimait que la petite communauté eût le temps de la réflexion avant d'agir mais, une fois la décision prise, chacun déployait ses forces et son talent sans compter.

Neb l'Accompli inspectait quotidiennement le chantier, parfois accompagné de Kenhir. Méticuleux, il ne se répandait pas en compliments et relevait sans ménagement les imperfections qui devaient être aussitôt corrigées.

Les yeux de Paneb demeuraient grands ouverts : il observait la technique utilisée par l'un ou par l'autre pour effacer l'erreur et la gravait dans sa mémoire. Apprendre était le plus savoureux des mets, et il se régalait au contact de ces hommes rudes qui n'hésitaient ni à le critiquer ni à se moquer de lui. Le jeune homme oubliait sa susceptibilité afin de mieux absorber leur science.

Quand Néfer lui avait permis d'utiliser un magnifique fil à plomb accroché à un bâti en bois et dont l'extrémité était un cœur de pierre, Paneb avait éprouvé une immense fierté. À lui, l'apprenti, on accordait une vraie confiance. Et il contempla le mur achevé avec le sentiment qu'y était incluse une partie de son être.

Néfer posa la main sur l'épaule de son ami.

— Tu as bien travaillé.

— Sentir cet outil dans ma main... c'était merveilleux !

— Toute conduite devrait être conforme au fil à plomb, Paneb, car une manière d'agir incorrecte ne procure aucun bon résultat. L'être dévié n'est pas admis dans le bac qui traverse vers le pays des justes, alors que l'homme de rectitude aborde à l'autre rive. Les outils nous enseignent l'action droite, ils ne se préoccupent ni de nos faiblesses ni de nos états d'âme. Grâce à eux, ce sanctuaire est né.

La porte principale donnait sur un vestibule que prolongeait un passage dallé qui menait à une salle aux peintures polychromes représentant une treille avec de lourdes grappes de raisin et des textes hiéroglyphiques bleus. Ched le Sauveur avait réalisé un chef-d'œuvre de finesse et de grâce couronné par une scène rituelle montrant Ramsès le Grand qui offrait des parfums à Hathor. S'ouvrait ensuite une salle voûtée au fond de laquelle un escalier de trois marches permettait d'accéder à une chapelle. À gauche de cet escalier, une salle de purification et des autels où seraient déposées des offrandes. Les appartements privés du pharaon comprenaient une chambre, un bureau, des commodités et une terrasse ; ils jouxtaient l'ensemble sacré, et le petit palais royal communiquait avec la cour du temple d'Hathor par une « fenêtre d'apparition » que surmontait une rangée de têtes de Libyens, de Nubiens et d'Asiatiques, incarnations du désordre et des ténèbres que seule Maât parvenait à vaincre.

— Nous avons terminé, constata Paneb, mais Ramsès réside dans sa capitale du Delta et il ne viendra jamais ici.

— Cet édifice se nomme le *khenou*, « l'Intérieur », et nous sommes précisément des hommes de l'intérieur, destinés à protéger le *ka* royal qui nous fait vivre. Que Pharaon soit ou non physiquement présent, son *ka* rayonne à condition que les pierres assemblées soient réellement vivantes. C'est pourquoi la cérémonie d'inauguration est essentielle.

— Tes paroles sont étranges, Néfer... On jurerait que c'est toi qui as conçu la demeure de Ramsès !

— Détrompe-toi, je me suis contenté de suivre les directives de Ramosé et de concrétiser le plan dicté par le maître d'œuvre Neb l'Accompli.

— Tu as quand même dirigé des artisans plus aguerris que toi !

— L'unique patron est notre chef d'équipe, tu l'as toi-même constaté.

— Féned le Nez m'a confié que tu avais fait une sculpture pour la chapelle de ce palais...

— C'est vrai.

— Je peux la voir ?

Néfer emmena Paneb jusqu'au seuil de la chapelle où, bientôt, le *ka* royal serait mis en action. Il ôta lentement une bâche qui recouvrait un linteau en calcaire.

Face à un grand cartouche, l'ovale du cosmos à l'intérieur duquel était inscrit son nom, un Ramsès de petite taille était protégé par une énorme vache Hathor sortant d'un fourré de papyrus. L'animal portait un collier de résurrection dont l'énergie protégeait le pharaon.

— Fabuleux ! jugea Paneb. C'est toi qui as choisi le motif ?

— Bien sûr que non. Le chef d'équipe m'a donné l'épure, et je l'ai suivie à la lettre.

— Pourtant, ce roi si petit...

— J'ai interrogé Neb l'Accompli à ce sujet. Il m'a répondu que, dans cette chapelle, la déesse mère ferait renaître chaque jour le *ka* royal qui apparaîtrait comme un enfant, tout en demeurant adulte. Ici s'accomplira le miracle d'une régénération permanente dont seules les divinités connaissent le secret.

— Je n'en suis pas si sûr...

— Que veux-tu dire, Paneb ?

— Cette lumière qui peut traverser une porte... Des hommes l'ont vue, dans ce village, et ils ne sont pas des dieux ! Regarde ce monument : tu l'as construit, mais on ne t'en a pas donné les clés.

— Chaque chose viendra à son heure, si nous prenons le chemin juste.

— Je ne partage pas ton fatalisme, Néfer ! Moi, je veux tout découvrir et tout connaître, percer les mystères de ce village, comprendre pourquoi si peu d'artisans sont jugés dignes d'y travailler, savoir comment l'on creuse une demeure d'éternité, et voir de mes yeux le moment de la résurrection. Et je suis persuadé que le chemin juste passe par là.

62

Pour fêter la fin du chantier, les tailleurs de pierre se réunirent devant le nouveau sanctuaire de Ramsès le Grand. Non sans difficulté, le chef d'équipe avait obtenu de Kenhir une jarre de vin de l'an vingt-huit du pharaon, un excellent cru dont il subsistait encore quelques litres dans la cave du scribe de la Tombe.

En tant qu'apprenti, Paneb l'Ardent avait été chargé de nettoyer les outils, de les ranger dans des caisses en bois et de les remettre à Kenhir qui, selon son habitude, avait procédé à une longue et minutieuse vérification avant de noter dans le Journal de la Tombe que tout était en ordre.

— Tu ferais un bon tailleur de pierre, dit Féned le Nez à Paneb.

— Mon chemin, c'est le dessin et la peinture.

— Tu es un gaillard obstiné !

— Et toi, pourquoi portes-tu ce nom-là ?

— Ignores-tu qu'il n'y a rien de plus important que le nez ? Quand le maître d'œuvre juge un postulant, c'est d'abord son nez qu'il regarde, parce qu'il est le sanctuaire secret du corps. Pour œuvrer dans cette confrérie, mon gars, il faut avoir du nez, beaucoup de nez, et encore plus de souffle ! Pas seulement celui qui passe dans le nez de tous les êtres vivants et leur permet de respirer, mais le souffle de la création, celui qui anime les pyramides, les temples et les demeures d'éternité, celui qui chasse la médiocrité comme le vent dissipe la brume. Puisque tu as appris à lire, tu sais que l'on écrit le mot « joie » avec le nez ; et sans elle, crois-moi, on ne bâtit rien de durable. La plus pure source de joie, c'est la pratique du métier au service de Maât.

— Cesse de lui faire la leçon, recommanda Nakht le Puissant ; ne vois-tu pas qu'il ne comprend pas une seule de tes paroles ?

— La puissance est-elle obligatoirement associée à la bêtise ? demanda Paneb.

Les poings serrés, Nakht se leva.

— Je vais te faire rendre gorge, gamin !

Féned le Nez et Karo le Bourru s'interposèrent.

— Assez, tous les deux ! Ne gâchez pas ce bon moment. Buvons cet excellent vin et préparons-nous pour la grande fête du nouvel an.

Nakht le Puissant tendit un index vengeur vers Paneb.

— Toi, tu ne perds rien pour attendre !
— À ta disposition. Tu parles, mais tu n'agis pas.
Le tailleur de pierre eut un sourire ironique.
— Et toi, tu parles trop vite.

Les fêtes irritaient Paneb, et celle-là davantage que les autres. Elle l'empêchait de prendre à parti le clan des dessinateurs et d'interpeller le chef d'équipe pour obtenir son dû. Aussi, malgré la prévenance de son épouse, s'était-il montré d'une humeur massacrante pendant le dîner. Ouâbet la Pure n'avait pas réagi, se contentant de remplir ses devoirs de parfaite maîtresse de maison.

Courroucé à l'idée que le village allait s'abandonner aux réjouissances du premier jour de l'année pendant que lui brûlait d'impatience, Paneb s'était levé au milieu de la nuit et il était sorti par la petite porte de l'ouest pour s'engager dans le sentier qui menait au col dominant la Vallée des Rois. Se sachant observé par les guetteurs que Sobek avait mis en place, il bifurqua dans la pierraille afin d'échapper à leurs regards et il s'assit sur un rocher.

D'après les prévisions des spécialistes, la crue serait excellente et, une fois de plus, Hâpy, le dynamisme fertilisateur du Nil, offrirait la prospérité à l'Égypte. Mais Paneb se moquait du limon, des cultures et de la richesse du pays ; il voulait dessiner et peindre, avait été initié dans la confrérie qui détenait les secrets de sa vocation, et l'on s'obstinait à lui en fermer les portes !

Néfer le Silencieux, lui, avait progressé à pas de géant. En quelques années, il avait franchi plusieurs étapes et se comportait déjà en patron des tailleurs de pierre, bien qu'il s'en défendît. Paneb n'était ni jaloux ni envieux, mais un peu vexé et surtout frustré. Chaque fois qu'il croyait approcher du but, une tâche impérative l'en éloignait. Certes, il avait beaucoup appris, mais rien de ce qu'il souhaitait connaître !

Des mains fines, douces et parfumées se posèrent sur ses yeux.

— Je t'attendais, Paneb.

— Turquoise ! Comment savais-tu que je viendrais ici ?

— Une prêtresse d'Hathor est forcément un peu voyante...

D'un geste impérieux, il la serra contre lui.

— Oublies-tu que tu es marié ? L'adultère est une faute grave.

Parmi les merveilles que les dieux avaient créées, Turquoise comptait au nombre des plus séduisantes. Paneb ôta son pagne et la robe de la jeune femme pour les étaler sur la pierraille et en faire une couche de fortune. C'est lui qui s'allongea sur le dos, oubliant les cailloux pointus dès que le corps léger de Turquoise se confondit avec le ciel.

Sous la voûte étoilée du dernier jour de l'année, ils s'aimèrent jusqu'à l'aube.

Quand Paneb se réveilla, sa maîtresse avait disparu. Il ferma les yeux quelques instants pour revivre en pensée leurs délicieux ébats, puis il reprit le chemin du village.

Comme le matin de la mort de Ramosé et de son épouse, il fut frappé par l'épais silence, encore plus étrange un jour de fête. Sans nul doute, il y avait eu un autre décès, et les réjouissances avaient été annulées. Selon la place du disparu dans la hiérarchie, on repartait pour un deuil plus ou moins long qui contraindrait Paneb à garder le silence et à respecter le chagrin de la communauté.

Non, il ne se résignerait pas, quitte à briser la coutume ! Personne, pas même un chef d'équipe, ne pouvait s'opposer à une exigence légitime. Pendant que les autres se lamenteraient, l'Ardent travaillerait la technique avec l'un des dessinateurs, de gré ou de force.

La petite porte de l'ouest, à laquelle seuls les villageois pouvaient accéder, était close.

Intrigué, Paneb se rendit à la porte principale dont les alentours étaient déserts, puisque les auxiliaires avaient eu droit à un congé.

Accroupi et mâchant un morceau de papyrus sucré, le gardien dévisagea l'artisan et le salua d'un signe de tête.

Paneb passa la porte et la referma derrière lui.

Personne en vue.

Les habitants de la Place de Vérité ne se trouvaient ni à la nécropole ni dans le village. Où pouvaient-ils bien être, sinon au temple ?

Le jeune colosse s'avança dans la rue principale et entendit un bruit de pas derrière lui. Il se retourna et vit Casa le Cordage, Féned le Nez, Karo le Bourru et Nakht le Puissant en rang, immobiles et armés de gourdins.

— Bonne surprise, non ? interrogea Nakht, amusé. Viens, garçon, on t'attendait.

Ouserhat le Lion et Ipouy l'Examinateur rejoignirent les quatre tailleurs de pierre.

Un groupe de six hommes armés, dont certains plutôt costauds... L'affrontement s'annonçait rude, mais Paneb n'avait pas peur. Même s'il prenait des coups, il en distribuerait davantage.

— Tu n'as aucune chance de fuir, le prévint Nakht le Puissant. Regarde devant toi.

À l'autre extrémité de la rue principale, Rénoupé le Jovial, Ched le Sauveur, Gaou le Précis, Ounesh le Chacal, Didia le Généreux, Thouty le Savant et même Paï le Bon Pain, eux aussi armés de gourdins et visiblement décidés à en découdre.

Seuls le chef d'équipe et Néfer ne participaient pas à la curée.

Le groupe des dessinateurs semblait moins robuste que celui des tailleurs de pierre. Paneb fracasserait en premier le crâne de Paï, s'emparerait de son gourdin et assommerait ses complices. Et s'il devait succomber sous le nombre, ce ne serait pas sans avoir lutté jusqu'à l'épuisement.

Ainsi, ils n'avaient songé qu'à comploter pour se débarrasser de lui ! Écœuré par tant de duplicité, Paneb sentit la rage décupler ses forces et il avança à pas menaçants vers les dessinateurs.

Le groupe se fendit pour laisser passer la femme sage, vêtue d'une admirable robe rouge vif qui mettait en valeur sa crinière blanche peignée avec soin.

— Ne va pas plus loin, Paneb ! Pour toi, tout est conflit et déchirement. Tu n'as pas tort, car c'est bien ainsi que nous menons notre existence. Mais la vie de la Place de Vérité exige de nous davantage que l'existence. Elle nous appelle vers l'accomplissement et la sérénité... Auparavant, il nous faut vaincre nos ennemis, et surtout le bouillant, l'excessif et le haineux qui nous rongent le cœur. Et c'est toi qui as été choisi pour l'incarner afin qu'il soit empêché de nuire et que naisse une année heureuse pour la confrérie.

Les membres de l'équipe de droite jetèrent leurs gourdins en l'air, poussèrent des hurlements de joie et se ruèrent sur Paneb qui n'opposa pas de résistance. Avec peine, ils soulevèrent le jeune colosse et le portèrent devant le temple d'Hathor. Là, ils l'attachèrent solidement à un poteau.

Du plus petit au plus âgé, chacun l'abreuva d'injures en lui ordonnant de ne pas intervenir dans la vie du village, sous peine d'être roué de coups.

De sa position peu enviable, Paneb l'Ardent assista aux

préparatifs du banquet au cours duquel les tailleurs de pierre et certaines épouses forcèrent un peu sur le vin. Turquoise ne lui accorda pas un regard. Ouâbet la Pure lui adressa des œillades compatissantes, Claire et Néfer des signes d'amitié. Ce fut d'ailleurs ce dernier qui, à plusieurs reprises, lui apporta de l'eau fraîche, la seule nourriture adaptée au bouillant.

— Tu aurais pu me dire que j'avais été désigné... J'ai failli massacrer la moitié de l'équipe ! Ce n'est pas toi qui aurais eu cette idée stupide, par hasard ?

Le regard indéchiffrable, le Silencieux ne répondit pas.

Condamné à subir sa position de bouc émissaire, Paneb prit son mal en patience bien que la faim, attisée par la vue de mets succulents, lui tiraillât l'estomac. Ceux qui croyaient l'affaiblir en lui imposant cette nouvelle épreuve en seraient pour leurs frais.

Lorsque l'apparition de l'étoile Sothis permit à la femme sage de proclamer la naissance de l'an nouveau, marquée par les larmes d'Isis qui déclenchaient la crue, le chef d'équipe détacha Paneb.

Alors que le bouillant se frottait les poignets, Neb l'Accompli le gratifia d'un violent coup de poing dans le dos, entre les omoplates.

— L'oreille de ta conscience est ouverte, l'Ardent. Le travail sérieux va commencer.

63

Depuis que le chef Sobek recherchait en vain l'auteur de l'assassinat du policier nubien, il avait presque perdu le sommeil. Les potions prescrites par la femme sage lui calmaient les nerfs, mais aucune ne supprimait son obsession. Un homme placé sous ses ordres avait trouvé une mort atroce et un criminel demeurait en liberté, avec la certitude d'échapper à la justice.

Sobek ne pouvait plus croiser un artisan sans le soupçonner d'être le coupable, et cette méfiance permanente lui empoisonnait l'existence, d'autant plus qu'aucun début de preuve n'était venu étayer cette horrible hypothèse. Et pourquoi avait-on commis ce meurtre ?

Un événement inattendu lui avait fait envisager une piste si invraisemblable qu'il devait consulter le scribe de la Tombe.

Installé dans le bureau du cinquième fortin, Kenhir écrivait son rapport quotidien d'une écriture de plus en plus illisible. Il pestait contre les exigences d'une administration trop paperassière qui tenait à connaître avec précision le nombre de ciseaux de cuivre utilisés par les artisans de la Place de Vérité. À lui, bien entendu, de vérifier et de rappeler à l'ordre ceux qui oubliaient de les lui restituer après le travail.

— Tu tombes mal, Sobek !

« Avec lui, pensa le Nubien, on tombe toujours mal ; exactement le contraire de Ramosé. »

— Je connais le motif de ta plainte : les auxiliaires réclament un changement d'horaire de travail pour la saison chaude. Je comprends leur point de vue, mais je dois assurer le bien-être du village. Et puis, ce type de problème n'entre pas dans tes attributions !

— Je sais, Kenhir, et je viens vous consulter à propos d'une affaire beaucoup plus grave.

Le scribe de la Tombe fut intrigué.

— Assieds-toi.

Sobek prit place sur un tabouret.

— Vous n'ignorez pas que je continue à enquêter sur l'assassinat d'un de mes hommes.

— Une affaire bien embrouillée, estima Kenhir. On a cru à un accident, puis l'on a soulevé l'hypothèse d'un crime, et l'oubli a recouvert les interrogations.

— Pas les miennes.

— Aurais-tu une piste ?

— Le destin m'en a peut-être offert une, mais j'ai besoin de votre avis.

— Je ne suis pas policier !

— Si je ne me trompe pas, c'est l'avenir de la confrérie qui pourrait être en jeu.

— Tu n'exagères pas un peu ?

— Espérons que si.

Kenhir le Bougon grommela. Le chef Sobek n'avait ni l'habitude de colporter des ragots ni celle de s'enflammer pour des idées folles ; aussi le scribe décida-t-il de distraire un peu de son temps pour l'écouter.

— Alors, sur qui pèsent tes soupçons ?

Le chef Sobek regarda droit devant lui, comme s'il dialoguait avec un personnage invisible.

— Abry, l'administrateur principal de la rive ouest, m'a proposé de changer de poste et de devenir le responsable de la sécurité fluviale de Thèbes.

— Une belle promotion...

— Il existe beaucoup de candidats plus qualifiés que moi pour remplir cette fonction, et l'offre d'Abry impliquait une contre-partie.

La curiosité de Kenhir fut aiguisée.

— Une tentative de corruption ?

— De mon point de vue, oui. En échange du service

que me rendrait Abry, je devrais m'engager à lui dire tout ce que je savais sur la Place de Vérité.

Le scribe de la Tombe mastiqua quelques pépins de melon d'eau, tout en se remémorant l'entretien qu'il avait eu avec ce même Abry. À la lueur des révélations de Sobek, il prenait une signification plutôt inquiétante.

— Comment as-tu réagi, Sobek ?

— J'ai fait semblant d'être intéressé et je crois qu'Abry a mordu à l'hameçon. Néanmoins, il a eu l'intelligence de ne pas insister, mais il reviendra sans doute à l'assaut.

— Détrompe-toi.

— Pourquoi êtes-vous aussi catégorique ?

— Parce que je connais la position du vizir : tu lui donnes pleine et entière satisfaction, ainsi qu'au pharaon en personne. Si Abry t'a proposé pour un nouveau poste, il s'est forcément vu opposer une fin de non-recevoir sèche et définitive. Normalement, je n'aurais pas dû te donner cette information confidentielle, mais étant donné les circonstances...

— Je suis un policier et j'aime mon métier, affirma Sobek avec solennité. Garantir la protection de la Place de Vérité n'est pas une charge, mais un honneur, et ne croyez pas que la proposition d'Abry ait éveillé en moi le moindre écho.

Sentant le Nubien sur le point de se vexer, Kenhir tint à l'apaiser.

— La sécurité du village n'a jamais été mieux assurée, chef Sobek, et tu as toute ma confiance. Mais pourquoi relies-tu la tentative de corruption effectuée par Abry au meurtre de ton subordonné ?

— Parce qu'un si haut personnage n'a aucune raison de s'intéresser à moi, sinon parce que je suis le chef de la police de la Place de Vérité. S'il désirait ma mutation, n'était-ce pas pour m'écarter de cette affaire et la voir sombrer définitivement dans l'oubli ?

Le raisonnement de Sobek troubla le scribe de la Tombe.

— Je vois mal Abry se faufiler dans la montagne en pleine nuit et assassiner un garde...

— Moi aussi, mais ne serait-il pas le commanditaire du crime ?

— Pour quelle raison ?

— Envoyer un émissaire dont la mission serait de dresser un plan des lieux.

— Songerais-tu... à une tentative de pillage des tombes royales ?

— C'est le danger permanent qui nous guette. Beaucoup pensent qu'elles contiennent de fantastiques richesses et rêvent de s'en emparer. Tant que leur protection sera effective, les risques seront minimes. Mais supposez que les habitants du village soient suspectés et déconsidérés, et que l'on mette fin à son activité...

— C'est impossible, Sobek !

— Je voudrais m'en persuader, mais ne faut-il pas envisager le pire ?

Pessimiste de nature, Kenhir le Bougon fut sensible aux arguments du policier.

— Ainsi, tu supposes qu'un dangereux complot se trame contre la Place de Vérité et que l'administrateur principal de la rive ouest est l'un de ses animateurs...

— Je ne vois pas d'autre raison à sa tentative de corruption.

Kenhir regretta la disparition de Ramosé. Lui, le scribe de Maât, aurait su comment défendre la confrérie.

Avec un léger décalage, Paneb l'Ardent avait eu droit au repas de fête auquel s'était ajouté un long et délicieux massage d'Ouâbet la Pure, inquiète pour la musculature endolorie de son époux.

Enfin, les paroles du chef d'équipe lui ouvraient le chemin ! Il ne partirait pas démuni au combat, mais solidement équipé avec l'autorisation de Neb l'Accompli.

Précautionneux au point de se surprendre lui-même, le jeune colosse avait sollicité l'avis de son ami Néfer qui n'avait pas tergiversé : le coup de poing dans le dos asséné par le maître d'œuvre signifiait que Paneb était autorisé à entrer dans le clan des dessinateurs.

De si dures années pour en arriver là... Et ce n'était que le début du chemin ! L'enthousiasme de l'Ardent n'avait pas diminué, au contraire ; l'occasion de faire ses preuves le décuplait.

Le cœur battant, Paneb se rendit à l'atelier des épures où travaillait Ched le Sauveur, le patron des dessinateurs.

Avec ses cheveux fins, sa petite moustache très soignée et ses yeux gris clair, dédaigneux et pénétrants, Ched apparaissait au jeune homme comme un adversaire redoutable. Le peintre préparait des couleurs, et il s'écoula de pénibles minutes avant qu'il ne consentît à remarquer la présence de Paneb.

— Que fais-tu ici ? Je croyais que tu appartenais à l'équipe des tailleurs de pierre.

— Ce n'était qu'une tâche momentanée... À présent qu'elle est terminée, je viens me mettre à votre disposition.

— Je n'ai besoin de personne, mon garçon. Ne te l'ai-je pas déjà dit ?

— Le chef d'équipe m'a tapé dans le dos pour me faire comprendre que j'étais prêt.

— Ah... C'est surprenant. Neb l'Accompli en personne ?

— Lui-même.

— Que sais-tu faire, au juste ?

— Préparer une surface en la plâtrant.

— Bien, bien... Pourquoi ne continues-tu pas dans cette voie ? Un bon plâtrier a de l'avenir, dans ce village.

— Je veux aller plus loin.

— En es-tu capable ?

— Vous le verrez bien.

— Personne ne peut désobéir aux ordres du chef d'équipe, reconnut Ched le Sauveur, et je devrais donc te mettre entre les mains des dessinateurs pour qu'ils t'apprennent les rudiments de leur technique et que tu constates, comme tant d'autres avant toi, que tu n'as aucun don pour ce métier. Mais c'est impossible.

Paneb bouillait.

— Pour quelle raison ?

— Un cas de force majeure. Dans quelques jours, le village vivra un événement exceptionnel, et nous sommes réquisitionnés pour terminer certains travaux. Nous n'avons donc pas le temps de nous occuper de l'enseignement d'un apprenti.

Paneb était persuadé que le peintre se moquait de lui.

— Quel est cet événement ?

— Ramsès le Grand vient inaugurer son sanctuaire.

64

Et si le vieux roi avait un accident mortel ? Cette séduisante pensée ne quittait plus Méhy, depuis qu'il avait été informé, comme les autres notables thébains, de l'arrivée du pharaon. C'était lui, et personne d'autre, qui maintenait le chef Sobek à son poste et veillait sur la Place de Vérité avec une vigilance jamais démentie. Ramsès disparu, le village serait privé de son principal protecteur.

Les forces chargées d'assurer la sécurité du monarque ne se laisseraient pas berner facilement, et Méhy ne trouverait aucun dément pour tenter de supprimer Ramsès le Grand, devenu une légende vivante, tant dans son pays qu'à l'étranger.

Alors qu'il écoutait d'une oreille distraite le babillage de son épouse, soumise et souriante, une idée s'offrit à l'ex-capitaine de charrerie.

Avec un peu de chance, le roi ne se mettrait plus longtemps en travers de sa route.

La visite de Ramsès suscitait un énorme enthousiasme. Sur la rive ouest de Thèbes, chaque habitant désirait voir passer le souverain qui avait établi une paix durable au Proche-Orient tout en enrichissant les Deux Terres.

La garde d'élite veillait sur le chef d'État, mais qui aurait songé à s'attaquer à sa personne ? Accompagné de son fidèle secrétaire particulier Améni, presque aussi âgé que lui, Ramsès était monté sur un char que conduisait un officier expérimenté et que tiraient deux chevaux à la fois puissants et paisibles. Un parasol abritait l'illustre voyageur qui contemplait avec émotion la cime d'Occident et les temples des millions d'années.

Quand il sortit de la zone des cultures, après avoir longé l'immense sanctuaire d'Amenhotep III dont le style rappelait celui de Louxor que Ramsès avait agrandi en lui ajoutant une cour bordée de colosses, un pylône et deux obélisques, le pharaon apprécia l'air du désert où il avait si souvent puisé la force nécessaire pour remplir son écrasante fonction.

En uniforme d'apparat, les policiers de Sobek formèrent une haie d'honneur quand le monarque franchit les cinq fortins, suivi d'une cohorte de dignitaires au nombre desquels figuraient le maire de Thèbes, l'administrateur principal de la rive ouest et le trésorier Méhy.

Tous furent étonnés par l'intervention de Sobek qui les obligea à s'arrêter au cinquième fortin.

Furibond, Abry descendit de son char.

— Qu'est-ce qui vous prend ? Nous sommes le cortège officiel !

— Ordre du pharaon : personne ne va plus loin.

— C'est incroyable ! Nous devions assister à une cérémonie et...

— L'inauguration du temple a lieu dans l'enceinte sacrée de la Place de Vérité, et vous n'êtes pas autorisés à y pénétrer.

Les protestations s'émoussèrent vite. Tout en affichant un calme parfait, le commandant Méhy se sentit insulté au plus profond de lui-même par cette maudite confrérie ; une fois de plus, il se heurtait à ses portes fermées, mais cet affront ne serait pas éternel.

Tous les villageois, Kenhir et les deux chefs d'équipe en tête, avaient revêtu leurs habits de fête en lin royal de première qualité, et ils portaient perruques et bijoux façonnés par l'orfèvre de la communauté.

Quand Ramsès s'avança dans la rue principale, hommes, femmes et enfants se prosternèrent. Paneb l'Ardent lui-même fut étonné par la puissance qui émanait du grand vieillard.

Émue mais rieuse, une petite fille, ravissante dans sa robe bleue à franges, courut vers le souverain pour lui offrir un bouquet de lotus blancs.

— Pour votre *ka*, Majesté, dit-elle sans bredouiller après avoir répété la phrase au moins mille fois.

Ramsès l'embrassa avec la tendresse d'un père et d'un grand-père qui avait subi tant de deuils et voyait dans cet enfant l'avenir du village.

Les joues rosies, la fillette se réfugia dans les bras de sa mère, l'épouse d'un jeune tailleur de pierre de l'équipe de gauche. L'incroyable faveur que venait de lui accorder Ramsès rejaillirait sur l'ensemble des familles, ainsi protégées par l'amour du roi.

Neb l'Accompli et son collègue Kaha accompagnèrent le pharaon jusqu'au sanctuaire récemment terminé. S'aidant d'une canne, le monarque marchait avec difficulté, mais il n'hésitait pas sur le chemin à suivre. Il savait tout de la Place de Vérité, l'âme secrète de l'Égypte, le lieu où l'on créait de la lumière pour animer la matière, quelles que fussent sa nature et sa forme.

Officiant en tant que supérieure des prêtresses d'Hathor, la femme sage accueillit le roi sur le seuil de l'édifice.

— Les portes de ce temple sont ouvertes, dit-elle, la fumée de l'encens atteint le ciel, mille pains, mille cruches de bière et tout ce que Dieu aime lui sont offerts. Que Dieu protège Pharaon et que Pharaon donne vie à ce sanctuaire.

Ramsès le Grand fit face à la confrérie. Loin d'être celle d'un vieillard malade, sa voix était empreinte d'une autorité qui figea sur place Paneb l'Ardent.

— Je connais votre valeur et la qualité de vos mains qui travaillent la pierre la plus dure comme l'or le plus fin. Votre tâche est exigeante et rude, mais vous savez communier avec les matériaux dont vous faites apparaître la beauté cachée. L'œuvre que vous accomplissez est primordiale pour le bonheur du pays, et vous y puisez une joie intense, une joie qui n'est pas de ce monde. Continuez à respecter la règle de Maât, à être fermes et efficaces, agissez selon le plan du maître d'œuvre, et le soutien de Pharaon ne vous fera pas défaut. Je suis le protecteur de vos métiers, et vous ne manquerez de rien pour les pratiquer. Pour vous, les aliments seront comparables au flot de l'inondation, et les auxiliaires vous serviront avec zèle. Si vous œuvrez avec un cœur rempli d'amour pour l'œuvre, nul malheur ne brisera votre bras. Et c'est d'un seul cœur que j'agirai avec vous, car vous êtes mes fils et les compagnons de mon temple.

Kenhir, qui avait reçu le bon de livraison des bienfaits royaux, savait que Ramsès ne se vantait pas en parlant d'un flot qui inonderait le village dans les prochains jours : trente et une mille miches cuites dans des pots, trente-deux mille poissons séchés, soixante blocs de viande séchée et marinée, trente-trois bêtes de boucherie, deux cents morceaux de viande dans le filet, quarante-trois mille bottes de légumes, deux cent cinquante sacs de haricots, cent trente-deux de grains divers, de la bière et du vin de qualité supérieure. Les festins s'annonçaient somptueux, à la mesure du *ka* de Ramsès !

Utilisant une grande herminette en bois doré, les deux chefs d'équipe prononcèrent les formules rituelles d'ouverture de la bouche, des yeux et des oreilles du temple auquel

Ramsès donna son nom *khenou*, « l'Intérieur ». Et ce fut dans la salle voûtée où s'étaient rassemblés les artisans et les prêtresses d'Hathor que le monarque rencontra la statue de son *ka*, son double de pierre façonné par Neb l'Accompli.

— Pharaon naît avec son *ka*, sa puissance créatrice, dit Ramsès, il grandit avec elle qui recrée sans cesse le monde et nous relie aux dieux et aux ancêtres. Un être ne devient réel qu'en s'unissant à son *ka* qui se nourrit de Maât, et c'est ici, dans la Place de Vérité, qu'est vivifié le *ka* royal.

Paneb l'Ardent était bouleversé. En quelques mots, Ramsès le Grand avait dévoilé la nature du feu qui brûlait en lui.

Animée par le verbe de Pharaon, la statue du *ka* fut installée dans la chapelle où elle vivrait désormais d'une existence autonome. Les tailleurs de pierre monteraient un mur où serait ménagée une fente étroite par laquelle le regard de la statue contemplerait le monde des humains pour y faire rayonner son énergie.

— Lorsqu'un monument a été ainsi mis au monde, conclut Ramsès, la puissance se maintient en lui à jamais.

Paneb aurait aimé poser au moins mille questions au véritable maître de la confrérie dont chaque mot se gravait dans sa conscience. Et il fut persuadé que ses futurs dessins n'auraient de sens que s'ils étaient, eux aussi, animés par cette mystérieuse énergie dont la confrérie connaissait le secret.

Sur l'ordre de Neb l'Accompli, les artisans mirent en place la dernière pierre du sanctuaire, le linteau de porte taillé par Néfer le Silencieux et orné de couleurs chatoyantes par Ched le Sauveur.

— Qui est l'auteur de cette œuvre ? demanda le roi.

— Néfer, Majesté, répondit le chef d'équipe.

Le Silencieux s'inclina.

— Je ne fus qu'un exécutant, Majesté. C'est le scribe Ramosé qui m'a dicté le thème et la composition, et c'est le peintre Ched qui...

— Je sais.

« Pour une fois, pensa Paneb, le Silencieux a trop parlé. »

— Sais-tu ce que signifie le terme *hem*, Néfer ?

— « Servir » et... « Majesté ».

— Nous sommes tous les serviteurs du Grand Œuvre qui s'accomplit dans la Place de Vérité, et c'est à lui qu'il faut nous consacrer. Mais servir n'exclut pas de diriger ; et sans bonne direction, il n'y a pas de véritable service. À présent, laissez-moi me recueillir en ce temple.

Ce fut Paï le Bon Pain qui tira Paneb par la manche pour l'obliger à sortir avec les autres ; fasciné par Ramsès, le jeune colosse aurait voulu entendre son dialogue avec le *ka*.

65

Ramsès le Grand s'apprêtait à partir pour la Vallée des Rois afin d'y inspecter sa demeure d'éternité à laquelle, avant son arrivée, Ched le Sauveur et ses assistants avaient mis la dernière main.

C'est Paneb qui fut chargé de porter de l'eau fraîche aux chevaux du pharaon, installés à l'ombre d'un auvent. En s'approchant du char, gardé par son conducteur, le jeune homme jeta un œil aux roues. Un travail magnifique, d'une solidité à toute épreuve, qui émerveilla l'ex-menuisier.

Les chevaux burent paisiblement, et Paneb allait s'éloigner quand un détail insolite l'intrigua. Les rayons des roues étaient peints en jaune or, mais la teinte plus claire de l'un d'eux avait frappé le futur dessinateur.

— Y a-t-il eu une réparation récente ? demanda-t-il au charrier.

— Je n'en sais rien, ce n'est pas mon travail.

— D'où vient ce char ?

— De la caserne principale de Thèbes où les techniciens l'ont vérifié.

— Il vaudrait mieux vérifier encore.

— Et si tu t'occupais de tes affaires, mon garçon ?

Paneb aurait pu casser la tête du soldat sans difficulté puis examiner la roue, mais il jugea préférable de suivre la voie hiérarchique et alerta le chef d'équipe qui convoqua aussitôt Didia le charpentier.

Le diagnostic de ce dernier fut formel : l'un des rayons avait été remplacé et peint à la hâte. Cette réparation négligente s'accompagnait d'une mise en place douteuse de la roue elle-même qui se fausserait progressivement et finirait par provoquer un accident. Le véhicule aurait versé et, même à allure modérée, le vieux monarque aurait pu subir un choc mortel.

Un autre char, dûment vérifié par Didia, fut attribué à Ramsès qui partit en compagnie des deux chefs d'équipe, de Ched le Sauveur et de quelques artisans au nombre desquels figurait Néfer le Silencieux.

Paneb comprit que son ami avait franchi un nouvel échelon dans la hiérarchie et qu'il allait avoir la chance immense de pénétrer dans la tombe royale. Mais l'Ardent ne songea pas que sa vigilance venait de sauver à la fois le pharaon d'Égypte et la Place de Vérité.

Enfermé dans le bureau de sa somptueuse villa, Méhy déchirait avec rage de vieux papyrus. Cette fois, il n'en doutait plus : une chance quasi surnaturelle protégeait Ramsès. Le sabotage avait pourtant été effectué avec grand soin par un bon spécialiste grassement payé et qui, bien entendu, ignorait pourquoi il avait effectué cette besogne. Puis la roue avait été livrée à la caserne où elle avait été montée par un soldat qui n'avait rien remarqué d'anormal, comme l'avait espéré Méhy.

L'accident se serait inévitablement produit si l'un des artisans de la Place de Vérité n'avait pas été trop curieux. Le gouverneur de la caserne serait blâmé et son service technique sanctionné ; à Méhy d'agir vite pour couper le fil qui pourrait permettre de remonter jusqu'à lui.

Enfin, le soir tombait.

— Tu sors à cette heure ? s'étonna son épouse.

— Je vais chercher un document à mon bureau.

— Ne peux-tu attendre demain matin ?

— Occupe-toi du dîner, Serkéta. Que le cuisinier se montre plus habile qu'hier.

Si Ramsès était mort dans un accident, l'Égypte entière se serait contentée du deuil rituel, et personne ne se serait préoccupé de la roue du char. Mais puisque l'anomalie avait été constatée, une enquête serait forcément menée.

Le commandant sauta sur son cheval et galopa jusqu'à un bosquet de tamaris où il l'attacha. Puis il marcha d'un pas nerveux jusqu'à l'atelier du menuisier, un veuf qui, par bonheur, venait de perdre son chien.

L'homme était seul et mangeait des fèves chaudes.

Méhy s'approcha par-derrière et en silence. D'un geste aussi brusque que précis, il recouvrit la tête de sa victime d'un sac de toile épaisse et le maintint en place jusqu'à ce que le menuisier ne respirât plus.

On conclurait à un arrêt du cœur, et le commandant n'aurait aucun bavardage à redouter.

En tant que trésorier principal de Thèbes, Méhy reçut Daktair de manière tout à fait officielle pour examiner le budget prévisionnel de son service de recherches. Désormais, ils n'étaient plus obligés de se cacher.

Très agité, le petit homme gras ne cessait de tripoter sa barbe.

— Ma situation devient intenable, se plaignit-il ; voilà deux ans que je travaille avec acharnement pour mettre au point une machine hydraulique qui remplacera les chadoufs et tous les appareils archaïques, et j'ai enfin réussi !

— Tu devrais donc être satisfait, s'étonna Méhy.

— Je le suis, mais le directeur du laboratoire m'a ordonné d'oublier cette superbe invention !

— Pour quel motif ?

— Elle serait trop efficace et augmenterait l'irrigation dans des proportions qu'il juge désastreuses. Pour lui, seuls comptent les rythmes naturels et le respect des traditions. Dans ces conditions, impossible de faire progresser la science ! Il n'y a qu'un chemin : soumettre la nature à l'homme. Tant que ce pays ne l'aura pas compris, il sera rétrograde.

— Ne perds pas confiance, Daktair, et laisse-moi m'installer dans mon poste. Je t'ai promis que tu serais un jour libre de tes mouvements, et j'ai l'habitude de tenir mes engagements.

— Le plus tôt serait le mieux... d'autant que j'ai réussi à découvrir deux pistes intéressantes.

— En rapport avec la Place de Vérité ?

— Le directeur du laboratoire se montre particulièrement vigilant par rapport à certains dossiers. En rusant, j'ai obtenu quelques informations fiables. Il existe des expéditions organisées avec la plus extrême discrétion pour acheminer deux produits : la galène et le bitume.

— À quoi servent-ils ?

— Officiellement à de simples usages domestiques ou rituels. Si c'était vrai, pourquoi tant de précautions ? Et pourquoi des artisans de la Place de Vérité se sont-ils rendus à plusieurs reprises sur les sites d'exploitation ?

— Peux-tu en savoir davantage ?

— Sans prendre des risques inconsidérés, non. Je ne suis que l'adjoint du directeur, et il m'apprécie de moins en moins. Pourtant, je suis persuadé que nous approchons du but. Galène et bitume doivent être livrés en secret aux artisans. Si nous savions où sont obtenus ces produits, je réussirais à en définir la nature exacte et les utilisations possibles.

Méhy songeait à la fabrication d'armes nouvelles, et Daktair venait peut-être de trouver une orientation décisive. Il suffisait d'écarter le vieux prêtre d'Amon qui dirigeait le laboratoire, d'imposer Daktair et de l'associer aux expéditions.

Méhy déchanta.

Le directeur du laboratoire central était un prêtre de Karnak appartenant à une fort ancienne hiérarchie que dirigeait le grand prêtre d'Amon, nommé avec l'assentiment du pharaon et placé à la tête d'un domaine d'une fabuleuse richesse. Ni le maire de Thèbes ni d'autres dirigeants profanes ne pouvaient intervenir pour exiger une mutation.

Le commandant ne renonça pas et accumula le maximum de renseignements sur ce prêtre devenu gênant. Il était âgé de soixante-dix ans, marié, père de deux filles et n'avait aucun souci matériel ni aucun vice connu. Formé à l'école du temple, il passait pour un savant expérimenté et prudent dont les avis étaient écoutés.

L'une des armes préférées de Méhy, la calomnie, risquait d'être vaine. Qui croirait que ce prêtre à la morale intransigeante et à la carrière rectiligne entretenait des maîtresses ou touchait des pots-de-vin ? L'homme était trop intègre pour être la cible d'attaques efficaces.

Un nouvel assassinat n'effrayait pas le commandant Méhy, mais le prêtre avait une existence très régulière et ne fréquentait que trois lieux : son domicile, le temple et le laboratoire. Le supprimer ne serait pas si facile, et une mort suspecte entraînerait une enquête approfondie.

Restait à émettre des critiques sur sa gestion en démontrant que son laboratoire était en déficit et coûtait trop cher au temple comme à la ville ; mais l'argument risquait de se retourner contre le futur directeur dont les budgets seraient restreints.

Méhy désespérait de trouver une solution lorsque la chance lui sourit de multiples façons. D'abord, le vieux prêtre mourut de mort naturelle ; ensuite, la hiérarchie de Karnak, préoccupée par des problèmes internes, ne proposa pas de successeur ; enfin, le trésorier principal de Thèbes et son complice Daktair eurent le temps de falsifier son dossier dans lequel, grâce à leur intervention, le défunt recommandait chaleureusement son adjoint comme futur directeur du laboratoire.

Jugé compétent et parfaitement intégré à la société thébaine, Daktair obtint le poste qu'il convoitait depuis si longtemps. Sur les conseils de Méhy, il ne manifesta qu'une satisfaction discrète et, lors de sa comparution devant le vizir, insista sur les difficultés de sa tâche et sur sa volonté de marcher dans les pas de son sage prédécesseur.

Porté par le succès, Méhy réussit un coup de maître : le

transfert du laboratoire dans des locaux neufs sis près du Ramesseum, sous le prétexte de désengorger l'administration thébaine et de réaliser des économies de fonctionnement.

Daktair travaillerait ainsi tout près de la Place de Vérité et sous le contrôle théorique d'Abry, le fidèle allié de Méhy. La proximité de l'ennemi à abattre et la perspective des trésors à conquérir stimuleraient l'ardeur conquérante du savant et sa soif de découvertes.

Le commandant était convaincu que, pour développer un pouvoir fort, il lui fallait l'appui inconditionnel de la science et de la technique. Dans son processus irréversible de conquête, il venait de franchir une étape décisive.

66

Paneb l'Ardent tournait comme un lion en cage dans sa propre demeure.

— Tu devrais t'asseoir et manger, lui recommanda Ouâbet la Pure. Les galettes vont refroidir.

— Je n'ai pas faim.

— Pourquoi te tourmentes-tu ainsi ?

— Ramsès le Grand est parti, le chef d'équipe aussi, le peintre et les dessinateurs sont introuvables ! Quant à Néfer, il a disparu !

— Bien sûr que non.

Paneb haussa les épaules.

— Toi, tu sais peut-être où il se cache !

— Ton ami ne se cache pas, il vient d'être admis dans la Demeure de l'Or.

Le jeune colosse ouvrit des yeux ébahis.

— La Demeure de l'Or... Qu'est-ce que c'est ?

— La partie la plus secrète du village.

— Qu'est-ce qu'on y fait ?

— Je n'en ai aucune idée.

— Comment as-tu appris que ses portes se sont ouvertes pour Néfer ?

— Tu oublies que je suis une prêtresse d'Hathor... C'est une déesse bienveillante qui fait des confidences à ses fidèles.

Paneb souleva de terre Ouâbet la Pure comme si elle ne pesait pas davantage qu'une plume et il colla son visage au sien.

— Dis-moi tout ce que tu sais.

— Je suis une bonne épouse et je ne cache rien à mon mari.

Les seins nus, Ouâbet la Pure ne portait qu'un pagne de lin grossier qu'elle dénoua pour le faire glisser le long de ses jambes. Lovée contre son mari, elle lui offrit la chaleur de son corps gracile.

Paneb s'était plus ou moins promis de résister, mais il ignorait que la jeune femme fût aussi jolie.

Quand Ouâbet sentit le désir de son mari s'épanouir, elle noua ses jambes autour des reins de Paneb et savoura le plaisir intense de devenir enfin sa femme.

Des coups violents frappés à la porte réveillèrent Ouâbet. Encore plongée dans les délices du lit conjugal, elle se couvrit d'une cape légère et alla ouvrir.

Ils étaient trois : Gaou le Précis, Ounesh le Chacal et Paï le Bon Pain. Leur visage fermé n'avait rien d'engageant.

— Nous sommes venus chercher Paneb, dit Gaou avec sécheresse.

— Qu'est-ce que vous lui voulez ?

— Ordre du chef d'équipe, qu'il se hâte.

Paneb fut aussitôt sur pied. Il avait déjà oublié les jeux de l'amour et fixait les trois hommes.

— Suis-nous, exigea Gaou, dont la grande carcasse un peu molle se terminait par un visage austère et plutôt laid que venait malencontreusement orner un nez trop long.

— Où allons-nous ?

— Tu le verras bien.

— Et si je refuse ?

— Quitte la Place de Vérité. La porte est grande ouverte pour quiconque souhaite s'en aller, elle n'est difficile à franchir que pour entrer.

Paneb espéra un regard d'encouragement de la part de Paï le Bon Pain, mais il demeura aussi sévère que ses deux compagnons.

— Allons-y, mais je vous préviens : s'il le faut, je saurai me défendre.

Gaou le Précis prit la tête, suivi de Paneb qu'encadraient Ounesh le Chacal et Paï le Bon Pain. Il marcha à son allure, lente mais régulière, et se dirigea vers le local de réunion de l'équipe de droite.

Sur le seuil se tenait Didia le charpentier.

— Quel est ton nom ?

— Paneb l'Ardent.

— Désires-tu connaître les mystères du chantier naval ?

« Le chantier naval »... Néfer s'y était rendu ! Ainsi, c'était un autre nom du local de la confrérie que Paneb connaissait déjà.

— Je le désire.

— Le chantier naval[1] que nous représentons sur les

1. En égyptien, *oukher*.

murs de certaines demeures d'éternité, précisa Didia, est en réalité l'atelier où l'on fait naître les charpentiers, les sculpteurs, les dessinateurs et les œuvres qu'eux-mêmes mettent au monde. Sur notre chemin, tout est affaire d'assemblage. La barque communautaire se trouve en pièces détachées dans le chantier naval, et c'est aux artisans de la Place de Vérité de rassembler ces pièces éparses pour leur donner une cohérence. Prends garde, Paneb ; si tu es un individu incohérent, ce lieu ne te réserve que désillusions. Persistes-tu ?

— Je continue.

Didia et les trois dessinateurs firent entrer Paneb dans la salle des purifications où Gaou le Précis le mesura avec un cordeau.

— Dieu a créé le monde avec des nombres et selon des proportions, précisa-t-il. Entre dans ce jeu de rapports harmoniques.

Paï le Bon Pain fit s'agenouiller Paneb face à une pierre cubique sur laquelle il posa les mains, lavées par l'eau purificatrice jaillissant d'un vase en forme de signe *ânkh*, « la vie », que tenait Ounesh le Chacal.

Paneb se releva, Paï le Bon Pain lui enduisit les mains d'un onguent puis dessina un œil dans chaque paume.

— Grâce à cet onguent, tes mains entrent réellement en fonction ; grâce à cet œil, elles voient.

Dans un angle de la salle, une grande cave rectangulaire avait été remplie d'eau. Ounesh le Chacal dévêtit Paneb et lui ordonna de s'y immerger.

— Seule l'eau primordiale te délivrera de tes entraves, lui dit-il. Qu'elle te purifie comme elle purifie sans cesse les forces créatrices, qu'elle te fasse percevoir l'énergie de l'origine sans laquelle nos cœurs et nos mains seraient inertes.

Paneb éprouva d'étranges sensations. Ce n'était que de l'eau fraîche, mais elle l'enveloppait comme un vêtement protecteur et lui donnait une impression de légèreté à la fois agréable et inquiétante.

Il fallut sortir de cette cuve matricielle et, sous l'impulsion des trois dessinateurs, franchir le seuil du local de réunion.

De part et d'autre de la porte, Ouserhat le Lion, le chef sculpteur, et Ched le Sauveur, le peintre. Le premier portait un masque de faucon, le second d'ibis. Horus tenait une plume de Maât, Thot le signe de vie.

Paneb s'agenouilla sur une vasque en forme de corbeille, le hiéroglyphe qui signifiait « maîtrise » et lui avait donné son nom.

Le chef d'équipe sortit de la pénombre et passa autour du cou de l'Ardent un pendentif auquel était accroché un cœur.

Du sommet et de la base de la plume, de l'ovale et de la barre transversale de la croix ansée jaillirent des ondes visibles sous la forme de lignes brisées.

Quand elles touchèrent le corps de Paneb, il ressentit une formidable impulsion, sans nulle douleur. Il s'agissait d'un feu doux, pénétrant, semblable à un rayon de soleil après une nuit froide.

La lumière illumina la salle de réunion. Paneb s'aperçut que tous les membres de l'équipe, y compris Néfer, étaient présents.

Le chef d'équipe s'assit sur son siège.

— Notre confrérie est une barque, et cette dernière a pour fonction de traverser les eaux célestes et de fraterniser avec les étoiles. Tu as été appelé dans cette barque et tu as vu sa lumière dans son sanctuaire ; que la capacité de voyager te soit offerte. Puisses-tu saisir la corde de proue dans la barque de la nuit et la corde de poupe dans la barque du jour, que te soient données l'illumination dans le ciel, la puissance créatrice sur terre et la justesse de voix dans le royaume de l'autre monde.

Devant le regard attentif de Paneb, Néfer le Silencieux, Casa le Cordage et Didia le Généreux assemblèrent avec lenteur les diverses parties d'un modèle réduit de barque en bois équipée d'une cabine en forme de chapelle.

— Grave ce mystère dans ton esprit, Paneb ; plus loin sur le chemin, peut-être en percevras-tu la signification.

Sur le haut de l'épaule droite de l'Ardent, Gaou le Précis dessina un vase symbolisant le cœur-conscience, Ounesh le Chacal le sceptre « Puissance » et Paï le Bon Pain le pain d'offrande signifiant « donner ».

— En ma fonction de maître d'œuvre et de chef d'équipage, déclara Neb l'Accompli, je connais le secret des paroles divines. Ici s'acquiert la maîtrise des formules magiques pour que les artisans de la Place de Vérité excellent dans leur art, sachent utiliser les justes proportions, rendre en sculpture et en peinture l'allure d'un homme, la grâce d'une femme, l'envol d'un oiseau, la course du lion, l'expression de la crainte ou de la joie. Pour que tu y parviennes à ton tour, Paneb, il te faudra travailler sans relâche, apprendre à fabriquer les pigments qui fondent sans que le feu ne les brûle, sont insolubles dans l'eau et inaltérables à l'air. Ce sont les secrets de métier qui ne furent jamais révélés à aucun profane. T'engages-tu à les préserver, quoi qu'il arrive ?

— Sur la vie de Pharaon et celle de la confrérie, j'en fais le serment.

— Ched le Sauveur et les dessinateurs de l'équipe de droite acceptent de t'instruire. À partir de ce jour, tu appartiens à leur clan et tu exécuteras les tâches qu'ils te confieront.

67

Après l'initiation de Paneb l'Ardent au chantier naval et le banquet qui s'ensuivit, Gaou le Précis aurait volontiers pris un peu de repos. Il se sentait souvent las, surtout après les festivités, et la femme sage l'avait déjà sauvé à deux reprises d'une congestion du foie dont les canaux s'étaient bouchés.

Mais l'apprenti avait frappé à la porte de l'atelier dès le matin suivant, avec la ferme volonté de ne plus perdre une minute, et Paï le Bon Pain, réveillé par les appels d'Ardent, avait été obligé d'aller chercher Gaou.

— Je suis prêt, affirma Paneb. Par où commence-t-on ?

— Nos secrets de métier ne sont transmis que dans notre clan de dessinateurs. Si ton comportement en est indigne ou si tes aptitudes se révèlent insuffisantes, nous t'exclurons définitivement. Avant ton arrivée parmi nous, plusieurs jeunes ont échoué, car notre tâche est très ardue. Elle exige la connaissance des hiéroglyphes, paroles des dieux, de l'art du Trait et de la science de Thot. Si tu comptais agir à ta fantaisie, quitte sur-le-champ cet atelier.

— Montre-moi le matériel dont je disposerai.

Comme si la demande de Paneb l'importunait, Gaou le Précis traîna des pieds pour ouvrir un panier rectangulaire d'où il sortit une palette de scribe, des mortiers, des pilons, des pinceaux, des brosses et un couteau.

— Cette palette devient tienne, ne la prête à personne.

Dans les creux, ronds ou carrés, tu placeras les pigments dont tu auras besoin.

— Comment les prépare-t-on ?

— Nous verrons cela beaucoup plus tard. Pour le moment, tu te contenteras des pains de couleur que nous te fournirons. Tu les dilueras en utilisant le godet à eau et tu les broieras avec les mortiers et les pilons. Essayons déjà ça.

Gaou était persuadé que le jeune colosse allait gâcher plusieurs pains avant d'obtenir un résultat satisfaisant. Mais Paneb l'Ardent ne se précipita pas ; il évalua la contenance du godet, tâta le pain de couleur rouge pour vérifier qu'il était bien friable, le dilua avec la juste quantité d'eau et mania le pilon avec la force souhaitable.

Gaou se garda de manifester son étonnement et il reprit son cours sur le même ton glacial.

— Tu te muniras dc tessons ou de coquilles pour préparer les teintes ou les mélanger et tu étaleras les couleurs de manière uniforme, sans aucune ombre. Pinceaux et brosses ne sont pas faciles à manier, et la plupart se découragent.

La variété proposée émerveillait Paneb. Il y avait des roseaux très fins dont l'extrémité avait été dégarnie et fendue, d'autres plus épais, une grande brosse en fibres de palmier repliées et ligaturées, une en nervures de palmes écrasées à une extrémité et aux fibres séparées pour former des poils assez longs, une très allongée et étroite, une plus large, des spatules... Avec autant de diamètres et de pointes différentes, on devait pouvoir dessiner l'univers et ses secrets !

Cette fois, ce n'était plus un rêve. Paneb avait devant lui les outils qu'il espérait et il les manipula l'un après l'autre avec tendresse et respect. Au bord des larmes, l'Ardent vivait un bonheur dont il avait pressenti l'intensité.

Ce fut la voix éraillée de Gaou qui l'arracha à son extase.

— Ramasse ton matériel et suis Paï le Bon Pain. Il t'emmènera sur ton premier chantier.

Encore sous le choc, Paneb suivit le dessinateur mal réveillé.

— J'ai un peu abusé de la bière de Pharaon, avoua Paï.

— Où allons-nous ?

— Comme tes premiers essais seront forcément médiocres et comme Gaou déteste voir gâchée une surface bien préparée, il a choisi un terrain d'expérience qui ne pénalisera que toi : ta propre maison.

Ce ne fut pas sans fierté que Paneb disposa ses brosses et ses pinceaux sur une table basse, dans la première pièce de sa demeure, sous le regard inquiet d'Ouâbet la Pure.

— Est-ce bien nécessaire d'imaginer je ne sais quel décor ? Cette austérité me convient et

— J'apprends mon métier, trancha Paneb.

— Quelles couleurs désires-tu ? demanda Paï le Bon Pain.

— Du rouge, du jaune et du vert. Je vais les étaler en longues bandes horizontales et superposées.

— Es-tu certain que ton mur est bien préparé ?

— Aucun doute, c'est moi qui m'en suis occupé ! J'ai bouché les trous avec de l'argile que j'ai rendue résistante en la malaxant avec de la paille hachée, puis j'ai enduit avec du plâtre à base de chaux.

Paï sembla sceptique.

— Comme il ne s'agit que d'une maison, l'erreur que tu as commise n'est pas grave... Mais elle serait inacceptable dans un temple ou une demeure d'éternité.

— Quelle est cette erreur ?

— Ta surface est morte.

— Morte... Que veux-tu dire ?

— Elle est trop lisse, donc elle manque de vie. Toute paroi doit être légèrement ondulée pour illustrer et enregistrer les vibrations qui traversent sans cesse l'espace. Symétrie absolue et rigidité sont d'autres formes de mort que ta main doit vaincre.

Paneb contempla son mur d'un autre œil. Il se doutait bien qu'il avait mille choses à apprendre, mais son initiation au chantier naval lui ouvrait vraiment les portes d'un autre monde où tout avait un sens.

Le néophyte prépara ses couleurs et, d'instinct, traça de larges bandes sur les soubassements.

La sûreté d'exécution de Paneb stupéfia Paï le Bon Pain qui se garda bien de lui faire part de sa surprise. Le jeune dessinateur avait choisi le bon pinceau, et son horizontale bougeait à peine. Même Ouâbet la Pure fut fascinée et elle regarda travailler son mari qui prenait avec l'extrémité des fibres l'exacte quantité de peinture nécessaire et parvenait à faire chanter un mur jusque-là inerte. Puis il utilisa une brosse pour terminer une bande verte et il s'arrêta au tiers de la surface à décorer.

— Après, estima-t-il, ce serait trop chargé. Qu'en penses-tu, Paï ?

— Il existe une technique précise pour tracer des registres.

— Pourquoi ne me l'as-tu pas apprise ?

— Je voulais m'assurer que tu serais capable de l'assimiler.

— Alors ?

— Il faudra d'autres essais...

Paneb comprit que son chemin serait parsemé de pièges et de leurres, mais il n'en avait cure et il continuerait à foncer droit devant lui. Puisqu'on lui donnait des outils, il n'était plus démuni ; avec de tels alliés, il ne craignait personne.

— Désires-tu t'essayer à quelques formes géométriques ? proposa Paï.

— Montre-moi !

Le dessinateur monta sur un solide tabouret à trois pieds et, avec un pinceau très fin, esquissa une gerbe de roseaux au sommet du mur.

— Ce signe assure la protection magique de la paroi, précisa-t-il, mais il en faut une frise, et ce n'est pas facile à réaliser.

Paneb essaya aussitôt de reproduire le modèle, et sa tentative ne manqua pas d'habileté. Elle comportait quelques imperfections dans le tracé des courbes que Paï corrigea sans mot dire. L'Ardent observa et ne répéta pas les mêmes erreurs.

— Qu'est-ce qui convient à une maison ? demanda-t-il à son professeur.

— Des motifs floraux et géométriques qui évoquent la joie tranquille d'un foyer et la bonne régulation du quotidien.

Dans l'esprit de Paneb, mille figures se bousculaient. Il les avait déjà transcrites dans le sable ou sur des tessons de calcaire, mais elles n'avaient pas réellement pris vie.

— M'accorderas-tu une faveur, Paï ?

Le dessinateur sembla réticent.

— Ça dépend...

— Peux-tu loger mon épouse chez toi jusqu'à demain matin ? Je dois essayer de décorer cette demeure et j'ai besoin d'être seul.

— Mais... il te faudra plusieurs semaines !

— J'aimerais préparer un plan d'ensemble et solliciter ton avis.

— À ta guise... Alors, à demain.

Ouâbet la Pure n'avait guère apprécié d'être ainsi éloignée de son domicile, même pour une brève période, mais elle avait été fort bien accueillie par l'épouse de Paï le Bon Pain. Pourtant, dès le lever du soleil, elle n'eut de cesse de rentrer chez elle.

Quand Ouâbet et Paï pénétrèrent dans la maison, ce fut un éblouissement.

Paneb avait peint la frise de roseaux protecteurs au sommet de tous les murs avec une précision et une régularité surprenantes, mais il ne s'était pas arrêté là. Chaque pièce avait reçu un décor enchanteur, composé de rosettes, de fleurs de lotus stylisées, de grappes de raisin, de feuilles de vigne, de fleurs jaunes de perséa, de pavots rouge-brun, de losanges et de damiers.

Ouâbet la Pure ferma les yeux, craignant d'être la proie d'un mirage. Quand elle les rouvrit, les merveilles n'avaient pas disparu.

— J'ai la plus belle maison du village... Mais où se trouve Paneb ?

Elle courut jusqu'à la chambre et se jeta sur son mari qui venait de s'allonger après sa nuit de travail.

— C'est splendide, chéri, splendide ! Grâce à toi, nous vivrons dans un véritable palais !

Ébahi, Paï le Bon Pain cherchait en vain une critique importante à formuler. Avant même d'avoir accès à la science secrète des dessinateurs et des peintres, Paneb avait réalisé une sorte de chef-d'œuvre. De manière innée, il avait le sens des proportions et des couleurs.

Si le destin ou la vanité ne réduisaient pas ses dons à néant, Paneb l'Ardent serait l'un des plus éblouissants Serviteurs de la Place de Vérité.

68

Depuis sa nomination au poste de directeur du laboratoire central de Thèbes ouest, Daktair se faisait lisser et parfumer la barbe tous les matins. Comme promis, il avait annoncé à l'équipe de techniciens qu'il poursuivait le programme de recherches très traditionnel de son défunt prédécesseur qui avait fixé avec sagesse les bornes de la science. Lui, l'étranger désormais reconnu comme un notable, s'accordait une période de répit pour profiter de sa villa de fonction, de ses domestiques et de la considération qui lui était enfin accordée.

Ce doux confort avait failli l'endormir, mais l'agitation intellectuelle avait repris le dessus, et Daktair s'était de nouveau intéressé à la galène et au bitume, deux produits sur lesquels il n'existait aucune indication précise dans les dossiers mis à sa disposition.

Une information précieuse, cependant : tous les deux ans, environ, une expédition partait recueillir ces produits pour les livrer à la Place de Vérité. En tant que nouveau directeur, Daktair serait chargé de l'organiser. Encore six mois de patience, au moins, avant la prochaine... Malgré son exaspération, il ne devait pas bousculer les habitudes. Bientôt, il percerait l'un des secrets de la confrérie.

La proximité du village lui avait permis d'engager comme blanchisseur particulier l'auxiliaire auquel il fournissait de la poudre de lavage. Ce soir-là, son informateur arborait un sourire satisfait.

— Je crois que j'ai du nouveau... La communauté des artisans reçoit son courrier d'un facteur attitré, Oupouty, et ils lui remettent les lettres à destination de l'extérieur. Oupouty est consciencieux mais parfois bavard, et il aime bien discuter avec l'un ou avec l'autre. Comme il est observateur, il a remarqué qu'un des artisans a beaucoup écrit, ces temps-ci.

— À qui étaient destinés ses courriers ?

— Oupouty doit garder le secret de la correspondance. Ce que je sais aussi, c'est que l'artisan en question s'est rendu sur la rive ouest lors de chacun de ses jours de repos, ces deux derniers mois. Plutôt inhabituel, comme comportement. Peut-être ne s'agit-il que d'un client pour lequel il fabrique des objets de luxe, mais, d'ordinaire, ça ne se passe pas de cette manière... Il y a juste commande et livraison.

— Bien entendu, tu connais le nom de cet artisan.

— J'ai cette chance.

— Combien ?

— La poudre à laver, ce ne sera pas suffisant... Il me faudrait des lingots de cuivre.

— Tu deviens très cher, l'ami.

— Un renseignement comme celui-là a son prix.

— Les autres auxiliaires sont également au courant ?

— Non, je suis le seul. Oupouty a beaucoup regretté de m'avoir lâché ce nom-là et il ne recommencera pas. Si vous désirez le connaître, payez-moi.

Daktair fit la moue.

— Deux lingots ?

— Quatre.

— Trois ?

— Quatre... C'est peut-être la chance de ma vie, je ne la lâcherai pas.

— Trois demain, un quatrième dans une semaine si le renseignement se révèle intéressant.

— Alors, trois et deux.

— Affaire conclue.

Le blanchisseur révéla alors à Daktair le nom et la description de l'artisan, un homme de l'équipe de droite.

Daktair dut attendre la fin de la réception que donnaient Méhy et Serkéta en l'honneur du maire, confirmé dans ses fonctions par le vizir, pour lui communiquer l'information qu'il venait d'acheter. Aussitôt, le trésorier principal de Thèbes sentit qu'il tenait une piste du plus haut intérêt ; à défaut de pouvoir obtenir directement des informations sur les activités secrètes des artisans, il aurait peut-être mieux encore : un espion dans la Place de Vérité !

— Comment dois-je pratiquer, avec le blanchisseur ?

— Dis-lui que les lingots de cuivre lui seront donnés demain soir, dans la palmeraie au nord de Thèbes, près du puits abandonné, une heure après le coucher du soleil.

— Comment allons-nous nous les procurer ?

— Ne t'inquiète pas, je m'occupe de tout. Si la police t'interrogeait à propos de ce blanchisseur, explique-lui qu'il s'est présenté à toi pour se faire engager et que tu as jugé ses conditions intéressantes. Ce fut votre unique entretien, et tu ne sais rien de plus sur lui.

— Pour cet artisan...

— Je m'en occupe également. Moins tu apparaîtras, mieux cela vaudra. Soucie-toi des modalités de l'expédition destinée à procurer de la galène et du bitume à la Place de Vérité.

À l'idée de devenir riche, les jambes du blanchisseur tremblèrent. Certes, il violait les engagements pris quand il avait été engagé comme auxiliaire, mais comment renoncer à une occasion pareille ? Fortune faite, il quitterait un métier qu'il exécrait pour s'acheter une ferme en Moyenne-

Égypte où les terrains étaient moins onéreux qu'à Thèbes, et il y coulerait des jours paisibles.

Comme le renseignement s'était révélé intéressant, Daktair avait accepté de procurer les cinq lingots de cuivre à son informateur sans plus attendre. Ce dernier regrettait de ne pas avoir exigé davantage.

Dès que le blanchisseur serait en possession de son bien, il disparaîtrait pour ne plus jamais revenir dans les parages de la Place de Vérité.

« Au pied du plus haut palmier, en face du puits abandonné, avait dit Daktair, les lingots se trouveront dans un sac enterré à faible profondeur. »

Le blanchisseur s'assura que cette partie de la palmeraie était déserte. Personne ne venait la nuit dans ce coin-là, et nul regard indiscret ne le verrait déterrer son butin.

Daktair n'avait pas menti : le sac se trouvait bien au pied d'un palmier majestueux, et le blanchisseur n'eut pas beaucoup d'efforts à accomplir pour le ramener à la surface.

Il s'apprêtait à dénouer la cordelette lorsqu'une voix grave lui glaça le sang.

— Police ! Mets-toi debout, dos contre le palmier, et n'essaye pas de te défendre.

Paniqué, le blanchisseur serra son trésor contre sa poitrine et détala.

— Arrête-toi !

Sa seule chance, c'était de courir très vite et d'échapper à ses poursuivants. Mais il buta sur un cerbère qui brandissait un gourdin.

Le blanchisseur tenta de l'assommer avec le sac, mais le gourdin lui fracassa le crâne à l'instant même où une flèche s'enfonçait dans son cou.

Il s'écroula, mort.

La dizaine de policiers qui avaient tendu une embuscade au blanchisseur se rassemblèrent autour du cadavre que leur chef examina.

— Curieux... On nous avait indiqué que ce type était un voleur dangereux et bien armé.

— Que contient son sac ?

Le chef l'ouvrit et en versa le contenu sur le sol.

— Des pierres... Rien que des pierres.

— Bien manié, un sac aussi lourd était une arme redoutable. Nous avons eu raison de nous défendre.

Sans paraître y attacher la moindre importance, Méhy apprit qu'un malfaiteur avait été abattu dans la palmeraie, au nord de Thèbes. Les policiers l'avaient interpellé en toute légalité, mais l'homme s'était montré si agressif qu'ils avaient été contraints de l'abattre, en légitime défense.

L'enquête avait permis d'identifier l'un des blanchisseurs qui travaillaient comme auxiliaires de la Place de Vérité. Ses collègues ne l'appréciaient guère, et personne ne fit son éloge. On le soupçonnait même de menus larcins, et les autres blanchisseurs soulignèrent son arrogance et son agressivité.

Le chef Sobek confirma ces témoignages. L'affaire ayant connu un épilogue aussi tragique que définitif, il ne restait plus qu'à la classer.

Méhy ne s'étonnait plus de la chance qui continuait à le servir avec autant de constance ; c'est parce qu'il prenait les bonnes initiatives au bon moment que toutes ses entreprises étaient couronnées de succès et renforçaient sa position. Il était persuadé que ce blanchisseur réagirait comme un imbécile et se condamnerait lui-même. Lui disparu, Daktair se trouvait hors de portée, et le commandant exploiterait l'information en toute tranquillité.

Encore fallait-il ne commettre aucune imprudence : impossible, cette fois, d'utiliser la police. Aussi s'adressa-t-il à son épouse, Serkéta.

— Je vais te décrire un homme, et tu tâcheras de le repérer lorsqu'il descendra du bac venant de la rive ouest. Ensuite, tu le suivras et tu repéreras l'endroit où il se rendra.

— Mais il y a de nombreux bacs chaque jour !

— Contente-toi des premiers du matin.

— J'ai horreur de me lever tôt, chéri !

— Tu ne me refuserais pas ce petit service, Serkéta ?

— Et si ce pensum durait plusieurs mois ?

— C'est une mission importante, ma colombe, et je ne peux la confier qu'à toi.

— Que m'offres-tu ?

— Désires-tu de nouveaux bijoux ?

— Je ne dis pas non... Je commence à me lasser des anciens. Il paraît qu'un orfèvre de Memphis crée de magnifiques colliers de turquoises, mais il est malheureusement débordé.

— Sois rassuré, il ne le sera pas pour toi.

Le dix-huitième jour de guet, Serkéta repéra l'artisan qui avait pris le deuxième bac de la matinée.

Elle n'eut aucune peine à le suivre et le vit pénétrer dans un entrepôt où étaient entassés des meubles de qualités diverses. Satisfaite d'elle-même, Serkéta passa doucement l'index sur son cou qui serait bientôt orné d'un exceptionnel collier de turquoises.

69

Quand Paneb pénétra dans l'atelier du Trait, proche de la salle de réunion de l'équipe de droite, il fut étonné d'y rencontrer Néfer le Silencieux en compagnie de Gaou le Précis. Les deux hommes étudiaient un papyrus dont l'intitulé était : « Exemple de calcul afin de sonder la réalité et de connaître ce qui est obscur ». Il était couvert de signes mathématiques que le jeune homme voyait pour la première fois.

— Ce papyrus me concerne ?

— L'architecte des mondes a mis en ordre les éléments de la vie selon la proportion et la mesure, répondit Gaou, et notre monde peut être considéré comme un jeu de nombres. Considère ces derniers comme des sources d'énergie et ta pensée ne sera jamais statique. Dans notre tradition, la pensée géométrique préside à l'expression mathématique. Elle est fondée sur le Un qui se développe, se multiplie et retourne à lui-même. L'art du Trait est la mise en évidence de la présence de l'unité dans toute forme vivante.

— Ton propre corps existe parce qu'il est un ensemble de proportions, remarqua Néfer, et tu auras besoin de cette science pour rendre ta main intelligente. Mais ne pratique pas la géométrie pour la géométrie ou les mathématiques pour les mathématiques ; ceux qui sont tombés dans ce travers ont été pris au piège d'un savoir stérile.

— Trace un triangle, ordonna Gaou.

Avec un pinceau très fin, Paneb s'exécuta.

— Voici l'une des façons les plus simples de représenter

abstraitement la lumière solaire, précisa son professeur, et nous placerons ton apprentissage du Trait sous sa protection. Les anciens affirment qu'il permet de percevoir les secrets du ciel, de la terre et des eaux, de comprendre le langage des oiseaux et des poissons, et de prendre toutes les formes que l'on désire.

— Alors, au travail !

Néfer constata que son ami avait une inextinguible soif d'apprendre et qu'il avait bien fait de venir prêter main-forte à Gaou le Précis qui ne disposait pas de l'énergie nécessaire pour enseigner pendant des heures.

Paneb maîtrisa vite les quatre opérations de base, découvrit les puissances et les racines, résolut sans peine des équations sans jamais être éloigné d'une application pratique, comme la fabrication d'une paire de sandales ou de la voile d'une barque. Ainsi prit-il conscience qu'aucune des œuvres produites par les artisans de la Place de Vérité ne laissait de place au hasard.

Qu'il s'agisse des divisions, des multiplications ou de l'extraction des racines, l'Ardent fut invité à les ramener au processus premier de l'addition. Dans le système décimal, il utilisait des fractions unitaires, avec un numérateur égal à l'unité à l'exception de 2/3, et il se débrouillait avec les tables qui lui furent confiées pour vérifier le résultat de ses exercices.

— Le hiéroglyphe de la bouche symbolise la fraction primordiale, révéla Gaou, car toutes les formes sont issues de la bouche de notre protecteur, le dieu Ptah, qui créa le monde par le Verbe. À présent, trace un cercle.

La main de Paneb ne trembla pas.

— Voici comment calculer la surface de ce cercle : de son diamètre, ôte 1/9 ; ce qui reste, tu l'élèves au carré et tu détermines alors la surface [1], ce qui nous est indispensable pour évaluer, par exemple, le volume d'un grenier à blé de forme cylindrique. Tout cela te sera utile lorsque tu te trouveras face à une paroi, car il te faudra organiser l'espace en fonction des lois d'harmonie.

Néfer le Silencieux déroula un autre papyrus qui laissa Paneb muet de stupéfaction.

Y était dessiné un quadrillage à l'encre rouge dans lequel avait été inclus un homme debout dessiné en noir. Chaque partie de son corps correspondait à un nombre précis de carreaux.

— Cette représentation est fondée sur le module de dix-huit unités : six carreaux de la plante des pieds aux genoux, neuf jusqu'aux fesses, douze jusqu'aux coudes, quatorze et demi jusqu'aux aisselles, seize jusqu'au cou, dix-huit jusqu'aux cheveux. Ainsi est déchiffrée l'harmonie d'un corps humain, ainsi peux-tu la dessiner sans la trahir. Mais il ne s'agit que d'un exemple et non d'un système figé ; le maître d'œuvre a la capacité d'adopter d'autres grilles qui révèlent d'autres jeux de proportions.

Paneb l'Ardent et Néfer le Silencieux étaient assis côte à côte, sous la voûte étoilée.

— Je ne savais pas que ce serait aussi extraordinaire... Ou plutôt si, mon instinct le savait depuis toujours, et j'ai eu raison de l'écouter ! Pourquoi ai-je perdu autant de temps ?

— Rassure-toi, Paneb, tu n'as pas perdu une seule seconde. Les épreuves t'ont préparé à vivre intensément des

1. L'Égypte connaissait le nombre pi. En assimilant le cercle à un carré dont le côté aurait donc représenté 8/9 de son diamètre, pi a une valeur de 3,14.

moments comme celui-là et à apprendre avec la fulgurance qui te caractérise. Mais ce n'est qu'un début ; dès que possible, tu iras étudier les pyramides. Ce sera une nouvelle étape de ton chemin.

— Tu viendras avec moi ?

— Si le chef d'équipe m'y autorise.

— Tu as été admis dans la Demeure de l'Or, n'est-ce pas ?

Néfer hésita à répondre.

— C'est Ouâbet la Pure qui m'en a parlé.

— Elle a dit juste.

— Je sais que tu es tenu au silence, mais dis-moi au moins si tu as revu cette lumière qui traverse la matière.

— Elle existe, Paneb. Tu la découvriras, toi aussi, si tu t'accomplis dans la discipline que tu as choisie.

— Quand on ouvre une porte, dans ce village, il y en a dix autres derrière... Mais ça me plaît. Es-tu entré dans la demeure d'éternité de Ramsès le Grand ?

— La Vallée des Rois ne te décevra pas.

— Moi aussi, j'y travaillerai ?

— N'est-ce pas le destin d'un dessinateur de la Place de Vérité ?

— Je suis prêt.

— Pas encore, Paneb. Tu n'as pas apaisé l'œil.

— Je ne comprends pas...

— L'univers est un œil gigantesque dont les parties sont dispersées par notre regard. C'est pourtant lui qui guide notre main et inspire nos œuvres. Nous avons le devoir de reconstituer cet œil mais, auparavant, il faut l'apaiser afin qu'il ne s'éloigne pas de nous.

Paneb ne comprenait toujours pas, mais il sentait que son ami venait de lui ouvrir une nouvelle porte. En contemplant la voûte étoilée, il ressentit la présence de l'œil complet qu'il saurait, un jour, restituer par le dessin.

Trapu, les cheveux noirs collés sur son crâne rond, le buste large, les doigts de pied et de main potelés comme ceux d'un nourrisson, Tran-Bel buvait et mangeait avec avidité et plaisir. D'origine libyenne, il n'avait pas réussi à faire fortune dans son pays d'origine et il s'était établi à Thèbes où la chance lui avait souri. Commerçant dans l'âme, dépourvu de toute morale, il n'aimait qu'acquérir et acquérir encore, même si ses méthodes étaient parfois peu recommandables. Prudent et rusé, Tran-Bel n'avait pas éveillé la suspicion des autorités et il jouissait même d'une bonne réputation.

— On vous demande, patron, l'avertit l'un de ses ouvriers.

— Pas le temps.

— Vous devriez quand même aller voir... Ça m'a l'air d'être un bonhomme important.

« Encore un démarcheur minable », pensa Tran-Bel qui comptait se débarrasser de l'intrus avec quelques mots bien sentis.

Il eut une surprise de taille.

L'homme qui se tenait sur le seuil de son entrepôt avait un visage qui ressemblait au sien. Pas un sosie, mais des traits communs qui auraient pu faire songer à un frère.

— Que me proposes-tu, l'ami ?

— Tu es bien Tran-Bel ?

— Ici, je suis le patron et je suis très occupé.

— Discutons dans un endroit tranquille.

— Tu crois pouvoir me donner des ordres ?

— J'en suis persuadé, en ma qualité de trésorier principal de Thèbes et de commandant des forces armées.

Tran-Bel avala sa salive.

Comme beaucoup, il avait entendu parler de ce Méhy que l'on dépeignait comme un gestionnaire impitoyable auquel il ne faisait pas bon tenir tête. Mais pourquoi un dignitaire de si haut rang s'intéressait-il à lui ?

— Venez par là... J'ai un coin où je range mes archives.

Tran-Bel sentit que le vent venait de tourner. Quelle erreur avait-il commise pour déclencher l'irruption de ce personnage redoutable ?

Le réduit encombré de tablettes d'écriture était sombre et à l'écart de l'agitation de l'atelier.

— Vous voulez voir mes comptes, n'est-ce pas ?

— Que tu sois un petit escroc qui vole sa clientèle et le fisc ne m'intéresse pas, mais que tu utilises illégalement les services d'un artisan de la Place de Vérité est un grave délit passible d'une lourde condamnation.

Affolé, Tran-Bel ne songea même pas à nier.

— Je ne me rendais pas compte... On s'est rencontrés sur un marché, il a critiqué l'un de mes tabourets qui manquait de solidité, on a discuté, il m'a proposé d'en fabriquer de bien meilleure qualité, à condition qu'on partage les bénéfices. Depuis, il vient ici et produit de très belles pièces.

— Et tu les vends très cher sans les déclarer à l'administration.

— Un simple oubli que je m'engage à réparer !

— Surtout pas.

Tran-Bel n'en croyait pas ses oreilles.

— C'est probablement toi qui as fait des propositions malhonnêtes à cet artisan, mais seul compte le résultat. J'oublierai ton trafic à condition que tu me signales les allées et venues de ton complice, la nature des travaux clandestins qu'il effectue pour toi et le montant de ses revenus occultes.

— À votre service, dit le Libyen, plus détendu. Désirez-vous aussi... une petite commission sur mes bénéfices ?

Le regard glacé de Méhy le terrorisa.

— Quand je prends, précisa le commandant, je prends tout. Tâche de ne pas l'oublier et renseigne-moi avec une parfaite exactitude. De plus, silence absolu sur notre pacte. Au moindre faux pas, tu seras anéanti.

70

Ouâbet la Pure ne cédait aucun pouce de terrain à son ennemi juré : la poussière. Chaque jour voyait s'accomplir un grand ménage qui n'épargnait aucun recoin de la demeure, entièrement fumigée une fois par semaine. Comme chaque maîtresse de maison, la jeune femme savait qu'une hygiène très stricte était la base d'une bonne santé. Elle y ajoutait un sens aigu du rangement que Paneb jugeait excessif, mais il avait renoncé à lutter.

Aussi fut-il surpris, en rentrant de l'atelier du Trait où il s'était perfectionné en géométrie, de constater qu'une chaise n'était pas à sa place habituelle et qu'une des robes de son épouse gisait avec négligence sur un tabouret. À l'évidence, un événement de première importance avait bouleversé Ouâbet la Pure.

— Tu es là ?

— Dans la chambre, répondit une voix fluette.

Paneb découvrit son épouse étendue sur le dos, un coussin sous la tête.

— Serais-tu souffrante ?

— Sais-tu que des canaux partent du cœur pour aboutir

à tous les organes ? C'est Claire qui me l'a appris quand je suis allée la consulter. Dans le cœur se forment les semences vitales, dont le sperme ; et elle m'a également appris que la procréation était la rencontre de deux cœurs.

— Tenterais-tu de me faire comprendre que...

— J'attends un enfant de toi, Paneb. Turquoise utilise des produits contraceptifs, pas moi.

Le jeune colosse était abasourdi. Cette épreuve-là, il ne l'avait pas prévue.

— Ne t'angoisse pas, je m'en occuperai aussi bien que de la maison. N'as-tu pas envie de voir à quel point il te ressemble ?

L'Ardent sourit et prit doucement les mains de son épouse entre les siennes.

— J'avoue que tu piques un peu ma curiosité... Mais il va falloir te reposer.

— Quand la fatigue sera trop pesante, je demanderai l'aide d'une ou deux prêtresses d'Hathor. Entre collègues, nous avons l'habitude de nous entraider.

Ouâbet la Pure avait redouté une attitude de refus de la part de Paneb, mais le futur père semblait en état de choc. De ce léger mal, elle saurait le guérir.

Méhy détestait le droit égyptien. Dans la quasi-totalité des autres pays, il aurait pu répudier sans difficulté une femme qui ne mettait au monde que des filles ; sur la terre des pharaons, impossible. De plus, malgré ses manigances juridiques à l'extrême limite de la légalité, le trésorier principal de Thèbes ne parviendrait pas à dépouiller Serkéta de sa fortune. Comme Méhy n'envisageait pas d'être privé de la plus petite parcelle de ce qu'il avait acquis, il lui faudrait supporter son épouse jusqu'à son décès. Un divorce se traduirait par une catastrophe financière, mais, d'un autre côté, une mort subite apparaîtrait comme suspecte et lui attirerait des ennuis tout en nuisant à sa réputation.

De plus, Serkéta partageait de lourds secrets et, dans un moment d'égarement, elle pourrait avoir la fâcheuse idée de bavarder. Il ne restait donc à Méhy qu'une seule solution : en faire une complice idéale.

Après lui avoir offert l'onéreux collier dont elle rêvait, il l'invita à une longue promenade en amoureux sur le Nil. Des pâtisseries et des jus de fruits leur furent servis par une petite servante nubienne, ravie d'avoir été engagée par d'aussi puissants personnages.

— Voilà longtemps que tu n'as pas pris soin de moi avec autant de prévenance, s'étonna-t-elle.

— Le collier te plaît ?

— Il n'est pas laid... Qu'as-tu à me proposer ?

— Travaillons ensemble.

— D'égale à égal ?

— Je suis un homme, tu es une femme, c'est moi qui dirige. Mais j'ai besoin d'une associée très active.

Serkéta fit une moue intéressée. Enfin, elle échapperait à l'ennui qui recommençait à l'étouffer ! Et son charmant mari ignorerait toujours le péril auquel il venait d'échapper.

Après en avoir eu peur, Serkéta avait décidé de se débarrasser de lui. Alors qu'elle cherchait le meilleur moyen, il lui offrait une alliance qui promettait d'être passionnante.

— Pourquoi pas, à condition que tu ne me caches rien.

— Cela va de soi, ma chérie.

— Commençons par le soir où tu es sorti pour aller chercher un dossier.

— Qu'y avait-il d'étrange ?

— Tu es revenu sans ce dossier que tu étais si désireux de consulter.

— Tu possèdes un remarquable sens de l'observation, Serkéta.

— Où es-tu allé, ce soir-là ?

— Tu veux vraiment tout savoir ?

— C'est mon vœu le plus cher !

— Prends bien garde, ma colombe. Tu seras mon alliée, mais aussi ma complice, et je ne saurais tolérer la moindre indiscrétion.

À l'idée de mener une existence dangereuse, Serkéta se sentait délicieusement excitée.

— J'accepte la règle du jeu.

Méhy parla longuement et n'omit aucun détail. Dans le regard de sa femme, il discerna émerveillement et envie.

— Il faudra d'abord agir de manière souterraine, conclut-elle, mais ensuite, notre succès sera éclatant. Crois-tu pouvoir vraiment compter sur ce Daktair ?

— Il est veule, fourbe, compétent, avide de richesse et de pouvoir. Des qualités utiles... Abry me semble moins sûr, mais il n'est qu'un relais temporaire. Es-tu prête à remplir ta première mission ?

Serkéta bondit au cou de Méhy.

— Parle, vite !

— Je te préviens, c'est très important.

— Tant mieux, je ne te décevrai pas.

Méhy expliqua à Serkéta ce qu'il attendait d'elle, puis ils se retirèrent dans la cabine centrale du bateau où il la posséda avec sa violence habituelle.

Après les rites du matin, Claire assistait la femme sage qui recevait les habitants du village pour soigner leur physique comme leur psychisme. L'épouse de Néfer avait appris à écouter les patients, à calmer les enfants qui pleuraient, à chasser les angoisses et à redonner de l'optimisme à ceux qui en manquaient.

Dotée d'un puissant magnétisme, la femme sage appliquait les mains sur les douleurs et les faisait disparaître. Claire veillait à ce que l'infirmerie ne manquât pas de remèdes dont elle fabriquait elle-même la plus grande partie, le reste étant fourni à la Place de Vérité par le département de la Santé publique auquel les pharaons en personne avaient toujours attaché une grande importance.

La femme sage parlait peu mais, chaque jour, elle permettait à Claire de progresser en lui transmettant son expérience et en insistant davantage sur ses échecs que sur ses succès afin d'y puiser des leçons pour l'avenir.

Depuis qu'il avait été reçu dans la Demeure de l'Or, Néfer travaillait sans relâche à l'œuvre exigée de lui, et il était encore plus silencieux qu'à l'ordinaire. Claire percevait chacune des vibrations de son âme et se contentait d'un regard complice pour lui faire comprendre qu'elle joignait ses forces aux siennes.

La journée avait été épuisante. Aucune maladie grave à soigner, mais une série ininterrompue de petits soucis et un quotidien plus pesant qu'à l'ordinaire. Claire avait hâte de rentrer chez elle et de dormir.

— Viens avec moi, exigea la femme sage.

Claire mobilisa ses ultimes énergies pour suivre son guide qui sortit du village et prit le chemin de la cime, alors que le soleil se couchait.

C'était l'heure à laquelle les serpents et les scorpions sortaient de leur cachette, mais les deux femmes ne les craignaient pas.

Chaque fois qu'elle grimpait les sentiers sinueux de la montagne, la femme sage semblait retrouver sa jeunesse perdue. Malgré sa fatigue, Claire eut moins de difficultés à la suivre que d'habitude. Sa belle chevelure blanche brillait comme un soleil, et elle illuminait la pente de plus en plus raide qui conduisait à un oratoire creusé dans le roc.

De ce promontoire, le regard dominait le territoire de la Place de Vérité, les vallées secrètes où ressuscitaient les pharaons et leurs épouses et les temples des millions d'années où vivait éternellement leur *ka*.

La femme sage éleva les mains en signe de prière, face à l'oratoire.

— Les hommes sont les larmes de Dieu, dit-elle, et seuls les dieux sont nés de son sourire. Bien pourvus, cependant, furent les hommes, le troupeau de Dieu, car il a créé le ciel et la terre pour leurs cœurs, et le souffle pour leurs narines. Pour eux, qui sont ses images, il a également créé toutes les nourritures. Mais ils se sont révoltés contre Lui et ils ont préféré le désordre à l'harmonie. Quand la race humaine s'éteindra, le tumulte cessera et le silence reviendra sur cette terre. Et toi, sa déesse, tu recréeras la beauté des origines.

De l'oratoire sortit un énorme cobra royal, fièrement dressé. Ses yeux étaient rouges et semblaient lancer des traits de feu.

— Vénère Meresger, Celle qui aime le silence, la déesse de la cime et la protectrice de la Place de Vérité, dit la femme sage à Claire. Lorsque j'aurai rejoint l'Occident, qu'elle devienne ton guide et ton regard.

71

Ce que Néfer le Silencieux avait perçu dans la Demeure de l'Or, il devait le formuler. Il avait vécu le rituel le plus secret de la Place de Vérité et découvert les mystères essentiels qu'elle était chargée de transmettre, mais en était-il vraiment digne ?

Pour le savoir, la confrérie exigeait de lui une œuvre qui prouverait à la fois ses capacités techniques et l'étendue de sa sensibilité. Aucune recommandation ne lui avait été donnée, aucun critère imposé. À Néfer de dresser le bilan des années passées au village, d'en tirer les enseignements majeurs et de façonner l'objet qui obtiendrait l'approbation des chefs d'équipe et des autres initiés de haut rang.

Conformément à ses habitudes, le Silencieux avait pris beaucoup de temps pour réfléchir. Plusieurs projets se bousculaient dans sa tête, mais c'était son cœur qui avait choisi. Après avoir recueilli l'opinion positive de Claire, il s'était présenté à Neb l'Accompli qui, le soir même, l'avait emmené à la chapelle d'Hathor bâtie par le pharaon Séthi, le père de Ramsès.

Néfer avait gravi l'escalier menant au pylône d'entrée, franchi le seuil, traversé une cour à ciel ouvert puis emprunté un chemin dallé aboutissant à une deuxième cour. Là, il avait été purifié et il s'était recueilli devant une table d'offrande.

Ensuite lui avait été libéré l'accès à une salle couverte au sol dallé dont le plafond plat était soutenu par deux colonnes. Le long des murs, des banquettes de pierre occupées par les juges. Au fond de la salle, une porte qu'encadraient des stèles montrant le pharaon face à Hathor ; elle donnait accès au sanctuaire où la divinité rayonnait dans le secret.

Néfer savait que ce tribunal-là ne serait pas indulgent et il redoutait son verdict. S'il s'était trompé, il ruinerait tous les efforts accomplis depuis son admission.

— Que t'ont appris les divinités ? demanda le chef de l'équipe de gauche.

— J'ai tenté de percevoir le rayonnement de Râ, la création de Ptah et l'amour d'Hathor.

— Quelles sont les qualités nécessaires pour mener une œuvre à bien ? interrogea le chef de l'équipe de droite.

— La prise de conscience de la vie sous toutes ses formes, la largeur du cœur, la cohérence de l'être, la capacité de maîtrise et la puissance de concrétisation. Mais elles n'ont de valeur que si elles mènent à la plénitude et à la paix, et nul artisan n'a jamais atteint les limites de l'art.

— Montre-nous ton travail.

Néfer le Silencieux ôta le voile qui recouvrait une statuette en bois doré. Elle ne mesurait qu'une coudée[1] et représentait la déesse Maât assise et tenant le signe de la vie.

Ounesh le Chacal n'avait pas usurpé son nom. Son visage allongé et fin faisait songer à son animal protecteur, et le dessinateur se déplaçait avec la souplesse et la rapidité du prédateur dont l'une des tâches majeures consistait à débarrasser le désert de ses cadavres. Renfermé, perpétuellement aux aguets, l'œil inquisiteur, Ounesh semblait porteur d'une violence difficile à contenir.

Paneb ne l'aimait guère et il n'attendait rien de bon de sa part. Aussi, lorsqu'il le trouva les bras croisés devant la porte fermée de l'atelier du Trait, se prépara-t-il à un conflit inévitable.

— Tu me barres le passage, Ounesh ?

— M'en crois-tu capable ?

— Je fais partie de ton clan, à présent ! Tu dois me laisser entrer.

1. 0,52 mètre.

— Ne désires-tu pas en savoir davantage sur les secrets du métier ?

Paneb considéra Ounesh le Chacal avec intérêt et méfiance.

— Certains apprennent le métier dans les ateliers ; moi, je préfère des lieux plus dangereux. Suis-moi, si tu en as le courage.

L'Ardent n'hésita pas. Sans courir, Ounesh se déplaçait avec une rapidité stupéfiante. Il traversa la zone désertique, s'engagea dans un champ de blé et pénétra dans un bosquet de roseaux, en bordure d'un canal.

— À plat ventre, ordonna-t-il.

Importuné par les moustiques, Paneb s'enduisit de boue Allongé à la droite du dessinateur, il vit passer un serpent d'eau.

— Regarde bien, recommanda Ounesh.

Paneb admira un ibis qui se mouvait avec élégance, comme s'il exécutait une danse parfaitement réglée.

— Que remarques-tu ?

— La régularité de sa démarche... Son pas est toujours le même.

— Le pas de l'ibis équivaut à une coudée. Lui, l'incarnation de Thot, nous révèle cette mesure fondamentale qui s'inscrit aussi dans l'avant-bras du dieu. Le nom de la coudée, *meh*, est le synonyme des termes signifiant « penser », « méditer », « achever », « être complet, rempli », car la connaissance de la coudée te permettra de percevoir la règle de l'univers. À présent, tu peux retourner à l'atelier.

Pour l'Ardent, la découverte de la coudée que le dieu Thot utilisait pour mesurer la terre resterait un moment inoubliable. Il maîtrisa vite sa division en sept palmes et en vingt-huit doigts et, lorsqu'il reçut du maître d'œuvre une petite coudée pliante dont il se servait pendant son travail, Paneb eut la sensation de devenir dépositaire d'un trésor d'une inestimable valeur.

Ainsi, l'un des secrets essentiels de l'œuvre était présent dans le corps de l'ibis que le jeune colosse avait tant de fois regardé sans le voir. Il comprit que les divinités s'exprimaient sans cesse à travers la nature et qu'il faudrait ouvrir davantage les yeux et les oreilles pour percevoir leur message.

L'attitude des dessinateurs s'était modifiée. Gaou le Précis enseignait avec un peu moins de froideur, Paï le Bon Pain guidait volontiers la main de son nouveau collègue, Ounesh le Chacal insistait sur le jeu des couleurs. Guidé par ces trois artisans expérimentés, Paneb assimilait avec aisance les impératifs techniques que sa nature bouillante aurait volontiers rejetés.

Chaque soir, il nettoyait l'atelier sans en avoir reçu l'ordre. Avant de rentrer chez lui, il dessinait sur un morceau de calcaire des chars, des chiens ou un homme en marche, puis il brisait ses essais en mille morceaux. Un jour, Paneb en était persuadé, sa main saurait créer des figures sans le moindre repentir.

À la nuit tombante, il sortit de l'atelier et se heurta au chef Sobek.

— Tu deviens un vrai professionnel, Paneb.

— Ça te déplaît ?

— Tu es toujours aussi agressif, mon garçon ; cette attitude te jouera de mauvais tours.

— Que me veut le chef de la sécurité ?

Paneb fit face au Nubien. L'affrontement semblait inévitable.

— On ne s'aime pas beaucoup, tous les deux, constata

le policier. Mais j'ai la certitude que tu n'es pas un menteur.

— Si tu m'accuses de mensonge, tu le regretteras.

— Alors, dis-moi la vérité : as-tu assassiné l'un de mes hommes, dans la montagne ?

— Tu es devenu fou !

— Donc, tu affirmes ton innocence ?

— Bien sûr que oui !

— Je t'ai soupçonné, mais j'ai tendance à te croire.

— Oser me soupçonner, moi... Je vais te casser la tête, Sobek.

— Tu serais arrêté et condamné... Continue plutôt à travailler dur.

« Ce n'est pas lui », pensa Sobek en s'éloignant. Le chef de la sécurité ne regrettait pas sa démarche. Elle l'avait éclairé sur le compte de Paneb et le ramenait à la piste qu'il avait tenté d'oublier : celle d'Abry, l'administrateur principal de la rive ouest.

S'il tentait de progresser dans cette direction, le Nubien risquait de voir sa carrière brisée. Mais sa conscience lui interdisait de se comporter comme un lâche.

Néfer et Claire restèrent enlacés sur la terrasse de leur maison jusqu'à ce que la brûlure du soleil fût insupportable. Après s'être aimés, ils avaient dormi dans les bras l'un de l'autre en rêvant de cette soirée mémorable au cours de laquelle le Silencieux avait appris de la bouche même du maître d'œuvre que sa statuette de Maât avait été reconnue « juste de voix » par le tribunal de la Place de Vérité. En raison de sa qualité d'exécution, elle entrerait dans le trésor du temple.

Maître sculpteur dans la Demeure de l'Or, Néfer se consacrerait désormais à façonner des statues qui serviraient de réceptacle à la puissance créatrice répandue dans l'univers. En rendant la pierre vivante, il mettrait en application les enseignements reçus et participerait ainsi à la transmission de la mystérieuse lumière que nul matériau ne pouvait arrêter. Il commencerait par mettre au monde une statue du scribe Ramosé, en posture de scribe, pour servir de modèle aux écoliers qui apprendraient les hiéroglyphes.

La femme sage était assise devant chez elle, en plein soleil. Cette posture inhabituelle inquiéta Claire qui redouta qu'elle ne fût victime d'un malaise. Mais la femme sage lui parla d'une voix tranquille.

— Je ne soignerai personne aujourd'hui. Es-tu prête à me remplacer ?

— Je ferai de mon mieux... Seriez-vous souffrante ?

— Je dois passer la journée au temple pour tenter d'apaiser Sekhmet, l'implacable déesse lionne.

— Un danger menacerait-il le village ?

— Oui, Claire. Un grand danger.

72

Néfer était troublé.

— « Un grand danger »... La femme sage n'a rien dit d'autre ?

— Non, répondit Claire ; elle est partie pour le temple.

— La femme sage n'a pas coutume de parler sans raison... Puisqu'elle a évoqué la terrifiante déesse lionne, la menace est des plus sérieuses.

— À quoi penses-tu ?

— Je ne vois pas... Je ne vois vraiment pas. Le village se trouve sous la protection de Ramsès le Grand, et personne n'oserait contester son autorité.

Claire n'avait aucune hypothèse sérieuse à émettre, mais elle avait constaté que la femme sage était une authentique voyante. Sa prédiction ne devait pas être prise à la légère, mais comment lutter contre un péril dont on ignorait la nature ?

Karo le Bourru frappa à la porte.

— Le chef d'équipe désire voir Néfer... C'est très urgent.

Plusieurs membres de l'équipe de droite étaient réunis devant la demeure de Neb l'Accompli. Le Silencieux entra alors que la femme sage sortait de la chambre du maître d'œuvre.

— Ce sont ses derniers moments, révéla-t-elle. Hâte-toi.

La réalité qu'occultait l'équipe de droite lui sautait au visage : Neb l'Accompli était un homme âgé, et la vieillesse avait brusquement cessé de l'épargner. Sa robustesse paraissait inusable, mais ses défenses avaient cédé d'un seul coup au point de le rendre presque méconnaissable.

Le maître d'œuvre était assis sur un fauteuil dont les pieds avaient la forme de pattes de lion. Il portait une robe de cérémonie qui soulignait sa dignité. Son souffle était court, son regard épuisé.

— Mes années se sont écoulées dans la joie du cœur, dit-il à Néfer. Je n'ai pas agi contre la règle de notre confrérie et je n'ai pas commis d'acte dévié. Tu es devenu un sculpteur accompli, apprécié de tous, mais il te faudra apprendre à diriger. Cherche chaque occasion d'être efficace de sorte que ta manière de gouverner soit irréprochable. Que l'on te respecte en fonction de tes compétences et du calme de ton langage, ne donne des ordres que lorsque les circonstances l'exigent. Ne laisse pas un médiocre prendre des directives ou distribuer des consignes, car il gâcherait l'œuvre et sèmerait le trouble. Souviens-toi que grand est le grand dont les grands sont grands, et vénérable celui qui est entouré d'êtres nobles en esprit. Ta tâche ne sera pas facile, mais je meurs tranquille, car je sais que nul poids ne sera trop lourd pour tes épaules.

La tête de Neb l'Accompli s'inclina lentement, comme s'il saluait son successeur.

— Je refuse, dit Néfer à Kenhir. Neb l'Accompli était pour moi un maître et un modèle, c'est pourquoi je refuse de lui succéder. Mon seul but est de servir la confrérie et l'équipe de droite, non de la diriger. La confiance de Neb l'Accompli me touche au plus profond de moi-même, mais il a surestimé mes capacités.

— Il ne t'appartient pas de te juger toi-même, rétorqua le scribe de la Tombe. Et Neb l'Accompli, fort de son expérience et de sa lucidité, n'a fait qu'entériner la décision prise par Ramosé. C'est le scribe de Maât qui t'avait reconnu comme le futur chef de l'équipe de droite et maître d'œuvre de la confrérie. La Place de Vérité t'a transmis sa science, et tu as vu la lumière dans la Demeure de l'Or. Si tu veux rester fidèle à la parole donnée et respecter Maât, remplis la fonction à laquelle tu es destiné.

Néfer cherchait des arguments pour convaincre Kenhir de modifier son point de vue. Mais comment s'opposer à Ramosé, élevé au rang d'« ancêtre à l'esprit lumineux et efficace » ? Il restait, cependant, une dernière porte de sortie.

— Ma nomination ne devrait-elle pas être approuvée à l'unanimité par les membres de l'équipe de droite ?

— C'est indispensable, en effet, car nul ne saurait diriger sans être aimé et reconnu par le cœur de ceux qu'il dirige. Ils seront consultés dès aujourd'hui.

Paneb l'Ardent détestait les funérailles. Turquoise refuserait de faire l'amour, Ouâbet la Pure passerait de longues heures au temple avec les prêtresses d'Hathor, le travail serait interrompu, les ateliers fermés... Et comme il s'agissait du décès d'un chef d'équipe, les funérailles seraient grandioses et la période de deuil interminable ! Il se distrairait en dessinant des caricatures des uns et des autres afin de continuer à exercer sa main qui commençait à assimiler le Trait et les proportions.

Pour l'Ardent, Neb l'Accompli était resté un homme mystérieux et lointain avec lequel il n'avait eu que peu de contacts ; aussi ne se répandrait-il pas en lamentations hypocrites. Il avait pourtant éprouvé un réel respect pour le maître d'œuvre défunt qui, après l'avoir accablé d'épreuves, lui avait ouvert la porte du clan des dessinateurs.

Paneb grignotait du poisson séché quand pénétra chez lui un Néfer visiblement en proie à un grand trouble.

— Assieds-toi et buvons... Tu en as besoin.

— Je te considère comme mon ami, Paneb, et j'espère que ce sentiment est réciproque.

— Dis-moi qui te cause des ennuis, je vais arranger ça sur l'heure.

— Tu m'as déjà sauvé la vie... Acceptes-tu de recommencer ?

— Par tous les démons du désert ! Que t'arrive-t-il ?

Néfer s'assit sur une natte.

— Le scribe de Maât, Ramosé, le maître d'œuvre Neb

l'Accompli et le scribe de la Tombe, Kenhir, m'ont choisi comme nouveau chef d'équipe.

Un large sourire illumina le visage de Paneb.

— Ça devait arriver et ça ne surprendra personne ! Quelle formidable nouvelle... Remarque, avec ta rigueur innée et ton goût du travail parfait, on ne va pas s'amuser tous les jours. Mais, à la réflexion, on n'est pas ici pour ça. Lève-toi, que je t'embrasse !

— Il faut que tu votes contre moi, Paneb.

— Qu'est-ce que tu racontes ?

— Je ne souhaite pas remplir cette fonction. Or, le dernier échelon à franchir est la reconnaissance de cœur unanime des membres de l'équipe. Si tu es vraiment un ami...

— J'approuve ta nomination plutôt dix fois qu'une ! Et si l'un d'entre nous commettait l'erreur de la contester, nous aurions une discussion brève mais intense. Tu es né pour vivre dans la Place de Vérité, Silencieux ; elle t'a tout donné et, aujourd'hui, tu vas lui prouver ta gratitude en la dirigeant.

En des termes différents, Claire avait tenu le même discours que Paneb et approuvé les décisions de Ramosé, de Neb l'Accompli et de Kenhir. Elle avait ajouté que le défunt scribe de Maât avait consulté la femme sage dont la vision correspondait à la sienne.

Même auprès de son épouse, Néfer n'avait trouvé aucun réconfort. Il espérait que les membres les plus âgés de l'équipe de droite émettraient des avis négatifs, critiqueraient son inexpérience ou son caractère, et provoqueraient une délibération qui contraindrait Kenhir à proposer un autre nom.

Mais personne ne contesta la désignation de Néfer le Silencieux comme successeur de Neb l'Accompli et, au contraire, chacun s'en réjouit. Le nouveau chef d'équipe avait franchi tous les degrés de la hiérarchie sans jamais s'en vanter, ne manifestait aucun penchant pour l'autoritarisme, et disposait des qualités nécessaires à l'accomplissement de l'œuvre.

Dans moins d'une heure aurait lieu la cérémonie d'investiture à laquelle Néfer n'avait plus aucune chance d'échapper, sauf s'il prenait la fuite et quittait définitivement le village.

Claire posa tendrement la tête sur l'épaule de son mari.

— Des idées folles nous traversent quelquefois l'esprit, mais ce ne sont que des mirages... Certaines luttes sont vaines, il ne faut pas y gaspiller de l'énergie. Engage-toi dans le véritable combat que tu auras à mener, la préservation et la transmission de nos trésors.

— Je voulais simplement vivre en paix avec toi, dans ce village.

— Un jour, tu as entendu l'appel et tu y as répondu. Croyais-tu qu'il ne se renouvellerait pas ? Tu n'es plus convié à devenir simplement toi-même, mais à remplir une fonction au service d'autrui et de l'esprit de la confrérie. C'est bien ainsi, et il ne faudrait pas qu'il en fût autrement.

À l'issue de la période de deuil qui avait vu la justification terrestre et céleste de Neb l'Accompli, Néfer le Silencieux avait été élevé à la dignité de chef de l'équipe de droite de la Place de Vérité dans le secret du temple dédié aux déesses Maât et Hathor.

À l'âge de trente-six ans, il lui fallait assurer la succession des maîtres d'œuvre qui avaient créé les demeures d'éternité d'illustres pharaons dans la Vallée des Rois et conçu nombre d'autres chefs-d'œuvre qu'ils avaient fait naître grâce aux multiples talents de la confrérie.

Quand il apparut sur le seuil du temple, Néfer le Silencieux reçut une triple ovation de la part de tous les villageois rassemblés.

Ému aux larmes, il perçut l'étendue de ses responsabilités et regretta le temps enchanteur de l'apprentissage où il était toujours possible de demander de l'aide à un artisan plus qualifié. Désormais, c'est lui qu'on consulterait, et ce serait à lui de donner des directives en évitant des erreurs lourdes de conséquences.

Kenhir, le scribe de la Tombe, remit à Néfer la coudée en or qui passait de chef d'équipe à chef d'équipe. Chacune de ses vingt-huit divisions contenait le nom d'une divinité et celui de la province qu'elle protégeait, et l'inscription hiéroglyphique disait : « Coudée utile pour devenir un être de lumière, puissant, à la voix juste, marqué au sceau de la vie et de la stabilité. »

Conforme à la parole de Râ, la lumière créatrice, la coudée du maître d'œuvre incarnait la règle de l'univers à laquelle il devait se conformer.

Claire fut la première à embrasser le nouveau chef d'équipe et il la serra longuement contre lui.

73

Quand l'artisan de la Place de Vérité arriva à l'entrepôt de Tran-Bel, il songea que la vie était plutôt bonne fille. Au village, il avait reçu une éducation exceptionnelle et acquis un savoir qui lui permettrait, aujourd'hui, de vendre son talent au plus offrant.

Depuis qu'il était entré en contact avec le marchand, il

réalisait son rêve secret : s'enrichir. Et c'était son droit d'utiliser son temps libre à sa guise.

Pendant la période de deuil qui avait suivi le décès de Neb l'Accompli, l'artisan était resté au village et il avait écrit une lettre à Tran-Bel pour lui fixer rendez-vous. Ce dernier devait attendre avec impatience de nouveaux objets luxueux destinés à une clientèle de connaisseurs et de bons payeurs.

— Je viens voir ton patron, dit l'artisan à un employé.

— Il est dans son bureau.

L'artisan traversa l'entrepôt pour atteindre la pièce isolée et tranquille où Tran-Bel rangeait ses archives. Il poussa la porte et se tétanisa, face à une femme à la lourde perruque noire et aux yeux très maquillés.

— Pardonnez-moi, je me suis trompé.

— Tu es au bon endroit, dit Serkéta. Je sais qui tu es et ce que tu viens faire ici. Referme cette porte et parlons.

— Je ne vous connais pas, je...

— La manière dont tu coopères avec Tran-Bel n'est guère recommandable. Elle te rend complice d'escroquerie et tu es passible d'une lourde condamnation qui s'accompagnerait d'une exclusion définitive de la Place de Vérité.

L'artisan pâlit.

— Vous savez que...

— Je n'ignore aucun détail. Ou bien tu m'obéis, ou bien ta carrière est terminée.

L'homme se tassa dans un angle du réduit. Serkéta claqua la porte.

— Qu'est-ce que... Qu'est-ce que vous voulez ?

— J'accepte de garder le silence sur ton trafic que tu pourras continuer à loisir, mais à une condition : je veux tout savoir sur ce qui se passe au village.

— Impossible ! Je suis soumis au secret.

— Alors, tant pis pour toi. Dès demain, tu seras dénoncé au vizir.

— Ne faites pas ça, je vous en supplie !

— Si tu veux éviter de graves ennuis, il ne te reste qu'une solution : parler.

Obéir à cette femme démoniaque, c'était trahir la règle de la confrérie, briser un serment et perdre son âme...

— Qui êtes-vous ? demanda l'artisan.

Serkéta eut un sourire féroce.

— Ce n'est pas à toi de poser des questions, mais je te répondrai quand même pour te démontrer que tu n'as pas le choix... Je suis l'épouse d'un homme important dont l'influence ne cesse de grandir et qui saura récompenser ceux qui l'auront aidé pendant son ascension.

Pour l'artisan, cette précision n'était pas négligeable. C'est lui qui aurait dû être désigné chef d'équipe, et non Néfer. En servant un maître aux pouvoirs étendus, il pourrait obtenir à la fois la richesse et le poste qu'il convoitait.

— Me donnez-vous le temps de la réflexion ?

— J'exige ta réponse ici et maintenant.

L'artisan avait servi Maât, la Place de Vérité et la confrérie pour de bien maigres bénéfices... N'était-ce pas l'occasion de servir enfin sa propre cause en jouant sur tous les tableaux ?

Le commandant Méhy tirait à l'arc dans le jardin de sa luxueuse propriété. Il fichait flèche sur flèche dans un tronc de palmier, sans parvenir à apaiser sa nervosité.

Pourquoi sa femme tardait-elle ? Peut-être l'artisan ne s'était-il pas rendu au rendez-vous qu'il avait fixé à Tran-Bel... Pis encore, Serkéta avait échoué et elle n'osait pas se présenter devant son mari de peur d'être frappée.

Méhy tira une nouvelle flèche et manqua sa cible. De rage, il piétina l'arc.

— Il n'était pas digne de toi, susurra une voix mielleuse ; tu t'en offriras un meilleur.

— Serkéta ! Alors ?

Elle s'agenouilla pour enserrer les jambes de son seigneur et maître.

— Réussite totale !

— Il accepte de collaborer ?

— Nous avons beaucoup de chance : c'est un homme aigri, cupide, rusé et hypocrite. On ne pouvait dénicher meilleur allié. Es-tu content de moi ?

Méhy releva brutalement Serkéta, lui arracha sa perruque et lui plaqua les mains sur les joues.

— À nous deux, ma caille, nous remporterons de grandes victoires ! Combien y a-t-il d'artisans dans ce maudit village ?

— Une trentaine. Les conditions d'admission sont très rigoureuses, et ils doivent respecter la règle de Maât.

Serkéta en énonça les principaux aspects qu'avait divulgués l'artisan.

— Sans intérêt, jugea Méhy. De vieux principes de morale qui n'auront bientôt plus cours. Qui dirige la confrérie ?

— Le chef suprême est le pharaon qui veille sur la prospérité du village et ne tolère aucune attaque contre lui.

— Je sais, je sais... Mais Ramsès ne vit pas au village !

— Trois personnes se partagent le pouvoir : le scribe de la Tombe, le chef de l'équipe de droite et celui de l'équipe de gauche. Les artisans comparent leur confrérie à un bateau, d'où leur répartition entre tribord et bâbord. Le scribe de la Tombe, Kenhir, est le représentant du pouvoir central et le gestionnaire du village ; il est beaucoup moins aimé que son prédécesseur, Ramosé, car il a un caractère difficile et revêche.

— Quel âge a-t-il ?

— Soixante-deux ans.

— Ce Kenhir est donc en fin de carrière. Dans peu de temps, il sera mort ou remplacé. Est-il corruptible ?

— D'après notre informateur, c'est probable. Mais il n'est pas certain que Kenhir connaisse tous les secrets de la Place de Vérité.

— Les chefs d'équipe, eux, les connaissent forcément !

— Oui, car ils ont été admis dans la Demeure de l'Or.

L'excitation de Méhy ne cessait de croître.

— Que s'y déroule-t-il ?

— Notre informateur l'ignore.

— Il t'a menti !

— Je ne crois pas, dit Serkéta qui recula pour éviter la gifle qu'elle redoutait. L'ancienneté ne suffit pas pour y être admis, et il n'a pas encore trouvé le moyen de forcer la porte de ce lieu mystérieux. Mais pourquoi désespérer ?

— Qu'a-t-il révélé à propos des chefs d'équipe ?

— Kaha, le chef de l'équipe de gauche, est un homme âgé, très austère, spécialisé dans le creusement de la roche et la taille de la pierre. Il ne sort jamais du territoire de la Place de Vérité et il semble hors d'atteinte. Le chef de l'équipe de droite, Neb l'Accompli, vient de mourir, et il a été remplacé par Néfer le Silencieux, un homme jeune et inexpérimenté.

— Pourquoi l'a-t-on choisi ?

— Le scribe Ramosé l'avait désigné, et les responsables de la confrérie ne se sont pas opposés à cette décision.

— Un caprice de vieillard... Que pense notre informateur de ce Néfer ?

— Un bon sculpteur, un artisan épris de spiritualité,

très attaché à la Place de Vérité où il a été éduqué, mais qui aura les plus grandes difficultés à remplir sa fonction. Il ne saura ni diriger ni donner des ordres, et il sera sans doute ramené à un rang inférieur.

— La déception pourrait en faire un individu fragile, animé par un désir de revanche... As-tu obtenu une liste précise des artisans ?

— La voici.

Serkéta exhiba fièrement un morceau de papyrus. Elle et son mari étaient à présent en possession d'un secret d'État.

Le commandant lut le document et ne s'arrêta que sur un nom, les autres lui étant inconnus.

— Paneb l'Ardent...

— Notre informateur pense qu'il ne s'intégrera jamais à la confrérie et qu'il en sera exclu pour indiscipline.

— Celui-là aussi, il tombera entre nos mains ! Grâce à toi, Serkéta, nous progressons à pas de géant. Et ce n'est que ta première mission.

L'épouse de Méhy roucoula. L'avidité et le désir de nuire avaient chassé son mal de vivre.

74

Bien que l'on approchât de la fin de la saison sèche et du début de l'inondation, la chaleur était moins intense qu'à l'ordinaire, et le ciel restait tourmenté depuis plus d'une semaine. La femme sage avait interrompu ses consultations, laissant à Claire le soin de la remplacer.

Le nouveau chef d'équipe Néfer, en accord avec le scribe de la Tombe, avait accordé plusieurs jours de repos aux artisans qui avaient joyeusement fêté sa nomination. La période des festivités s'achevait, et le Silencieux s'apprêtait à lancer un programme de restauration des plus anciennes tombes du village quand, juste après l'aube, Nakht le Puissant vint l'avertir.

— Un messager du vizir se présente à la grande porte... Il veut voir un responsable au plus vite.

Kenhir dormait encore ; Kaha, le chef de l'équipe de gauche, était souffrant. Inquiet, Néfer pressa le pas. Nakht lui ouvrit la porte derrière laquelle se trouvait le messager, retenu par le gardien.

— Es-tu maître d'œuvre ?

— Je dirige l'équipe de droite.

— Voici le message que tu communiqueras aux habitants du village : le faucon s'est envolé vers le ciel, un autre s'est élevé à sa place, sur le trône de la lumière divine.

L'homme bondit sur le dos de son cheval et repartit au galop.

Blême, Néfer était au bord du malaise.

— Que se passe-t-il ? interrogea Nakht le Puissant.

— Réveille les villageois, du plus jeune au plus âgé, que l'on aide les malades à se lever et à marcher, et que tous se rassemblent sur le parvis du temple.

Néfer passa chercher son épouse qui s'apprêtait à partir.

— La femme sage ne s'est pas trompée. Notre protecteur vient de disparaître, nous sommes en grand danger.

En quelques minutes, la petite communauté s'était rassemblée. Les yeux bouffis de sommeil, Kenhir était prêt à prendre des sanctions contre ceux qui l'auraient réveillé pour rien.

D'un geste, Néfer imposa le silence.

— Au terme de soixante-sept années de règne, déclara-t-il d'une voix brisée par l'émotion, Ramsès le Grand a quitté cette terre pour rejoindre le soleil d'où il était issu.

Les villageois étaient abasourdis.

Non, Ramsès le Grand ne pouvait pas disparaître. Il avait vécu si longtemps que la mort l'avait oublié et qu'il lui était interdit de le reprendre à l'affection de tout un peuple qui, sans lui, se sentirait abandonné et perdu.

Kenhir entraîna Néfer à l'écart.

— Pendant la période de momification de soixante-dix jours, toi et les dessinateurs œuvrerez dans la demeure d'éternité de Ramsès pour procéder aux ultimes travaux, selon les volontés du monarque consignées dans le papyrus scellé que je vais te confier et que tu es seul habilité à lire.

— Pourquoi mon collègue Kaha ne m'accompagne-t-il pas ?

— Son état de santé ne le lui permet pas, et tu devras assumer ses fonctions en plus des tiennes. Tu es le maître d'œuvre de la confrérie, Néfer ; puisque tu connais le secret de la Demeure de l'Or, tu as la capacité de transformer un tombeau en demeure de résurrection.

Comment le Silencieux aurait-il pu imaginer que lui incomberait la plus haute responsabilité susceptible de peser sur les épaules d'un artisan ? Si effrayante que fût l'angoisse qui lui tenaillait le ventre et lui serrait la gorge, c'était à lui, et à lui seul, que revenait de poser la dernière pierre de l'édifice destiné à rendre immortel Ramsès le Grand.

La plupart des hauts dignitaires thébains s'étaient réunis chez Méhy qui les avait conviés à une collation dans l'attente des dernières nouvelles officielles en provenance de la capitale, Pi-Ramsès.

Enfin, le commandant apparut.

— Notre nouveau pharaon est Mérenptah, « l'aimé du dieu Ptah », déclara-t-il. Il est monté sur le trône des vivants et a été reconnu comme maître des Deux Terres par acclamation. C'est lui qui officiera comme prêtre lors des funérailles de Ramsès au terme desquelles il assumera le pouvoir suprême.

— Longue vie à notre nouveau pharaon ! clama Abry qu'imita aussitôt l'assistance.

« Étant donné que Mérenptah est âgé de soixante-cinq ans, pensa le commandant, son règne sera de courte durée. »

Méhy avait rassemblé un maximum d'informations sur le successeur de Ramsès : on le disait autoritaire, exigeant, d'un abord difficile, intransigeant sur les principes spirituels qui avaient construit l'Égypte, hostile aux innovations, de nature solitaire, indifférent aux sollicitations des courtisans. Bref, exactement le contraire du chef d'État qu'aurait souhaité le trésorier principal de Thèbes.

Mais ce portrait-là était celui d'un grand personnage vivant dans l'ombre de Ramsès ; l'exercice du pouvoir le modifierait, des failles apparaîtraient. Le plus ennuyeux était sa dévotion à Ptah, le dieu des bâtisseurs et de la Place de Vérité… Mérenptah poursuivrait-il à l'égard de cette dernière la même politique que celle de Ramsès ?

Si c'était le cas, la lutte promettait d'être chaude. Mais Méhy se sentait plus fort que jamais : n'avait-il pas des alliés efficaces et un espion chez l'adversaire ? De plus, Mérenptah était loin d'être aussi populaire que Ramsès. Fomenter un complot contre lui ne serait peut-être pas impossible.

Après un règne aussi long et aussi intense que celui de Ramsès le Grand, l'Égypte subirait une forme de dépression, et Mérenptah n'aurait pas le dynamisme nécessaire pour y remédier. Accablé de soucis majeurs, contraint de parer les coups venant de toutes parts, le nouveau souverain passerait le plus clair de son temps à Pi-Ramsès, dans le Delta, loin de la Place de Vérité qu'il abandonnerait plus ou moins progressivement à son sort.

Pourquoi le pharaon n'accorderait-il pas sa confiance aux autorités thébaines, ignorant qu'elles étaient soumises à Méhy ?

Ramsès avait construit sa capitale au nord, pour mieux défendre l'Égypte contre les envahisseurs ; Méhy était persuadé que la conquête du pays commençait par celle de Thèbes et l'appropriation des secrets si bien gardés de la Place de Vérité.

Les artisans ne s'attendaient pas à trouver en face d'eux un ennemi puissant et déterminé, et ils n'étaient même pas préparés au combat.

L'heure de Méhy approchait.

— Je ne suis pas certain que cette décision soit excellente, dit le peintre Ched le Sauveur avec une irritation contenue. Pour travailler avec efficacité et rapidité dans la demeure d'éternité de Ramsès, nous avons besoin de dessinateurs expérimentés, et ce n'est pas le cas de Paneb.

— D'après les rapports de ses instructeurs, objecta Néfer, il est prêt à les assister.

— Sans vouloir t'insulter, les liens d'amitié qui vous unissent ne devraient pas t'obscurcir l'esprit.

Le visage de Néfer prit une expression de sévérité que le peintre ne lui connaissait pas.

— Mon rôle de chef d'équipage m'interdit d'être partial, et aucune de mes décisions ne sera prise en fonction de mes amitiés ou de mes inimitiés. Si j'estimais Paneb incompétent, je l'écarterais de ce chantier. Et je considère que nul, parmi nous, n'a de position définitivement acquise.

Ched le Sauveur eut un sourire énigmatique.

— Contrairement à ce que certains supposaient, tu sembles avoir un tempérament de chef... Tant mieux pour la confrérie. Puisque tu ordonnes, j'obéis. Paneb nous prêtera main-forte.

— À toi de le lui annoncer. Nous partons pour la Vallée des Rois dès ce soir, avec l'équipement nécessaire.

— Je m'en occupe, il ne nous manquera rien.

De sa démarche altière, Ched le Sauveur s'éloigna.

Soudain, Néfer prit conscience qu'il ne considérait plus le peintre avec les mêmes yeux qu'auparavant. Et ce changement de regard ne concernait pas seulement Ched, mais tous les autres artisans. Hier encore, il était leur collègue ; aujourd'hui, il devait orienter leur travail et se montrer capable de résoudre les mille et un problèmes qui ne manqueraient pas de survenir.

L'inquiétude troublait le village qui venait d'apprendre que Mérenptah était le nouveau pharaon. Certains pensaient qu'il n'aurait pas moins de poigne que Ramsès, d'autres qu'il adopterait forcément une politique différente, d'autres encore qu'une crise économique et des troubles sociaux étaient inévitables. Mais Néfer avait ramené le calme en annonçant que, pour la confrérie, rien n'était modifié, et qu'elle préparerait, comme de coutume, la dernière demeure du souverain pour les funérailles.

Mais que pouvait-il savoir de ce qui adviendrait pendant l'angoissante période allant de la mort de Ramsès le Grand à sa mise au tombeau et à la prise de pouvoir effective du nouveau roi ? À lui de dominer ses craintes et de mener à bien la tâche essentielle qui lui avait été confiée, tout en rassurant le village.

Avant de partir pour la Vallée des Rois, Néfer passa voir la femme sage.

— La mort de Ramsès nous laisse désemparés, constata-t-il, mais je tâcherai de maintenir notre unité.

— Le danger n'a pas disparu, bien au contraire.

— On va tenter de nous attaquer, peut-être même de nous détruire, n'est-ce pas ?

— Toi aussi, Néfer, tu commences à voir. Les démons rôdent, et il te faudra beaucoup de courage et de lucidité pour les vaincre. N'oublie jamais que la Place de Vérité ne survivra qu'en suivant un seul chemin celui de la Lumière.

Aubin Imprimeur
LIGUGÉ, POITIERS

Achevé d'imprimer en janvier 2001
pour le compte de France Loisirs
123, bd de Grenelle, 75015 Paris
N° d'édition 34617 / N° d'impression L 61173
Dépôt légal janvier 2001
Imprimé en France